논리
강화약화
팁러닝

2025 출제 기조 전환 공무원 시험 대비

메가 공무원

머리말

출제 기조 전환 국어,
이제 '논리적 사고력'이 당락을 가른다!

이전 공무원 국어 시험에서 오답률 상위 문항은 늘 지엽적인 암기 영역이었습니다.
수험생들은 한자어 표기나 맞춤법 등에서 처음 보는 것이 나올까 봐 계속해서 공부 범위를 횡적으로 늘려야만 했습니다.
하지만 **출제 기조가 전환된 25년 국어의 오답률 상위 문항은**
'논리추론', '비판추론', 그리고 '언어학' 제재를 통한 추론 유형일 것입니다.

2021년 지방직 7급, 2022년 지방직 9급과 7급에 이미 대우의 활용과 필요충분조건의 개념이 출제되었으며, 이번에 공개된 2025년 대비 1차, 2차 예시평가에는 5급·7급 PSAT과 NCS에서나 보던 명제논리가 출제되었습니다. 또한 기존에 관점의 이해를 목표로 출제되던 비판추론도 강화약화 선지를 판단하게 하는 유형으로 난도를 높여 출제되었습니다.

이유진 국어 연구실은 9급에 논리추론이 도입되기 전인 2021년부터 〈이유진 국어 백일기도 모의고사〉에 명제논리와 강화약화형 문항을 선보이고 있었습니다. **출제기조 전환 의도에 대한 고지가 있기 전부터 수능과 PSAT, NCS 등을 통해 국가가 미래의 인재들에게 요구하는 바를 콘텐츠에 반영하고 있었던 것입니다.**

유형별, 난도별로 구성된 〈이유진 국어 독해알고리즘 시리즈〉로
국어 전 범위 독해력에 대한 훈련을 마치셨다면,
이제 고득점을 위해 남은 일은 변별력 높은 문제를 해결하기 위한
약점 케어와 모고를 통한 실전 훈련입니다.

〈이유진 국어 논리강화약화 딥러닝〉은

첫째, 인사혁신처 예시평가의 의도대로 **고등학교 〈논리학〉 교과서를 범위의 기준**으로 삼았습니다.
둘째, 수능/PSAT/NCS의 사고력 측정 방식을 **공무원 시험의 특수한 환경(110분 100문항)**에 맞춰 어떻게 반영할지 분석하여 만들었습니다.
셋째, **출제 가능한 범위만을 제시**하여 수험생들의 부담을 줄였습니다.
넷째, **이해를 위한 독해 문항과 응용을 위한 활동, 그리고 실전 형태의 객관식 문항**으로 코너를 다양화하였습니다.

저는 늘 대비해 왔습니다.
그러니 무서워하지 않으셔도 됩니다.
걱정 대신 열정으로,
〈이유진 국어 논리강화약화 딥러닝〉을 딛고 올라서시면
합격의 영광이 기다리고 있을 것입니다.

선택한 콘텐츠에 대한 '절대적 의심'이 합격을 만든다.

스스로 학습 기초가 부족하다고 생각하는 친구들은 수험을 시작할 때 학습 범위나 깊이에 대한 결정을 전적으로 강사에게 맡깁니다. 이건 절대로 나쁜 것이 아닙니다. 공무원 수험의 한 과목을 담당하는 강사로서 진심으로 말씀드리는데, 여러분이 선택한 전문가가 제시하는 너비와 깊이를 믿으시는 것이 가장 합격에 안전한 경로를 선택하시는 것입니다.

그럼에도 불구하고, 언제나 '지름길'을 찾는 사람들이 있습니다. 등산을 할 때도 지름길을 찾아 올라가 보면 경사가 더 가파르고 암벽 구간이 섞여 있다는 것을 알 수 있습니다. 더 빠른 길이 있다는 것을 알면서도 많은 사람들이 '최적길'을 선택하는 것에는 이유가 있는데 말이죠.

어느 정도 학습 센스가 있는 수험생들 중에는 '누구나 가는 길'은 싫다며, '특별한 길'을 알려 달라는 경우가 있습니다. 그런 질문에 만족스러운 '지름길'을 내놓지 않으면 바로 그 강사를 불신하기도 하죠. 남들이 모두 가는 길을 가지 않고 나름의 커리와 방법을 짜야 한다고 생각하고, 그 '독특함'이 남들보다 자신을 '빠르게' 만들어 줄 거라 믿는 경우가 많습니다.

하지만 냉정하게 보면, 대부분의 수험생은... 거의 유사합니다. 성격이야 천차만별이겠으나 같은 시험에 응시하는 응시생들 중 허수를 뺀 실경쟁자들 사이에는 어마어마한 두뇌 능력 차이가 있을 수가 없습니다. 만약 엄청난 능력자가 있다면 그도 실경쟁자의 인원에서는 빼야겠죠. 사실 비슷한 능력의 사람들이 모여 노력의 차이로 경쟁을 하는 것입니다. 그래서 '지름길'을 찾거나 만들어내는 것보다 '최적길'을 쉬지 않고 부지런히 가는 것이 합격의 왕도인 것입니다.

여러분, 강사를 신중하게 선택하시고 그 뒤에는 그 강사가 제시하는 길을 믿고 가세요. 그럼 어느새 정상에 올라 있을 것입니다. 더 나은 길은 없는지 두리번거리다가 넘어지기 쉽고 시간은 지체됩니다. 제가 하자는 대로 하시면 가장 안전하고 빠르게 정상에 도착하실 거예요.

2024. 11. 22.

이유진

차례

PART 1 · 논리적 사고
1. 언어와 사고 ·· 8
2. 정보와 논리 ·· 17
3. 비판적 사고 ·· 26

PART 2 · 논증
1. 논증의 개념 ·· 28
   1) 전제와 결론 ·· 28
   2) 숨은 전제 및 숨은 결론 ··· 30
2. 논증의 유형 ·· 35
   1) 연역 논증의 타당성과 건전성 ··· 38
   2) 귀납 논증의 정당화 ·· 39

PART 3 · 연역 논증과 귀납 논증
1. 연역 논증 ··· 44
   1) 정언 명제 ·· 44
   2) 가언 명제 ·· 58
   3) 추론 규칙 ·· 70
2. 귀납 논증 ··· 92
   1) 귀납적 일반화 ·· 92
   2) 통계 논증 ·· 93
   3) 유비 논증 ·· 94
   4) 인과 논증 ·· 95

PART 4 ■ 논리적 오류와 강화약화

1. 논점의 이해와 논리적 오류 ········· 100
2. 비판 추론형 강화약화 ············· 108
3. 사례 추론형 강화약화 ············· 113

책 속의 책 ■ 정답 및 해설

이유진 국어
논리강화약화 딥러닝

PART
1~4

Part 1 논리적 사고

① 언어와 사고

1 ㉠~㉢을 강화하는 사례로 적절하지 않은 것은?

> 언어가 사람의 사고방식에 영향을 줄 수 있다는 주장이 있다. 영어를 쓰는 미국인은 생후 30개월이 되자 한국어를 쓰는 한국인과 다른 방식으로 공간을 인식하는 것으로 밝혀졌다. 언어가 우리의 행동과 사고의 틀을 만들었다는 주장은 1930년대 미국의 언어학자인 에드워드 사피어와 벤저민 워프에 의해 처음 제기되었다. 이들은 과거, 현재, 미래 시제가 없는 미국 원주민 호피 인디언의 언어를 연구해 ㉠ 언어에 따라 인간의 사고방식이 결정된다는 언어결정론을 주장했다. 호피 인디언은 어떤 사건을 보고 표현할 때 시제가 아니라 직접 보았는지를 중요하게 생각했다.
> ㉡ 1960년대에 언어를 인간이 보편적으로 타고난 능력의 결과로 보는 견해가 등장했지만, 1990년 이후 언어와 사람의 사고방식이 서로 영향을 미친다는 입장이 등장했다. 영어와 한국어에서 의미 구조와 공간 인지 방식을 연구해 온 최순자 교수는 영어는 전치사로, 한국어는 동사로 공간 개념을 표현한다는 것을 밝혔다. 예를 들어 '장난감을 상자에 넣다'나 '책을 커버에 끼다'에 쓰이는 영어 표현은 모두 'put in'이지만, 한국어로는 '넣다'와 '끼다'로 구별된다. 즉 전치사 'in'은 물건끼리의 접촉 정도에 상관없이 그냥 들어가는 상황이면 어디에나 사용되고 한국어의 '넣다'와 '끼다'는 두 물건의 접촉 정도에 따라 쓰임새가 달라진다.
> 최 교수의 연구 결과에 따르면 생후 9개월에서 14개월의 유아는 한국인이든 미국인이든 넣는 상황(loose-in)과 끼는 상황(tight-in)을 언어의 도움 없이 구별할 줄 알았다. 이때는 어떤 언어든 배울 수 있는 유연성을 지닌 시기였던 것이다. ㉢ 실제 12개월 미만의 유아는 국적에 상관없이 'r'과 'l'의 발음을 구별하는 능력을 갖고 있다는 연구 결과도 있다.
> 하지만 생후 30개월이 되자 한국어와 영어를 배우면서 유아들의 공간 인지 방식에 차이가 생겼다. 특히 ㉣ 미국 유아들은 한국 유아들과 달리 꼭 끼는 장면(tight-in)이든 그냥 넓은 공간에 넣는 장면(loose-in)이든 비슷하게 여기는 경향이 있었다. 예를 들어 책을 커버에 끼는 장면과 홈에 나무못을 끼는 장면을 나란히 보여 주는 식으로 꼭 끼는 상황을 3쌍 보여 줌으로써 유아들을 꼭 끼는 상황에 친숙하게 만든 후에 카세트 테이프를 끼는 장면, 책을 상자에 넣는 장면처럼 서로 다른 상황의 장면을 나란히 보여 주자 흥미로운 결과가 나왔다. "이는 두 장면 모두 전치사 'in'으로 표현되는 상황이기 때문"이라며 이는 세상을 구분하는 능력이 언어의 영향을 받는다는 점을 보여 주는 하나의 사례라고 최 교수는 설명했다.

① ㉠ : 우리 선조들은 바다도 푸르고 풀도 푸르다며 바다와 풀을 같은 색으로 인식하였다.
② ㉡ : 아무리 미개한 민족이라 하더라도 언어를 갖지 못한 민족은 없다.
③ ㉢ : 한국어를 습득한 7세 아동의 경우 'r'과 'l'의 발음을 쉽게 구별하지 못한다.
④ ㉣ : 한국 유아들과 달리, 미국 유아들은 대부분 대상을 꼭 끼는 장면에 집중하였다.

2 ㉠을 평가한 내용으로 적절한 것만을 〈보기〉에서 모두 고르면?

> 흔히 '일곱 빛깔 무지개'라는 말을 한다. 서로 다른 빛깔의 띠 일곱 개가 무지개를 이루고 있다는 뜻이다. 영어나 프랑스어를 비롯해 다른 자연언어들에도 이와 똑같은 표현이 있는데, 이는 해당 자연언어가 무지개의 색상에 대응하는 색채 어휘를 일곱 개씩 지녔기 때문이라고 할 수 있다.
>
> 언어학자 사피어와 그의 제자 워프는 여기서 어떤 영감을 얻었다. 그들은 서로 다른 언어를 쓰는 아메리카 원주민들에게 무지개의 띠가 몇 개냐고 물었다. 대답은 제각각 달랐다. 사피어와 워프는 이 설문 결과에 기대어, 사람들은 자신의 언어에 얽매인 채 세계를 경험한다고 판단했다. 이 판단으로부터, "우리는 모국어가 그어 놓은 선에 따라 자연 세계를 분단한다."라는 유명한 발언이 나왔다. 이에 따르면 특정 현상과 관련한 단어가 많을수록 해당 언어권의 화자들은 그 현상에 대해 심도 있게 경험하는 것이다. 언어가 의식을, 사고와 세계관을 결정한다는 이 견해는 ㉠ <u>사피어–워프 가설</u>이라 불리며 언어학과 인지 과학의 논란거리가 되어 왔다.

─────── 보기 ───────

ㄱ. 눈[雪]을 가리키는 단어를 4개 지니고 있는 이누이트족이 1개 지니고 있는 영어 화자들보다 눈을 넓고 섬세하게 경험한다는 것은 ㉠을 강화한다.

ㄴ. 수를 세는 단어가 '하나', '둘', '많다' 3개뿐인 피라하족의 사람들이 세 개 이상의 대상을 모두 '많다'고 인식하는 것은 ㉠을 강화한다.

ㄷ. 색채 어휘가 적은 자연언어 화자들이 색채 어휘가 많은 자연언어 화자들에 비해 색채를 구별하는 능력이 뛰어나다는 것은 ㉠을 약화한다.

① ㄱ   ② ㄱ, ㄴ   ③ ㄴ, ㄷ   ④ ㄱ, ㄴ, ㄷ

3 다음 글을 바탕으로 할 때, 〈보기〉의 자료에 대한 평가로 가장 적절한 것은?

어린이가 언어를 배운다는 것은 문법을 배운다는 의미이다. 일반적으로 어린이는 문법이 없는 최초의 심적 상태인 '백지 상태'에서 점차 성인과 같은 문법을 지닌 심적 상태에 이르는 것으로 여겨진다. '극단적 생득설'에 따르면 어린이는 이미 언어를 아는 상태로 태어나고, 그 언어에 관한 지식은 생후 수년 이내에 나타난다. 한편 '극단적 경험론'에 따르면 어린이는 언어에 대해 아무런 지식 없이 태어나고, 모든 언어 능력은 일생을 통한 사회화를 거쳐 습득되는 것이다. 하지만 이런 극단적인 견해들은 모두 받아들이기 어려운 면이 있다.

만일 인간이 한국어를 미리 알고 태어났다면 한국인을 제외한 다른 나라 사람이 왜 한국어를 모르는 채 태어나는지를 설명할 수 없다. 또한 인간이 '백지 상태'로 태어났다면 어떻게 사회화가 가능한지 설명할 수 없다. 그리하여 결국 대부분의 학자들은 극단적인 입장을 피하고 어느 정도 '수정된 생득설'과 '수정된 경험설'의 입장을 취하고 있다.

전자는 많은 인간 행동이 유전자에 의해 생물적으로 결정되어 있다는 사실에 주목한다. 예를 들어, 정상적인 사람이라면 누구나 보행하는 능력을 지니고 있고, 그런 능력은 유전자에 의해 결정되어 있다. '촘스키'에 의하면, 인간은 유전자 구조에 의하여 언어의 특성이 이미 들어 있는 심적 상태에서 태어난다. 그리고 그 최초의 심적 상태에 들어 있는 언어의 특징은 모든 인간 언어에 공통된 보편적인 것이다. 예를 들면 어떤 언어권에 태어나든 인간은 음운 규칙에 의하여 그 언어의 음운론 부문을 조직화해야 하는 것을 이미 알고 있다는 것이다.

한편 후자는 많은 인간 행동이 문화적으로 결정된다는 사실에 주목한다. 예를 들어, 글씨를 쓰는 능력은 문화적으로 결정된 행동이다. 이 능력은 훈련을 통해 시행착오를 거듭하면서 배우는 것이며, 자연적으로 획득되지 않는다. '스키너'에 의하면, 언어는 본질적으로 연상에 의해서 습득되며 인간의 언어적 소통은 자극과 반응의 연속이다. 어떤 환경에서 자극을 받아 말을 하게 되면, 듣는 사람의 입장에서 그 말은 다시 자극이 되어 그 반응으로서 말을 하게 된다. 이러한 자극과 반응이 연속적으로 되풀이되는 과정을 통해서 언어를 습득한다는 것이다.

여기서 우리는 다음과 같은 문제를 마주하게 된다. 생득설은 언어 습득을 가능케 하는 생득적인 심적 구조를 어느 정도 인정한다. 그렇다면 최초의 심적 상태에는 언어 능력이 존재하는가, 아니면 일반적인 인지 능력만 존재하는가? 촘스키는 최초의 심적 상태에는 언어에 관한 정보가 포함되어 있다고 본다. 이와 대조적으로 '피아제'는 최초의 심적 상태에는 언어에 관한 정보는 없지만 기억, 지능, 동기 부여와 같은 일반적인 여러 인지 능력이 존재하며 이 능력이 환경과 상호 작용하면서 언어 습득이 이루어진다고 한다. 이러한 두 견해를 두고 논란은 지속되고 있다.

─── 보기 ───

자연에서 생활을 하다 구조된 '늑대 소년'은 사람들을 물고 할퀴는 등 늑대의 습성을 그대로 가지고 있다. 그는 약 10세 가량으로 추정되고 매우 영리하지만, 언어는 전혀 사용하지 못한다.

① 극단적인 경험론을 약화하는 근거로 사용할 수 있는 자료이다.
② 촘스키와 스키너의 이론을 모두 약화하는 자료이다.
③ 촘스키와 피아제의 이론을 모두 약화하는 자료이다.
④ 스키너의 수정된 경험설을 강화하는 근거로 사용할 수 있는 자료이다.

4 다음 글의 '촘스키'가 〈보기〉에 대해 보일 반응으로 가장 적절한 것은?

행동주의 심리학자인 스키너에 따르면 언어도 다른 행동들과 마찬가지로 아이가 부모를 모방하고, 상호 작용을 하면서 학습이 이루어진다. 그러나 이 관점에는 몇 가지 의문이 제기된다. 첫째, 경험을 통해 언어를 학습한다면 경험하지 못한 것에 대해서는 말할 수 없어야 한다. 그러나 아이들은 한 번도 들어 보지 못한 문장도 사용한다. 둘째, 경험에 의한 학습은 개인차가 크며, 제공받는 언어 자료와 피드백의 개인차도 클 수가 있다. 그렇지만 아이들이 모국어를 사용하는 능력에는 개인차가 크지 않다. 셋째, 성인들은 외국어 학습을 위해 많은 노력을 기울임에도 불구하고 언어 습득이 잘 되지 않는 경우가 많다. 반면 어린아이들은 특별한 노력을 기울이지 않아도 자연스럽게 언어를 학습한다.

촘스키는 이러한 점에 주목하여 인간은 인종이나 성장 환경, 지능의 차이 등에 관계없이 누구나 유전적으로 언어 습득 능력[language aqusition device, LAD]을 가지고 태어난다고 보았다. LAD는 인간만이 가진 능력으로, 문법에 맞게 문장을 자유자재로 사용할 수 있는 능력이다. 촘스키는 LAD가 인간이 사용하는 모든 언어들에 공통적으로 내재하는 보편적 원리 체계라고 보았으며, LAD는 초기 상태에서 개별 언어 환경에 따라 변화를 거친 후 언어학적으로 의미 있는 변화가 더 이상 일어나지 않는 비교적 안정된 상태에 이르게 된다.

촘스키의 관점은 인간은 대략 13세 정도가 지나면서 생득적인 언어 능력이 고정되므로 그 이후에 언어를 배운다는 것은 대단히 어렵다는 '한계 시기 가설'과 연결된다. 물론 새로운 언어를 13세 이후 제2언어로서 습득할 수는 있지만, 모국어만큼 자유자재로 사용하기는 어렵다는 것이다. 생애 초기에 빛에 노출되어야 시신경이 발현되는 것처럼 LAD도 한계 시기 이전에 언어 환경에 노출되어야 발현될 수 있으며, 한계 시기를 지나면 LAD가 발현되지 못하여 새로운 언어 습득에 장애를 겪을 수 있다는 의미이다.

촘스키 이전 시기 기술(記述) 언어학에서는 실제 사용된 객관적인 언어 자료의 기술을 중시했다. 기술 언어학은 개별 언어 사실들에 대한 목록을 작성하고, 분포 양상을 제시하고, 개별 언어의 특성에 대한 사실적 기술에 중점을 둔다. 이와 달리 촘스키의 언어학은 LAD의 초기 상태인 '보편 문법'을 규명하는 것을 목표로 두고 있다. 보편 문법은 모든 언어에 공통적으로 존재하는 것으로 인간 언어의 본질이자 언어 현상의 원인이라고 할 수 있다. 따라서 그는 언어학의 연구 목표도 인간이 지니고 있는 언어 능력의 보편적 측면을 파악하는 것이 되어야 한다고 생각했다. 인간은 화자가 전에 한 번도 들어 보지 못한 문장을 포함하여 무한히 많은 수의 문장을 생성, 이해할 수 있다. 그래서 촘스키는 실제 사용된 문장뿐만 아니라 있을 수 있는 문장도 연구 대상으로 한다.

— 보기 —

생후 1년 된 앵무새와 침팬지에게 인간의 언어를 가르쳤다. 1년 후에 앵무새는 열 개의 단어 정도로 이루어진 문장을 불러 주면 따라 할 수 있었지만, 침팬지는 따라 하지 못했다. 반면 침팬지는 열 글자 내외로 이루어진 문장을 읽고 문장에 따라 행동할 수 있었지만, 앵무새는 문장을 읽거나 그 내용에 따라 행동할 수 없었다.

① 앵무새가 1년 만에 열 개의 단어를 따라 할 수 있게 것은 LAD의 발현 때문이다.
② 침팬지에게 문자 해독 능력이 있다는 것은 인간과 유전적으로 유사한 LAD가 있기 때문이다.
③ 인간의 언어를 더 배운다 하더라도 앵무새와 침팬지 모두 배우지 않은 문장을 문법에 맞게 자유자재로 구사할 수는 없다.
④ 앵무새와 침팬지 모두 인간의 언어를 학습할 수 있었다는 것을 통해 LAD가 모든 생명체에 보편적으로 내재하는 능력이라는 것을 알 수 있다.

5 다음 글의 '피아제'와 〈보기〉의 '비고츠키'를 비교한 내용으로 가장 적절한 것은?

> 피아제는 아동의 사고 발달이 자폐적 사고에서 자기중심적 사고를 거쳐 사회적 사고로 진행된다고 보았다. 자폐적 사고는 욕구 충족의 경향과 현실에 부적응적인 사고인 데에 비하여, 사회적 사고는 객관적이고 지적이며, 언어를 통해 의사소통을 할 수 있는 사고를 말한다. 자폐적 사고와 사회적 사고의 중간에 '자기중심적 사고'가 있다. 자기중심적 사고는 현실 적응을 모색하기는 하나 그 자체로는 타인과 소통되지 않는 사고 유형이다. 자기중심적 사고를 하는 아동은 대상이나 사건을 자신의 관점이 아닌 다른 어떤 관점으로도 보지 못한다. 이후 아동은 다양한 활동을 통해서 대상이 다른 관점을 가질 수도 있다는 것을 알게 되는 경험들을 하고, 외부 환경과의 교섭으로 자기중심성을 벗어나서 객관성을 지니게 된다.
> 자기중심적 언어는 자기중심적 사고를 하는 아동이 구사하는 언어이다. 피아제에 의하면, 아동이 자기중심적 언어를 쓰는 이유는 자신의 정신 구조를 반복하여 사용하려는 경향이 있기 때문이며, 자기중심적인 아동의 욕구는 다른 사람들의 관점에 대해 무감각하기에 듣는 사람을 고려하거나 배려하지 않기 때문이다. 이는 자기중심적 언어가 아동의 행위와 사고를 단순히 반복하는 것에 불과하며, 아동의 자기중심적 사고를 반영하는 이상의 역할은 하지 않는다는 것을 말해 준다. 이렇게 볼 때 피아제는 언어를 사고의 표현 수단으로 보았다고 할 수 있다.
> 피아제는 이러한 특성이 나타나는 이유를 인간의 사고 능력이 개인과 환경의 교섭, 즉 마음과 대상의 교섭에 의하여 발달해 가기 때문이라고 설명한다. 바깥의 대상을 파악하는 일이 가능한 것은 마음 안에 정신 구조가 있기 때문이며, 이 정신 구조는 대상을 파악할 때 일종의 힘으로 작용하여, 대상을 파악하려는 인간의 노력으로 점점 발달해 간다는 것이다.

―〈보기〉―

> 비고츠키는 자기중심적 언어에 대한 실험을 통해, 아동이 자기중심적 언어를 어떻게 활용하는지 관찰하였다. 아동이 문제를 해결하기 위한 도구들을 직접 사용할 수 없도록 과제를 복잡하게 만들었더니, 아동의 자기중심적 언어가 증가하였다. 아동은 자신의 능력보다 약간 더 어려운 문제에 직면했을 때, 실험자를 향해 말하기, 단순히 행동에 수반되는 말하기, 주의 대상에게 말로 호소하기 등 다양한 자기중심적 언어를 구사하였다. 비고츠키는 이를 자기중심적 언어가 문제 해결 과정의 긴장을 완화시켜 줄 뿐 아니라, 문제 상황을 이해하고 해결하는 도구로 쓰임을 보여 주는 것이라고 이해하였다.

① 피아제와 비고츠키 모두 '자기중심적 언어'를 타인과 자신을 객관적인 관점에서 파악하기 위한 노력이라고 보았다.
② 피아제는 '자기중심적 언어'를 단지 자기중심성의 표현이라고 본 반면, 비고츠키는 문제 상황에 대응하는 사고의 도구로 보았다.
③ 피아제는 '자기중심적 언어'를 자신의 정신 구조를 확장하려는 시도로 본 반면, 비고츠키는 자신의 행위와 사고를 단순히 반복한 것으로 보았다.
④ 피아제는 '자기중심적 언어'를 타인의 관심을 고려하지 못하는 표현으로 본 반면, 비고츠키는 문제 상황에 대한 다른 관점을 내면화하는 방법으로 보았다.

6 A와 B의 주장에 대한 평가로 적절한 것만을 〈보기〉에서 모두 고르면?

> A는 아동의 사고와 언어의 발달이 개인적 차원에서 사회적 차원으로 진행된다고 주장한다. 그에 따르면 말을 배우기 시작하는 2~3세경에 '자기중심적 언어'가 나타났다가 8세경에 학령이 되면서 자기중심적 언어는 소멸하고 '사회적 언어'의 단계로 진입한다고 주장한다.
>
> B는 A가 주장한 자기중심적 언어의 존재를 인정하면서도 그것의 성격에 있어서는 다른 견해를 지닌다. A와 달리 그는 자기중심적 언어가 문제에 대한 해결 방법을 구안하는 데 중요한 사고의 도구가 된다고 주장한다. 그에 따르면 자기중심적 언어는 아동이 자기 자신과 대화할 때 나타나는데, 아동은 자신과 대화하는 방식으로 소리 내어 사고한다. 그는 자기중심적 언어가 자연적 존재를 문화적 존재로 변모시키는 기능을 하며, 학령이 되면서 소멸하는 게 아니라 내면화되어 소리 없는 '내적 언어'를 구성함으로써 정신 기능을 발달시킬 수 있는 원동력이 된다고 본다.
>
> 이러한 두 사람의 입장 차이는 자기중심적 언어의 전(前) 단계에 대한 서로 다른 생각에서 기인한 것으로 보인다. A는 출생 이후 약 2세까지의 아이가 언어 이전의 '환상적 사고'의 단계에 머물러 있는 것으로 보는데, 여기서 환상적 사고는 자신과 대상 세계를 구분하지 못하는 것을 가리킨다. 자신과 대상 세계를 구분하지 못하면 의사소통 행위가 불가능하므로 A는 이 단계의 아이가 보여 주는 타인과의 상호 작용을 의사소통 행위가 아니라고 주장한다. 반면, B의 경우 출생 이후 약 2세까지의 상호 작용을 의사소통 행위로 판단한다. 그에 따르면 이때의 의사소통 행위는 타자의 규제와 이에 따른 자기 규제가 작동하는 대화적 상호 작용의 일종으로, 사회적 언어를 통해 수행된다.
>
> B 역시 A와 마찬가지로 아동의 언어와 사고의 발달이 3단계로 진행된다고 보지만, 그 방향에 있어서는 사회적 언어에서 출발하여 자기중심적 언어를 거쳐 내적 언어 순으로 진행된다고 본다.

〈보기〉

ㄱ. '자기중심적 언어'의 단계 전에 A는 의사소통 행위가 이루어지지 않는 것으로, B는 이루어지는 것으로 본다.
ㄴ. A는 '자기중심적 언어'가 학령이 되면 없어지는 것으로 보는 반면, B는 없어지지 않는 것으로 본다.
ㄷ. A와 B는 '사회적 언어'의 단계로 진입하는 시기에 대해 견해를 달리한다.

① ㄱ　　　　② ㄱ, ㄴ　　　　③ ㄴ, ㄷ　　　　④ ㄱ, ㄴ, ㄷ

※ 다음 글을 읽고 물음에 답하시오. [7~8]

　소쉬르는 '랑그'와 '파롤'이라는 개념을 제시하였는데 랑그는 언어의 구조와 문법을 가리키고, 파롤은 사람들이 실제로 발화하거나 글로 쓴 구체적인 담화를 가리킨다. 랑그는 언어 활동의 사회적인 부분으로 말하는 사람이 반드시 따라야 할 '체계'이며, 파롤은 랑그가 개인에 따라 자유롭게 실현되는 '현상'이다. 랑그의 가장 대표적인 예는 문법 체계이다. 하지만 문법 체계는 랑그와 동일한 개념은 아니고 랑그의 일부분이다. 랑그가 없으면 파롤은 존재할 수 없다. 랑그는 갖가지 특수한 양태의 파롤을 가능하게 해 주는 불변의 공통 요소, 바로 '구조'인 셈이다.

　소쉬르는 언어를 본격적으로 분석하면서, 랑그를 기초로 삼았다. 전통적인 생각이나 상식에 따르면, 언어와 지시 대상이 일치한다는 것은 당연한 것이었다. 그래서 예전에는 언어 자체에 정의가 담겨 있다고 생각했다. 하지만 소쉬르는 '과연 언어는 지시 대상과 밀접한 관련이 있는가?'라는 의심을 품었으며, 이에 대해 그가 내린 답은 언어와 지시 대상의 관계는 자의적이며, ㉠ 언어는 다른 요소들과 맺는 관계와 차이에 의해서만 규정될 수 있다는 것이었다.

　소쉬르는 언어 기호를 기표와 기의로 나누었는데, 기표란 '표시하는 것'이며 기의란 '표시되는 것'이다. 쉽게 말해 기표가 언어 기호라면 기의는 언어의 의미라고 볼 수 있다. 그런데 '시계'라는 발음과 실제 물건인 '시계', 즉 기표와 기의는 사실 아무런 관련이 없고 '시계'라고 발음하는 것은 사실 사회적인 약속일 뿐이다. 이처럼 기표는 대상과 무관하게 사용되거나 바뀔 수 있다. 물론 어휘 중에는 나름대로의 기원을 가지고 형성된 것도 있으나, 소쉬르는 이러한 언어의 변천보다는 공시적 관점에서 바라본 규칙과 체계가 중요하다고 생각하였다.

　소쉬르의 언어학은 체계적인 구조를 이루는 언어와 그 언어를 사용하는 개개의 주체 사이의 관계를 다루었다. 앞서 말했듯이 랑그는 사회적으로 약속된 규칙 체계이며, 개인들이 말을 하기 위해선 그 규칙에 따라야 하고 그 규칙의 체계 속으로 들어가야 한다. 의미는 개인이 만들어내는 것이 아니라 언어의 체계 안에서 랑그에 따라 만들어지는 것이다. 이와 같은 관점에서는 '옳다', '그르다'는 판단이나 '좋다', '나쁘다'는 판단은 모두 언어의 구조 속에 있는 것이며, 개인들은 그것을 가져다 쓸 수 있을 뿐이다. 따라서 사고나 판단은 주체가 하는 것이 아니라 언어의 구조 속에 이미 있다. 이런 점에서 의미나 판단, 사고가 주체에 의존하는 것이 아니라 거꾸로 주체들이 사고하고 판단하기 위해서는 언어 구조에 따라야 한다는 말이 가능해진다. 그 결과 주체는 더 이상 말하고 받아들이는 행위의 중심이 아니며, 그 중심은 오히려 주체 외부에 존재하게 된다.

　모든 것이 '나'라는 주체를 중심으로 움직이고, 경험은 '내'가 외부에서 정보를 수집하는 것이며, 표현은 '내'가 내부의 생각을 표출하는 것이라고 보던 근대 철학과는 달리, 인간을 중심에서 끌어내리고 언어 구조를 중심에 가져다 놓았다는 점에서 사람들은 소쉬르를 구조주의의 기반을 다진 인물로 간주한다.

7 〈보기〉는 ㉠에 대한 탐구 학습 자료이다. 〈보기〉에 대한 반응으로 적절한 것으로만 짝 지어진 것은?

― 보기 ―

프랑스어 mouton은 동물 '양'을 의미하는데, 영어에서 '양'은 sheep이다. 이런 점에서 의미가 같다고 할 수 있으나, mouton은 죽은 양, 양고기 등 모든 종류의 양을 가리키는데 영어의 sheep은 살아 있는 양만을 가리킨다. 영어에는 프랑스어의 mouton에 해당하는 mutton이 있다. 이 말은 mouton이 영어화된 말인데, 영어에서는 살아 있는 양을 mutton이라고 하지 않고 죽은 양이나 양고기를 가리킬 때만 쓰인다.

ㄱ. 영어 mutton은 시간이 지나면 sheep의 의미까지도 포함할 수 있겠군.
ㄴ. 영어에서 mutton은 sheep과는 차이가 있기 때문에 가치를 가지는 것이겠군.
ㄷ. mouton이라는 말이 들어오기 이전에 영어권에는 양고기가 없었겠군.
ㄹ. mutton은 sheep이라는 단어가 이미 있는 상태에서 생긴 것이기 때문에 프랑스어 mouton과 의미가 달라졌겠군.

① ㄱ, ㄴ　　② ㄱ, ㄹ　　③ ㄴ, ㄷ　　④ ㄴ, ㄹ

8 윗글의 '소쉬르'와 〈보기〉의 '훔볼트'를 비교하여 이해한 내용으로 적절한 것은?

― 보기 ―

훔볼트는 "언어는 정신적 활동"이라고 말한다. 언어는 활동의 결과물(에르곤)이 아니라 "분절된 음으로서 인간의 사상을 표현하는 영원한 활동(에네르게이아)"이라는 것이다. 따라서 언어는 인간이 하는 활동 없이는 존재하지 않는다고 본다. 물론 그는 전체적으로 언어가 사유 활동에서 독립되어 있다고 하지만, 사유하는 인간의 활동 없이도 언어가 존재할 수 있는 실체라는 당대의 주장을 비판한다. 즉 언어는 사유로부터 독립해 있지만, 동시에 사유 없이는 존재할 수 없다는 것이다.

① 인간이 사고와 판단의 중심이 아니라고 본 소쉬르와 달리 훔볼트는 언어가 인간을 벗어나서는 존재할 수 없다고 생각하고 있군.
② 언어가 보편적이라고 생각한 훔볼트와 달리 소쉬르는 각각의 언어가 나름의 세계관을 가지고 있다고 생각하고 있군.
③ 언어의 통시성을 중시한 소쉬르처럼 훔볼트도 영원한 활동이라는 측면에서 언어의 통시성을 중요하다고 생각하고 있군.
④ 언어가 사유로부터 독립해 있다는 훔볼트의 견해는 소쉬르의 견해를 지지하는 사람들에게 비판을 받을 수 있겠군.

9 다음 글의 ㉠~㉢ 중 어색한 곳을 찾아 가장 적절하게 수정한 것은?

> 언어는 랑그와 파롤로 구분할 수 있다. 랑그는 머릿속에 내재되어 있는 추상적인 언어의 모습으로, 특정한 언어 공동체가 공유하고 있는 기호 체계를 가리킨다. 반면에 파롤은 구체적인 언어의 모습으로, 의사소통을 위해 랑그를 사용하는 개인적인 행위를 의미한다.
> 언어학자들은 흔히 ㉠<u>랑그를 악보에 비유하고, 파롤을 실제 연주에 비유하곤</u> 하는데, 악보는 고정되어 있지만 실제 연주는 그 고정된 악보를 연주하는 사람에 따라 달라지기 마련이다. 그러니까 ㉡<u>랑그는 여러 상황에도 불구하고 변하지 않고 기본을 이루는 언어의 본질적인 모습</u>에 해당한다. 한편 '책상'이라는 단어를 발음할 때 사람마다 발음되는 소리는 다르기 때문에 '책상'에 대한 발음은 제각각일 수밖에 없다. 여기서 ㉢<u>실제로 발음되는 제각각의 소릿값이 파롤</u>이다.
> 랑그와 파롤 개념과 비슷한 것으로 언어 능력과 언어 수행이 있다. 자기 모국어에 대해 사람들이 내재적으로 가지고 있는 지식이 언어 능력이고, 사람들이 실제로 발화하는 행위가 언어 수행이다. ㉣<u>파롤이 언어 능력에 대응한다면, 랑그는 언어 수행에 대응한다.</u>

① ㉠: 랑그를 실제 연주에 비유하고, 파롤을 악보에 비유하곤
② ㉡: 랑그는 여러 상황에 맞춰 변화하는 언어의 본질적인 모습
③ ㉢: 실제로 발음되는 제각각의 소릿값이 랑그
④ ㉣: 랑그가 언어 능력에 대응한다면, 파롤은 언어 수행에 대응

10 다음 대화에 대한 이해로 적절하지 않은 것은?

> 갑: 페가수스는 정말로 실존하는 것이겠지?
> 을: '페가수스'라는 단어는 실존하지 않는 대상을 지칭한다고 생각해.
> 갑: '페가수스'라는 단어가 의미를 지닌다는 것은 분명하지? 단어의 의미는 그 단어가 지칭하는 실존하는 대상이 무엇인가에 따라 결정돼. 모든 단어는 무언가의 이름인 것이지. 그러니 페가수스가 실존하지 않는다면 '페가수스'라는 이름이 어떻게 의미를 지니겠어? 이처럼 모든 이름은 실존하는 대상을 반드시 지칭해.
> 을: 단어 '로물루스'를 생각해 봐. 이 단어는 실제로는 이름이 아니라 일종의 축약된 기술어(記述語)야. '자기 동생을 죽이고 로마를 건국하는 등 여러 가지 일을 한 어떤 전설상의 인물'이라는 기술의 축약어일 뿐이란 거지. 만약 이 단어가 정말로 이름이라면, 그 이름이 지칭하는 대상이 실존하는지는 문제도 되지 않았을 거야. 어떤 단어가 이름이라면 그것은 실존하는 어떤 대상을 반드시 지칭하거든. 실존하지도 않는 대상에게 이름이 있을 수 없는 것은 너무 당연하니 말이야. 실존하지 않는 대상을 지칭하는 단어는 실제로는 이름이 아니라 일종의 축약된 기술어인 거야.

① 갑은 축약된 기술어가 실존하는 대상을 지칭할 수 없다고 보는군.
② 을은 실존하지 않는 대상을 지칭하는 단어가 있다고 보는군.
③ 갑은 '페가수스'를 이름으로, 을은 '페가수스'를 축약된 기술어로 보는군.
④ 갑과 을은 어떤 단어가 이름이려면 그 단어는 실존하는 대상을 반드시 지칭해야 한다고 보는군.

② 정보와 논리

1 ㉠과 가장 유사한 의미를 가진 사례는?

> 인간은 지식을 추구하는 존재이다. 그래서 우리의 삶은 일상적인 것에서부터 전문적인 것에 이르기까지 지식을 알기 위한 과정의 연속으로 볼 수 있다. 이런 지식에 대해 체계적으로 고찰하는 철학의 한 분야가 인식론(認識論)이다. 근대 인식론은 크게 경험주의와 합리주의의 두 유형으로 나타났다.
> 17세기 영국을 중심으로 발전한 경험주의는 감각적 경험을 통해 얻은 것만을 지식이라고 생각했을 뿐만 아니라 모든 지식은 인간의 경험으로 도출될 수 있다고 믿었다. 그래서 감각적 경험으로 알 수 없는 선험적(先驗的)인 것은 지식으로 인정하지 않는다. 경험주의는 지식을 얻는 방법론으로 주로 귀납적 방법을 이용하였다. 즉 개별 현상들을 관찰하고 검증함으로써 공통된 특징을 찾아내거나 동일한 관계를 찾아내고, 이를 바탕으로 현상들에 공통되는 법칙을 구성하거나 동일한 개념을 발견하려고 하였다. 그러나 ㉠ <u>유럽의 백조가 희다고 전 세계의 백조가 희다고 할 수 없는 것처럼</u>, 방법론 자체에 문제점을 내포하고 있다.
> 한편 유럽 대륙을 중심으로 발전한 합리주의는 감각에 의해 얻어지는 개별적 사실들은 항상 변화할 수 있기 때문에 지식이라고 보지 않았다. 그들은 지식이란 영원히 불변하는 것이라고 믿었기 때문에 보편적인 것을 추구하였고, 이는 이성에 의해서만 가능하다고 생각했다. 따라서 합리주의는 이성에 의한 지식만을 가장 이상적인 지식으로 여긴다. 여기서 이성이란 후천적인 감각 능력에 대립되는 선천적인 인식 능력을 말한다. 합리주의는 지식을 얻는 방법론으로 주로 연역적인 방법을 이용하였다. 즉 합리주의는 보편으로부터 개별을 이끌어 내려고 하였다. 그러나 합리주의는 감각 경험과 물리적 현상을 도외시했기 때문에 구체적 현실에 대한 지식을 무시한다는 점과 새로운 사실의 발견에 대해 적절하게 설명할 수 없다는 문제점이 있다.

① 타인의 잘못을 지적한다고 자신의 잘못이 없어지는 것은 아니다.
② 내가 지금까지 본 까마귀가 까맣다고 해서 모든 까마귀가 까맣다고 말할 수는 없다.
③ 내가 너를 증오하지 않는다고 해서 너를 사랑하는 것은 아니다.
④ 유명한 소설가가 남긴 미술 작품에 대한 평론은 권위를 인정하기 어렵다.

2 다음 글을 바탕으로 〈보기〉에 반응을 보인다고 할 때, 적절하지 않은 것은?

> 감각적으로 경험하지 않고 아는 것은 관념적인 앎일 뿐이다. 이런 점으로 볼 때 감각적 경험은 앎을 얻기 위해 꼭 필요한 것처럼 보인다. 그런데 감각 경험을 통한 앎에는 근본적인 문제가 있다. 감각적 정보는 지각하는 주체에 따라 다를 수 있다는 것이다. 그래서 감각 경험이 과연 지식을 만드는 데 반드시 필요한 것인가에 대한 의문이 생길 수 있다. 이에 대해 철학은 우리에게 하나의 시사점을 제시해 준다.
>
> 철학의 역사에서 경험을 바라보는 관점은 크게 둘로 나뉜다. 우선 경험론은 감각적 경험이 지식의 유일한 원천이라는 점을 강조한다. 로크는 우리에게 주어진 것은 외부 대상을 경험함으로써 얻는 관념뿐이라면서, 지식이란 관념들의 연결, 일치 또는 불일치, 대립에 관한 지각 이외에 아무것도 아니라고 주장하였다. 뒤이어 버클리는 "존재하는 것은 지각되는 것"이라며 인식 주체와 상관없이 대상만으로 지식이 만들어진다는 극단적인 경험론을 펼치기도 하였다. 이에 반해 합리론자인 데카르트는 경험의 주관성과 상대성을 비판하면서 주어진 경험과 상관없이 이성적 활동 자체가 지식을 얻는 인식 과정의 핵심을 이룬다고 보았다. 이성을 지닌 인식 주체가 없으면 경험 자체로는 아무런 지식도 이루지 못한다는 논리다.
>
> 이 두 흐름은 칸트에게서 종합된다. 칸트는 일단 대상에 관한 지식을 얻으려면 감각 경험에 의존하지 않을 수 없다고 하면서 경험론을 지지하였다. 그러나 그는 경험론이 감각을 경험과 섣불리 일치시키는 실수를 저질렀다고 본다. 감각은 자료에 불과할 뿐, 아직 경험이 아니라고 생각했기 때문이다. 칸트는 감각 자료가 경험이 되기 위해서는 인간의 이성에 의해 해석되어야 한다고 보았다. 좀 더 구체적으로 말하면 우리의 이성은 감성과 오성이라는 형식을 갖추고 있기 때문에 이 두 가지 기본 형식을 가동해 감각 자료를 경험으로 가공한다는 것이다. 이렇게 감각 자료를 지식으로 만드는 과정을 인식이라 한다. 이런 인식 과정을 통해 경험은 칸트에 이르러 지식을 만드는 중요한 근거로서의 지위를 인정받았다.

─● 보기 ●─

식탁 위에 무엇인가가 놓여 있다. 나는 눈으로 보고 먹어 본 후에야 이것을 사과라고 인식하였다.

① 로크는 내가 사과라는 지식을 얻는 것은 외부 대상의 경험을 통해 얻은 관념의 결과라고 보겠군.
② 버클리는 내가 없더라도 사과만으로도 충분히 지식이 만들어질 수 있다고 보겠군.
③ 데카르트는 내가 없으면 사과만으로는 사과에 대한 지식을 얻을 수 없다고 보겠군.
④ 칸트는 내가 사과를 눈으로 보고 먹어 보는 지각 행위만으로도 충분히 사과에 대한 지식을 얻을 수 있다고 보겠군.

3 [A]를 참고할 때, 〈보기〉의 ㉮에 대한 '흄'의 견해로 적절한 것은?

> 버클리는 우리가 경험적으로 지각하는 것은 물질 그 자체가 아니라 '감각의 다발'일 뿐이라고 했다. 예컨대 우리가 먹는 빵은 우선 시각, 후각, 촉각, 미각, 그리고 포만감일 뿐이다. 만일 우리에게 감각이 없다면 우리에게 밥이라는 물질이 존재하지 않는다는 것이다. 결국 우리가 인식하는 밥은 감각의 다발 또는 기억의 다발이므로 정신의 상태라는 것이다. 이렇게 되면 우리가 알 수 있는 유일한 실재는 정신만이 남게 된다.
>
> 흄은 버클리가 외부 물질을 부정한 방식을 그대로 우리 내부의 정신에 적용하여 정신을 부정하였다. 우리는 물질에 대한 경험으로부터 비롯된 감각과 기억 등 개별적 관념만 지각할 수 있을 뿐이고, 사고 과정을 주관하는 정신 자체를 지각할 수는 없다. 결국 흄은 우리가 인식할 수 있는 대상을 감각, 기억, 개별적인 관념 등의 영역으로 한정하였다.
>
> [A] ┌ 흄은 여기에서 나아가 과학적 지식마저도 알 수 없다고 하였다. 과학적 지식은 관찰과 실험을 통해 얻은 개별적 사실로부터 인과 관계나 법칙을 찾아내어 체계화한 결과이다. 우리는 과학적 추리를 할 때마다 자연이 변화가 없다는 점을 가정하고 있는데, 그 가정은 경험하지 않은 미래의 일이기 때문에 알 수가 없다는 것이다. 우리는 인과 관계나 법칙을 지각할 수 없고 다만 경험의 직접적인 대상인 특정 사건과 그런 사건의 연속만을 지각할 수 있을 뿐이라는 것이다.
> └
>
> 결국 흄에게 필연성을 갖고 있는 지식은 수학 공식뿐이다. 수학 공식이 항상 참된 이유는 동어 반복—술어가 이미 주어에 포함되어 있는 것—이기 때문이다. 3 × 3 = 9는 3 × 3과 9가 동일한 것을 다르게 표현한 것이다. 따라서 지식은 수학적 지식과 직접적 경험에 엄격히 한정되어야 한다고 보았다.

─── 보기 ───

지금까지 경험한 결과 매년 겨울에는 눈이 내렸다. 자연은 변화가 없으므로 ㉮ <u>겨울이 되면 항상 눈이 내릴 것이다.</u>

① 알 수 없는 가정으로부터 추론한 결과이다.
② 인과 관계로부터 추론한 사건의 연속이다.
③ 과학적 추리의 대상이므로 인식의 대상이다.
④ 관찰과 실험을 통해 얻은 개별적 사실이다.

4 〈보기〉의 관점에서 '로크'의 관점을 비판한 것으로 가장 적절한 것은?

로크는 '모든 지식은 경험에 근거를 두고 있으며, 궁극적으로는 경험에서 지식을 도출해 낸다.'라고 주장함으로써 경험주의 노선을 표방했다. 그리고 경험을 근거로 사유할 때 정신 또는 의식의 대상이 되는 모든 것을 '관념'이라 불렀으며, 이 관념으로부터 지식을 설명해 나갔다.

로크는 대상들과 관념들과의 관계에 주목해 제1성질과 제2성질을 구분했다. 로크에게 있어서 제1성질이란 실제로 지각과는 관계없이 대상 그 자체 속에 존재하는 성질로, 물체 자체가 가진 고유한 성질, 즉 연장, 형태, 크기, 무게 등을 지칭한다. 이 성질들은 측정 가능하고 수량화된 객관적 특성으로, 그는 제1성질에 의해 생성된 관념들은 대상에 속한 성질들을 밀접하게 닮는다고 보았다. 로크에게 있어서 제2성질은 물체를 지각하는 주체에 존재하는 성질로, 색깔, 소리, 맛과 같은 감각적인 것을 말한다. 그에게 제2성질은 대상 그 자체의 성질이 아니라 감각 경험에 나타난 주관적 성질로, 뜨거움과 차가움, 밝음과 어둠, 희고 검음, 달고 신 것, 색과 향기 등 감각적 성질이라고 일컬어지는 모든 관념을 말한다. 로크에 따르면 외부 세계의 대상들은 실제로는 제1성질만을 가지는데, 이것들이 자신들을 지각하는 사람들 안에 제2성질을 생산하는 것으로 보았다. 따라서 로크는 대상의 제1성질은 고정되어 있지만 그것이 생산하는 제2성질은 지각자에 따라 달라질 수 있다고 보았다.

─● 보기 ●─

연장성을 갖고 움직이면서 색깔과 같은 감각적 성질을 전혀 갖지 않는 물체란 상상할 수 없다. 대상의 형태, 크기, 무게 역시 색깔, 소리, 맛이 존재하는 마음속에 있을 수밖에 없으며, 형태, 크기, 무게, 색깔, 소리, 맛 등은 모두 지각자의 주관성에 의존한다. 다시 말하면, 인간이 크기를 지각하는 것은 색깔의 감각과 촉각에 의한 감각들의 결합에 의한 것으로, 크기나 형태와 색깔은 분리시켜 생각할 수 없다.

① 색깔도 제1성질에 포함되어야 한다.
② 물체 자체가 가진 고유한 성질은 제1성질이다.
③ 제1성질과 제2성질을 분리시켜 생각할 수 없다.
④ 감각 경험에 의해 나타나는 주관적 성질은 존재하지 않는다.

5 다음 글을 바탕으로 〈보기〉를 설명한 것으로 적절하지 않은 것은?

> 가설이란 이미 알고 있는 사실이나 이미 밝혀진 과학적 지식에 근거하여 연구하고 있는 사물 혹은 현상에 대하여 가정적 해석을 하는 것이다. 가설은 일종의 추측이기는 하지만 과학적 인식의 중요한 형식이며 중요한 단계이다. 왜냐하면 미지의 사물과 현상에 대한 인식은 언제나 가설 단계를 거치게 되기 때문이다.
>
> 가설은 비록 어떤 사태나 현상에 대한 추측이기는 하지만 아무런 근거 없이 설정되어서는 안 된다. 가설은 반드시 과학적 지식과 사실적 자료에 기초하여 제기되어야 한다. 충분한 사실적 근거만 있다면 현존하는 이론을 부정하는 새로운 가설도 제기할 수 있는 것이다.
>
> 16세기 이전까지 태양이 지구를 중심으로 돈다는 지구 중심설(천동설)은 확고한 진실이었다. 그런데 1543년 코페르니쿠스는 자기의 과학적 연구에 근거하여 지구가 태양을 중심으로 돈다는 가설을 제기했다. 그러나 이 가설은 당시의 과학계에서 승인되지 않았으며, 코페르니쿠스는 교회의 교리에 어긋난다는 이유로 통치 계급의 박해를 받았다.
>
> 가설을 제기할 때는 귀납 추리 중에서도 간단하면서도 낯익은 유사한 대상에 빗대어 전개하는 유비 추리를 진행하여 결론을 얻은 다음, 그것을 가설로 제기하는 경우가 가장 많다. 이렇게 제기한 가설은 반드시 검증을 받아야 한다. 가설을 검증해 보는 보편적인 방법은 가설을 전제로 하여 추리를 진행하는 것이다. 이 과정에서는 연역 추리 형식을 사용한다. 즉 만일 가설이 옳다면, 어떤 결과가 나타날 것이다. 어떤 결과가 나타났다면 그 가설은 확실성이 높아졌다는 것을 의미한다. 그러나 어떤 결과가 나타나지 않았다면 그 가설은 거짓이었음이 증명된다.
>
> 검증되고 실제와 부합되는 가설은 과학적인 이론이 된다. 그런데 이런 가설의 검증은 인류 사회의 장기적인 실천 활동을 거쳐 완성된다. 어떤 가설은 검증을 거쳐 기본적으로 정확하다고 실증되었지만 아직도 결함이 있거나 정확하지 않은 측면이 있어 계속 수정 또는 보충할 것이 요구된다.

● 보기 ●

㉠ 물질을 나노 크기로 쪼개면 전체 물질의 성질이 바뀔 수 있다.
㉡ 나노 크기의 분말로 된 미세한 얼음덩이는 영하 50도에서도 녹는다.
㉢ 나노 재료들은 일반 재료에 비해 부피에 대한 표면적의 비율이 상상 이상으로 크다.
㉣ 부피에 비해 표면적의 비율이 커지면 전체 물질의 성질은 표면적의 성질로 바뀔 수 있다.

① ㉡은 ㉠과 같은 가설을 세우는 데 사용될 수 있는 구체적 현상이다.
② ㉡으로부터 ㉠과 같은 생각을 이끌어 내는 데는 대개 연역 추리가 사용된다.
③ ㉢은 ㉣과 같은 현상을 이해하거나 설명하는 데 필요한 구체적인 사실에 해당한다.
④ ㉣은 ㉠의 추측을 하나의 일반적 법칙으로 확립하는 데 필요한 전제라고 할 수 있다.

※ 다음 글을 읽고 물음에 답하시오. [6~8]

정합설에 따르면, 어떤 명제가 참인 것은 그 명제가 다른 명제와 정합적이기 때문이다. 그러면 정합적이다'는 무슨 의미인가? 정합적이라는 것은 명제들 간의 특별한 관계인데, 이 특별한 관계가 무엇인지에 대해 전통적으로는 '모순 없음'과 '함축', 그리고 최근에는 '설명적 연관' 등으로 정의해 왔다.

먼저 '정합적이다'를 모순 없음으로 정의하는 경우, 추가되는 명제가 이미 참이라고 인정한 명제와 모순이 없으면 정합적이고, 모순이 있으면 정합적이지 않다. 여기서 모순이란 "은주는 민수의 누나이다."와 "은주는 민수의 누나가 아니다."처럼 ㉮ 동시에 참이 될 수도 없고 또 동시에 거짓이 될 수도 없는 명제들 간의 관계를 말한다. '정합적이다'를 모순 없음으로 정의하는 입장에 따르면, "은주는 민수의 누나이다."가 참일 때 추가되는 명제 "은주는 학생이다."는 앞의 명제와 모순이 되지 않기 때문에 정합적이고, 정합적이기 때문에 참이다. 그런데 '정합적이다'를 모순 없음으로 이해하면, 앞의 예에서처럼 전혀 관계가 없는 명제들도 모순이 발생하지 않는다는 이유 하나만으로 모두 정합적이고 참이 될 수 있다는 문제가 생긴다.

이 문제를 해결하기 위해서 '정합적이다'를 함축으로 정의하기도 한다. 함축은 "은주는 민수의 누나이다."가 참일 때 "은주는 여자이다."는 반드시 참이 되는 것과 같은 관계를 이른다. 명제 A가 명제 B를 함축한다는 것은 'A가 참일 때 B가 반드시 참'이라는 의미이다. '정합적이다'를 함축으로 이해하면, 명제 "은주는 민수의 누나이다."가 참일 때 이와 무관한 명제 "은주는 학생이다."는 모순이 없다고 해도 정합적이지 않다. 왜냐하면 "은주는 학생이다."는 "은주는 민수의 누나이다."에 의해 함축되지 않기 때문이다.

그런데 '정합적이다'를 함축으로 정의할 경우에는 참이 될 수 있는 명제가 과도하게 제한된다. 그래서 '정합적이다'를 설명적 연관으로 정의하기도 한다. 명제 "민수는 운동 신경이 좋다."는 "민수는 농구를 잘한다."는 명제를 함축하지는 않지만, 민수가 농구를 잘하는 이유를 그럴듯하게 설명해 준다. 그 역의 관계도 마찬가지이다. 두 경우 각각 설명의 대상이 되는 명제와 설명해 주는 명제 사이에는 서로 설명적 연관이 있다고 말한다. 설명적 연관이 있는 두 명제는 서로 정합적이기 때문에 그중 하나가 참이면 추가되는 다른 하나도 참이다. 설명적 연관으로 '정합적이다'를 정의하게 되면 함축 관계를 이루는 명제들까지도 포괄할 수 있는 장점이 있다. 함축 관계를 이루는 명제들은 필연적으로 설명적 연관이 있기 때문이다. 또한 '정합적이다'를 설명적 연관으로 정의하면, 함축으로 이해하는 것보다는 많은 수의 명제를 참으로 추가할 수 있다.

6 윗글의 내용과 일치하지 않는 것은?

① 정합설에서 참 또는 거짓을 판단하는 기준은 명제들 간의 관계이다.
② 정합설에서 이미 참이라고 인정한 명제와 어떤 새로운 명제가 정합적이면, 그 새로운 명제도 참이다.
③ '정합적이다'를 모순 없음으로 이해했을 때 참이 아닌 명제는 함축으로 이해했을 때에도 참이 아니다.
④ 함축 관계에 있는 명제들은 설명적 연관이 있는 명제들일 수는 있지만 모순 없는 명제들일 수는 없다.

7 ㉮의 사례로 적절한 것은?

① 민수는 은주보다 키가 크다. ― 민수는 은주보다 키가 크지 않다.
② 민수는 농구를 좋아한다. ― 민수는 농구보다 축구를 좋아한다.
③ 그것은 민수에게 이익이다. ― 그것은 민수에게 손해이다.
④ 민수의 말이 옳다. ― 은주의 말이 틀리다.

8 〈보기〉의 명제를 참이라고 할 때, 윗글을 바탕으로 추론한 내용으로 적절하지 않은 것은?

―――――● 보기 ●―――――

우리 동네 전체가 정전되었다.

① '정합적이다'를 설명적 연관으로 이해하면, "우리 집이 정전되었다."를 참인 명제로 추가할 수 없다.
② '정합적이다'를 함축으로 이해하면, "우리 집이 정전되었다."를 참인 명제로 추가할 수 있다.
③ '정합적이다'를 설명적 연관으로 이해하면, "예비 전력의 부족으로 전력 공급이 중단되었다."를 참인 명제로 추가할 수 있다.
④ '정합적이다'를 함축으로 이해하면, "우리 동네에는 솔숲이 있다."를 참인 명제로 추가할 수 없다.

※ 다음 글을 읽고 물음에 답하시오. [9~10]

　아리스토텔레스는 기본 명제를 네 가지로 분류하고 이를 각각 '전체 긍정 명제', '전체 부정 명제', '부분 긍정 명제', '부분 부정 명제'라고 이름을 붙였다. 삼단 논법에 이용되는 명제는 이 네 가지 기본 명제 중 어느 하나의 형식을 가져야 하며, 그 뜻이 모호하지 않아야 하므로 이 명제들을 표준 형식으로 고쳐 주어야 한다.
　먼저, 전체 긍정을 뜻하는 명제의 표준 형식은 "모든 철학자는 이상주의자이다."와 같이 '모든 ~는 ~이다.'로 하면 된다. 전체 부정을 뜻하는 명제의 표준 형식의 경우, "모든 철학자는 이상주의자가 아니다."라는 말은 애매하다. 왜냐하면 "철학자는 한 사람도 이상주의자가 아니다."를 뜻하는 것인지, 아니면 "철학자 중에는 이상주의자가 아닌 사람도 있다."를 뜻하는 것인지 분명하지 않기 때문이다. 그러므로 '모든 ~는 ~가 아니다.'라는 형식보다 전체 부정의 뜻을 분명하게 나타내어 줄 수 있는 표준 형식은 "어느 철학자도 이상주의자가 아니다."와 같이 '어느 ~도 ~가 아니다.'로 하면 된다. 부분 긍정을 뜻하는 명제의 표준 형식은 "어떤 철학자는 이상주의자이다."와 같이 '어떤 ~는 ~이다.'라는 형식이면 된다. '어떤'이란 말이 '어떤 낯선 사람'이라고 할 때처럼 불확정적인 대상이라는 뜻을 가질 수도 있으나 그것은 부분 긍정을 뜻하는 데는 별 문제가 되지 않는다. 마지막으로, 부분 부정을 뜻하는 명제의 표준 형식은 "어떤 철학자는 이상주의자가 아니다."에서와 같이 '어떤 ~는 ~가 아니다.'라는 형식이면 된다.
　"강아지는 포유동물이다."라는 일상 언어의 문장은 모든 강아지에 대한 긍정을 뜻하는 것이므로 이것을 표준 형식의 명제로 고치면 "모든 강아지는 포유동물이다."가 된다. 그러나 "말을 많이 하는 자는 말로 망한다."라는 말은 전체 긍정의 뜻으로 받아들일 수도 있고 부분 긍정의 뜻으로 받아들일 수도 있다. 이것을 "말을 많이 하는 모든 사람은 말로 망하는 사람이다."라고 한다면 전체 긍정이 되지만, "말을 많이 하는 어떤 사람은 말로 망하는 사람이다."라고 한다면 부분 긍정이 된다. ㉠ 어떤 해석이 옳은가라는 문제는 논리학의 관심 문제가 아니다. 일상 언어의 문장들은 읽는 사람에 따라서 혹은 그것이 쓰이는 상황에 따라서 그것의 논리적 의미가 다르기 때문이다.
　"대부분의 젊은이들은 현실 부정적이다."에서 '대부분'은 전체가 아니라는 뜻이므로 이런 경우는 부분 긍정이나 부분 부정으로 이해할 수밖에 없다. 전체 중에서 단 한 사람에 대한 긍정을 한 것도 부분 긍정으로 일반화시킬 수밖에 없으며, 한 사람만 제외한 다른 모든 사람들에 대한 긍정도 부분 긍정으로 간주할 수밖에 없다. 명제의 양을 전체와 부분으로만 나누어 두었기 때문에 전체에 관한 것이 아닌 것은 모두 부분에 관한 것으로 표현되어야 한다. 부분에 관한 명제들 중에서 그 양의 정도가 다른 것을 나타낼 수 있는 방법은 없다. 이것은 곧 모든 명제를 네 가지 기본 형식으로만 나누어야 하는 고전 논리의 한계점이다. 그러므로 위의 명제도 "어떤 젊은이들은 현실 부정적인 사람이다."라고 고칠 수밖에 없다.
　"미국 흑인들 외에는 아무도 흑인 영가[1]의 참뜻을 느낄 수 없다." 이 문장에는 흑인 영가의 참뜻을 느낄 수 있는 미국 흑인에 대한 것과 그것을 느낄 수 없는 다른 사람들에 대한 것이 포함되어 있다. 따라서 "모든 미국 흑인들은 흑인 영가의 참뜻을 느낄 수 있는 사람이다."라는 명제와 "미국 흑인이 아닌 모든 사람은 흑인 영가의 참뜻을 느낄 수 없는 사람이다."라는 명제로 고쳐야 한다. 그리고 둘째 명제는 다음과 같이 전체 부정 명제로 고쳐 쓸 수 있다. "미국 흑인이 아닌 어느 사람도 흑인 영가의 참뜻을 느낄 수 있는 사람이 아니다."
　일상 언어의 문장은 그것이 어떤 사실을 긍정하는 것일지라도 위에서 검토해 본 예문들처럼 그것의 논리적 의미가 분명치 못한 것이 많다. 그것이 이용되는 경우에 따라서, 또 내용에 따라서 그 의미가 다르게 이해되어야 할 때가 많다. 이러한 문제는 논리학의 범위에 속하지 않는 것이므로 그것을 사용하는 사람이 자기대로 타당한 이해를 할 수밖에 없는 것이다. 그러한 문장을 표준 형식의 명제로 고치고자 할 때는 먼저 적절한 해석을 한 후 그것이 이해되는 뜻에 따라서 그것에 맞는 형식으로 고쳐 주면 된다.

[어휘 풀이] 1) 영가(靈歌) : 미국의 흑인들이 부르는 일종의 종교적인 노래

9 윗글을 참고하여 〈보기〉에 대해 판단한 내용으로 적절하지 않은 것은?

— 보기 —

개혁 의지가 투철한 사람만 시위에 참석했다.

① '개혁 의지가 투철한 사람만 시위에 참석했다.'는 표준 형식으로서 분명한 뜻을 지니는군.
② '개혁 의지가 투철한 사람은 누구나 다 시위에 참석했다.'는 것을 뜻하지는 않는군.
③ '개혁 의지가 투철한 사람의 일부분이 시위에 참석했다.'라는 것을 긍정하지도 않는군.
④ 시위에 참석한 사람들만이 개혁 의지가 투철한 사람들인지에 대한 긍정은 없군.

10 윗글을 바탕으로, 〈보기〉의 문장들을 표준 형식의 명제로 고친 것으로 적절하지 않은 것은?

— 보기 —

㉠ 새도 하늘에서 떨어진다.
㉡ 소수의 사람들만이 박람회에 초대를 받았다.
㉢ 게임에 미친 사람은 게임만 좋아한다.
㉣ 비가 오는 날이면 언제나 그는 커피를 마신다.

① ㉠ : 어떤 새는 하늘에서 떨어진다.
② ㉡ : 어떤 사람은 박람회에 초대를 받았다.
③ ㉢ : 게임에 미친 모든 사람은 게임을 좋아한다.
④ ㉣ : 비가 오는 모든 날은 그가 커피를 마시는 날이다.

3 비판적 사고

※ 다음 글을 읽고 물음에 답하시오. [1~4]

㉠ 논리실증주의자와 포퍼는 지식을 수학적 지식이나 논리학 지식처럼 경험과 무관한 것과 과학적 지식처럼 경험에 의존하는 것으로 구분한다. 그중 과학적 지식은 과학적 방법에 의해 누적된다고 주장한다. 가설은 과학적 지식의 후보가 되는 것인데, 그들은 가설로부터 논리적으로 도출된 예측을 관찰이나 실험 등의 경험을 통해 맞는지 틀리는지 판단함으로써 그 가설을 시험하는 과학적 방법을 제시한다. 논리실증주의자는 예측이 맞을 경우에, 포퍼는 예측이 틀리지 않는 한, 그 예측을 도출한 가설이 하나씩 새로운 지식으로 추가된다고 주장한다.

하지만 ㉡ 콰인은 가설만 가지고서 예측을 논리적으로 도출할 수 없다고 본다. 예를 들어 ⓐ <u>새로 발견된 금속 M은 열을 받으면 팽창한다는 가설만 가지고는</u> ⓑ <u>열을 받은 M이 팽창할 것이라는 예측</u>을 이끌어 낼 수 없다. 먼저 지금까지 관찰한 모든 금속은 열을 받으면 팽창한다는 기존의 지식과 M에 열을 가했다는 조건 등이 필요하다. 이렇게 예측은 가설, 기존의 지식들, 여러 조건 등을 모두 합쳐야만 논리적으로 도출된다는 것이다. 그러므로 예측이 거짓으로 밝혀지면 정확히 무엇 때문에 예측에 실패한 것인지 알 수 없다는 것이다. 이로부터 콰인은 개별적인 가설뿐만 아니라 ⓒ <u>기존의 지식들과 여러 조건 등을 모두 포함하는</u> 전체 지식이 경험을 통한 시험의 대상이 된다는 총체주의를 제안한다.

논리실증주의자와 포퍼는 수학적 지식이나 논리학 지식처럼 경험과 무관하게 참으로 판별되는 분석 명제와, 과학적 지식처럼 경험을 통해 참으로 판별되는 종합 명제를 서로 다른 종류라고 구분한다. 그러나 콰인은 총체주의를 정당화하기 위해 이 구분을 부정하는 논증을 다음과 같이 제시한다. 논리실증주의자와 포퍼의 구분에 따르면 "총각은 총각이다."와 같은 동어 반복 명제와, "총각은 미혼의 성인 남성이다."처럼 동어 반복 명제로 환원할 수 있는 것은 모두 분석 명제이다. 그런데 후자가 분석 명제인 까닭은 전자로 환원할 수 있기 때문이다. 이러한 환원이 가능한 것은 '총각'과 '미혼의 성인 남성'이 동의적 표현이기 때문인데 그게 왜 동의적 표현인지 물어보면, 이 둘을 서로 대체하더라도 명제의 참 또는 거짓이 바뀌지 않기 때문이라고 할 것이다. 하지만 이것만으로는 두 표현의 의미가 같다는 것을 보장하지 못해서, 동의적 표현은 언제나 반드시 대체 가능해야 한다는 필연성 개념에 다시 의존하게 된다. 이렇게 되면 동의적 표현이 동어 반복 명제로 환원 가능하게 하는 것이 되어, 필연성 개념은 다시 분석 명제 개념에 의존하게 되는 순환론에 빠진다. 따라서 콰인은 종합 명제와 구분되는 분석 명제가 존재한다는 주장은 근거가 없다는 결론에 도달한다.

콰인은 분석 명제와 종합 명제로 지식을 엄격히 구분하는 대신, 경험과 직접 충돌하지 않는 중심부 지식과, 경험과 직접 충돌할 수 있는 주변부 지식을 상정한다. 경험과 직접 충돌하여 참과 거짓이 쉽게 바뀌는 주변부 지식과 달리 주변부 지식의 토대가 되는 중심부 지식은 상대적으로 견고하다. 그러나 이 둘의 경계를 명확히 나눌 수 없기 때문에, 콰인은 중심부 지식과 주변부 지식을 다른 종류라고 하지 않는다. 수학적 지식이나 논리학 지식은 중심부 지식의 한가운데에 있어 경험에서 가장 멀리 떨어져 있지만 그렇다고 경험과 무관한 것은 아니라는 것이다. 그런데 주변부 지식이 경험과 충돌하여 거짓으로 밝혀지면 전체 지식의 어느 부분을 수정해야 할지 고민하게 된다. 주변부 지식을 수정하면 전체 지식의 변화가 크지 않지만 중심부 지식을 수정하면 관련된 다른 지식이 많기 때문에 전체 지식도 크게 변화하게 된다. 그래서 대부분의 경우에는 주변부 지식을 수정하는 쪽을 선택하겠지만 실용적 필요 때문에 중심부 지식을 수정하는 경우도 있다. 그리하여 콰인은 중심부 지식과 주변부 지식이 원칙적으로 모두 수정의 대상이 될 수 있고, 지식의 변화도 더 이상 개별적 지식이 단순히 누적되는 과정이 아니라고 주장한다.

총체주의는 특정 가설에 대해 제기되는 반박이 결정적인 것처럼 보이더라도 그 가설이 실용적으로 필요하다고 인정되면 언제든 그와 같은 반박을 피하는 방법을 강구하여 그 가설을 받아들일 수 있다. 그러나 총체주의는 "A이면서 동시에 A가 아닐 수는 없다."와 같은 논리학의 법칙처럼 아무도 의심하지 않는 지식은 분석 명제로 분류해야 하는 것이 아니냐는 비판에 답해야 하는 어려움이 있다.

1 윗글을 바탕으로 할 때, ㉠과 ㉡이 모두 '아니요'라고 답변할 질문은?

① 과학적 지식은 개별적으로 누적되는가?
② 경험을 통하지 않고 가설을 시험할 수 있는가?
③ 경험과 무관하게 참이 되는 지식이 존재하는가?
④ 예측은 가설로부터 논리적으로 도출될 수 있는가?
⑤ 수학적 지식과 과학적 지식은 종류가 다른 것인가?

2 윗글에 대해 이해한 내용으로 가장 적절한 것은?

① 포퍼가 제시한 과학적 방법에 따르면, 예측이 틀리지 않았을 경우보다는 맞을 경우에 그 예측을 도출한 가설이 지식으로 인정된다.
② 논리실증주의자에 따르면, "총각은 미혼의 성인 남성이다."가 분석 명제인 것은 총각을 한 명 한 명 조사해 보니 모두 미혼의 성인 남성으로 밝혀졌기 때문이다.
③ 콰인은 관찰과 실험에 의존하는 지식이 관찰과 실험에 의존하지 않는 지식과 근본적으로 다르다고 한다.
④ 콰인은 분석 명제가 무엇인지는 동의적 표현이란 무엇인지에 의존하고, 다시 이는 필연성 개념에, 필연성 개념은 다시 분석 명제 개념에 의존한다고 본다.
⑤ 콰인은 어떤 명제에, 의미가 다를 뿐만 아니라 서로 대체할 경우 그 명제의 참 또는 거짓이 바뀌는 표현을 사용할 수 있으면, 그 명제는 동어 반복 명제라고 본다.

3 윗글을 바탕으로 총체주의의 입장에서 ⓐ~ⓒ에 대해 평가한 것으로 적절하지 않은 것은?

① ⓑ가 거짓으로 밝혀지더라도 그것이 ⓐ 때문이라고 단정하지 못하겠군.
② ⓑ가 거짓으로 밝혀지면 ⓒ의 어느 부분을 수정하느냐는 실용적 필요에 따라 달라지겠군.
③ ⓑ는 ⓐ와 ⓒ로부터 논리적으로 도출된다고 하겠군.
④ ⓑ가 거짓으로 밝혀지면 ⓑ는 ⓒ의 주변부에서 경험과 직접 충돌한 것이라고 하겠군.
⑤ ⓑ가 거짓으로 밝혀지면 ⓒ를 수정하는 방법으로는 ⓐ를 받아들일 수 없다고 하겠군.

4 윗글의 총체주의에 대한 비판으로 가장 적절한 것은?

① 가설로부터 논리적으로 도출된 예측이 경험과 충돌하더라도 그 충돌 때문에 가설이 틀렸다고 할 수 없다.
② 논리학 지식이나 수학적 지식이 중심부 지식의 한가운데에 위치한다고 해서 경험과 무관한 것은 아니다.
③ 전체 지식은 어떤 결정적인 반박일지라도 피할 수 있기 때문에 수정 대상을 주변부 지식으로 한정하는 것은 잘못이다.
④ 중심부 지식을 수정하면 주변부 지식도 수정해야 하겠지만, 주변부 지식을 수정한다고 해서 중심부 지식을 수정해야 하는 것은 아니다.
⑤ 중심부 지식과 주변부 지식 간의 경계가 불분명하다 해도 중심부 지식 중에는 주변부 지식들과 종류가 다른 지식이 존재한다.

Part 2 논증

❶ 논증의 개념

1 전제와 결론

논증은 추리를 할 때 결론의 기초가 되는 판단인 '전제'와 일정한 명제를 전제로 하여 이끌어 낸 판단인 '결론'으로 구성된다. 전제와 결론을 구분할 때는 지시어의 도움을 받을 수 있다. '왜냐하면, ~ 때문에, 그 이유는, ~이므로, ~에서 알 수 있듯이, ~라는 사실은'과 같은 지시어들은 전제를 나타내며, '그러므로, 따라서, 그래서, 반드시 ~이다, ~를 의미한다, ~이 도출된다, ~임에 틀림없다, ~을 함축한다'와 같은 지시어는 결론을 나타낸다.

예를 들어, '내일은 비가 올 것이다. 왜냐하면 일기 예보에서 비가 올 것이라고 말했기 때문이다.'에서는 '왜냐하면'을 통해 '일기 예보에서 비가 올 것이라고 말했다'가 전제, '내일은 비가 올 것이다'가 결론임을 알 수 있다.

논리학은 논증을 구성하는 명제들 사이의 논리적 연결 관계를 분별하는 원칙과 절차에 대한 학문이다. 논리학의 목표는 전제로부터 주장이 도출되는 과정이 올바른지 아닌지를 구별하는 방법을 찾는 것이다. 이런 목표를 위해 논리학은 문장들의 외적 연결 형식에 관심을 갖지만 문장들이 실제로 참인지 거짓인지 확인하는 작업은 하지 않는다. 문장들이 거짓이더라도 논리적인 경우는 얼마든지 있다.

> **📍 논증 성립 요건**
> ① 다른 명제들로부터 근거를 제공받아 주장되는 하나의 명제가 있어야 한다.(결론)
> ② 그 주장을 뒷받침하는 하나 이상의 명제가 있어야 한다.(전제)
> ③ 전제와 결론 상호 관계를 나타내는 논리적 접속사가 있어야 한다.
>
> • 논증: 하나 또는 두 개 이상의 진술들이 다른 진술에 대한 지지를 제공하도록 되어 있는 논리학의 기본 단위로서 전제와 결론으로 구성되어 있다.
> • 전제: 이유나 증거를 공표하는 진술
> • 결론: 전제가 뒷받침하는 진술

 활동 1. 다음 논증을 전제와 결론으로 구분하시오.

> 모든 사람은 죽는다. 소크라테스는 사람이다. 따라서 소크라테스는 죽는다.
> 예시   전제: 모든 사람은 죽는다, 소크라테스는 사람이다.
>   결론: 소크라테스는 죽는다.

1. 모든 시인은 가난뱅이다. 모든 소설가는 가난뱅이다. 그러므로 모든 소설가는 시인이다.

    전제: _____
    결론: _____

2. 갑은 마라톤 선수임에 틀림없다. 왜냐하면 모든 마라톤 선수들은 체력이 좋기 때문이다.

    전제: _____
    결론: _____

3. 지영이는 이 반에서 가장 똑똑하니까 우리는 지영이를 반장으로 뽑아야 한다.

    전제: _____
    결론: _____

4. 나의 고향에 사는 사람들은 모두 착하다. 왜냐하면 바닷가 생활은 매우 단순하며 그런 생활은 사람을 착하게 만들기 때문이다. 내가 어제 만난 소미는 내 고향 사람이다. 그러므로 소미는 착하다.

    전제: _____
    결론: _____

5. 모든 토끼는 고양이이다. 모든 강아지는 토끼이다. 그러므로 모든 강아지는 고양이이다.

    전제: _____
    결론: _____

6. 어제 그 집회는 성공적이었을 거야. 그가 준비하는 집회는 언제나 성황을 이루거든.

    전제: _____
    결론: _____

7. 시베리아에 사는 고니는 우리나라에서 겨울을 지내는데, 이번 겨울에도 날아올 것이다.

    전제: _____
    결론: _____

8. 발표한 학생은 가산점을 받는데, 유진이도 20점의 가산점을 받을 것이다. 그녀는 가장 먼저 발표했다.

    전제: _____
    결론: _____

9. 마약 복용이 범죄는 아니다. 범죄는 다른 사람한테 피해를 입혀야 한다. 마약을 복용한다고 해서 다른 사람한테 피해를 입히지 않는다.

    전제: _____
    결론: _____

2 숨은 전제 및 숨은 결론

논증은 전제와 결론으로 구성되는데, 전제는 한 논증에서 하나 이상이지만 결론은 하나이다. 이때 일상의 논증에서는 전제나 결론을 생략하는 경우가 있다. 가령, '이 영화는 15세 이상만 시청할 수 있다. 아진이는 볼 수가 없다'에는 하나의 전제가 생략되어 있다. 이 전제는 화자나 청자가 모두 알고 있는 것으로 굳이 언급하지 않아도 논증을 이해하는 데에 전혀 방해되지 않기 때문에 생략하는 것이다. 이를 '숨은 전제'라고 부른다. 반대로 모두가 아는 결론일 때는 결론을 생략할 수 있는데 이는 '숨은 결론'이라고 한다.

✏️ 활동 2. 다음 논증에서 숨은 전제와 결론을 찾으시오.

> **예시**
> 이 영화는 미성년자 관람 불가야. 너는 볼 수가 없어.
> 전제: 이 영화는 미성년자 관람 불가야.
> 숨은 전제: 너는 미성년자야.
> 결론: 너는 볼 수가 없어.

1. 비가 오면 우산을 써야 한다. 따라서 지금 우산을 써야 한다.

   숨은 전제: _____

2. 범죄는 타인에게 피해를 입히는 행위이다. 마약을 복용한다고 해서 다른 사람이 피해를 입는 것은 아니다.

   숨은 결론: _____

3. 꼬리물기는 교통 체증을 유발하므로 좋은 운전법이라고 할 수 없다.

   숨은 전제: _____

4. 그는 이 시각에 집에 올 것이다. 그러겠다고 약속했기 때문이다.

   숨은 전제: _____

5. 국가와 국민을 위해 봉사하는 사람만이 공직에 있을 수 있다. 따라서 친일파는 공직에서 물러나야 한다.

   숨은 전제: _____

6. A 씨는 대한민국 대통령 후보로 출마할 수 없다. 그의 국적은 대한민국이 아니다.

   숨은 전제: _____

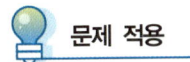 문제 적용

1 다음 문장에 담긴 숨겨진 의미를 추리한 것으로 적절하지 않은 것은?

> 작은 물고기가 없다면 용은 누구와 더불어 군주 노릇을 하며, 저 큰 물고기들 또한 어찌 으스댈 수 있겠는가?

① 물은 국가이다.
② 큰 물고기는 관리이다.
③ 작은 물고기는 백성이다.
④ 용은 큰 물고기가 있어야 살 수 있다.

2 다음 문장에 담긴 숨겨진 의미를 추리한 것으로 가장 적절한 것은?

> 방언은 그것을 사용하는 사회를 반영하므로, 방언에 대한 이해는 그 방언이 사용되는 사회를 직·간접적으로 이해하는 한 방법이 된다.

① 언어와 방언은 그 성격이 다르다.
② 사회를 이해할 수 있는 방법은 언어뿐이다.
③ 언어는 시간의 변화에 따라 생장·소멸한다.
④ 언어는 그 언어를 사용하는 사회를 반영한다.

3 다음 문단을 통해 의미를 추리한 것으로 적절하지 않은 것은?

> 부(富)를 사적(私的) 시각에서 보면 돈은 수단 방법을 가리지 않고 벌면 되는 것이고, 번 돈은 남이야 어떻든 내 마음대로 쓰면 그만인 것이다. 만약 우리나라에서 부가 사회적으로 존경받지 못한다면, 그 이유 중 하나는 부를 가진 사람들이 자기가 소유한 부를 지나치게 사적(私的) 측면에서만 이해하려고 하기 때문이다.

① 우리나라에는 빈부의 격차가 있다.
② 부에는 사적 측면과 공적 측면이 있다.
③ 우리나라에서는 부가 사회적으로 존경받지 못한다.
④ 돈을 버는 방법뿐만 아니라 돈의 사용에도 지켜야 할 윤리가 있다.

4 밑줄 친 문장의 전제로 가장 적절한 것은?

> 그러나 그렇게 존중되던 당악은 우리가 창조한 우리 민족의 문화가 아니었기 때문에, 오랜 역사 속에서 차츰 쇠퇴하여, 오늘날 전하는 대부분의 국악곡들은 향악에 속한다. 물론 당악은 우리 향악에 큰 영향을 끼쳤지만 지금까지 전해 오는 얼마 되지 않는 몇몇 곡들도 그 고유의 모습을 잃고 향악화된 형태이다.

① 당악은 우리가 창조한 우리 민족의 문화가 아니다.
② 우리가 창조한 민족 문화만이 오랫동안 우리의 역사에 살아남을 수 있다.
③ 우리 민족의 문화는 외래문화를 흡수하며 발전해 왔다.
④ 외래문화는 한 시대에 영향을 끼칠 수는 있어도, 그 자체로 독자적인 문화가 될 수 없다.

5 ㉠의 목적으로 가장 적절한 것은?

> 여기서 주식 옵션을 가진 사람의 수익이 기초 자산인 주식의 가격 변화에 의존함을 확인할 수 있다. ㉠ 회사가 경영자에게 주식 옵션을 유인책으로 지급하는 것은 바로 이 때문이다.

① 경영자가 노동자들의 복지 증진을 추구하도록
② 경영자가 주식 가격의 상승을 추구하도록
③ 경영자가 덜 위험한 사업을 선택하도록
④ 경영자가 사업의 다각화를 추구하도록

6 다음 글의 전제로 볼 수 있는 것은?

> 아득한 옛날 우리 조상들이 사용하던 국어는 어떠한 모습이었을까? 선사 시대에 대한 궁금증이 모두 그러하듯이, 이 질문에 대해서도 지금으로서는 정확한 대답을 하기가 어렵다. 이 의문에 대해서는 국어가 어떻게 형성되었는가 하는 문제, 즉 국어의 계통이 먼저 정확하게 밝혀져야만 정확한 대답을 할 수 있는데, 국어의 계통에 대해서는 그동안 많은 연구가 이루어져 왔음에도 불구하고 아직 분명하지 않은 점이 많다. 여러 자료들을 바탕으로 살필 때, 몽골 어군, 만주-퉁구스 어군, 튀르크 어군 등과 함께 국어가 알타이 어족에 속할 가능성은 높지만, 아직은 분명한 비교 언어학적 증거가 확보되지 않아 가설 단계에 머물러 있을 뿐이다.

① 비교 언어학은 국어 연구의 기초를 이룬다.
② 선사 시대에 관한 연구는 자료 확보가 어렵다.
③ 계통 연구는 국어학의 주된 관심사가 아니었다.
④ 언어의 계통 연구로 언어의 옛 모습을 알 수 있다.

7 밑줄 친 문장의 전제로 가장 타당한 것은?

> 미국의 경우 전체 서점 중 가장 시장 점유율이 높은 두 개 대형 서점 브랜드의 매장이 절반 가까이를 차지한다. 우리나라에서도 대형 서점들이 적극적으로 매장을 늘려 가는 추세이다. 그러나 이런 변화가 꼭 소형서점의 몰락을 가져오는 것은 아니다. <u>소형 서점도 분야를 특화하거나 고객에게 밀착하여 충분히 살아남을 수 있다.</u> 여기서 '특화'란 특정 장르만을 취급하는 서점을 뜻하는 것이 아니라, 고객에게 좋은 인상을 남기거나 서비스가 아주 좋은 서점같이, 여러 가지 방식으로 자기만의 특색을 만들어 낼 수 있는 서점을 말한다. 책을 판다는 것은 특권이 아니다. 고객의 욕구를 충족시킬 때만 서점은 살아남을 수 있다.

① 소형 서점은 대형 서점이 고객에게 충족시켜 주지 못하는 영역에서 더 나은 서비스를 제공할 수 있다.
② 책이란 것은 형태와 내용이 똑같기 때문에 가격이 서점 선택에서 가장 중요한 요소이다.
③ 변화하지 않는 서점들은 고객의 욕구를 충족시키지 못하므로 도태될 수밖에 없다.
④ 시집, 철학, 추리 소설 등 특정한 책의 장르를 취급하는 서점이 존재한다.

8 다음 글의 주장을 이끌어 내기 위한 전제로 적절한 것은?

> 영상 매체가 문자 매체에 비해 수용이 용이하다는 견해가 있다. 물론 수용자의 정신 에너지 투입량을 기준으로 한다면, 영상이 문자보다 용이한 게 사실이다. TV를 볼 때는 눈과 귀만 있으면 되지만 책은 그렇지 않다. 정도와 수준 차이는 있겠지만 독서는 어떤 형태의 '문화적 해독 능력'이 필요하고 특정한 해석적 어휘나 해독 부호가 필요하다. 영상 매체라고 해서 이런 것이 전혀 필요 없다는 말은 아니다. 하지만 심화된 형태의 정신 집중을 요구하지 않는다는 점에서 영상은 문자보다 수용이 쉽다. 그러나 에너지 투입량을 최소화하고 수용을 최대로 용이하게 하는 것이 모든 경우에 최선의 문화적 선택이 되는 것은 아니다. 코미디나 농담은 다량의 에너지를 요구하지 않는다. 입을 벌리고 웃을 정도면 된다. 그러나 '문화적 텍스트'에서는 사정이 다르다. 등산이 에너지를 요구하듯 일정한 정신 근육의 긴장이 요구된다. 그러나 긴장의 끝에 즐거움이 오는 것이 아닐까? 에너지 투입의 최소화라는 관점에서만 본다면 아무도 등산의 즐거움을 말할 수 없을 것이다. 그러므로 영상 매체가 수용이 용이하다는 것은 그다지 의미를 지니지 못한다.

① 영상 문화의 수용 용이성을 주장하는 견해는 실용성의 관점만을 취하고 있다.
② 문화적 텍스트에서는 투입 에너지와 그로부터 도출되는 즐거움이 반드시 반비례하는 것이 아니다.
③ 문자 문화에는 영상 문화에 결여되어 있는 깊이 있는 지식과 의미가 농축되어 있다.
④ 영상 문화가 수용이 용이하다고 해서 반드시 그 질적 수준까지 갖추고 있는 것은 아니다.

9 문화 관광부 논리의 전제로 가장 적절한 것은?

> 본래 '미디어 렙'이란 방송 광고 판매 대행 회사를 뜻하는 말로, 방송사를 대신해 방송 광고 영업을 해 주고 수수료를 받는 회사이다. 방송사가 직접 광고 영업을 하면 광고 요금이 급등하거나 광고주의 프로그램 간섭이 발생할 수 있기 때문에, 방송의 공익성과 방송 광고의 적정가 유지를 위해 두는 제도이다. 국내에는 현재 한국 방송 광고 공사가 유일한 미디어 렙 역할을 맡고 있다.
> 이러한 상황에서 규제 개혁 위원회가 한국 방송 광고 공사의 독점적 방송 광고 시장을 완전 경쟁 체제로 전환해야 한다는 요구안을 내놓아 문제가 되고 있다. 미디어 렙의 추가 설립 허용 문제를 둘러싸고 문화 관광부와 방송사가 갈등을 빚고 있는 것이다. 문화 관광부는 "규제 개혁 위원회의 요구안을 시행하면 사실상 방송사의 광고 직접 영업을 허용해 방송의 공익성이 무시되고 과도하게 시청률을 경쟁하는 등 부작용이 우려되기 때문에, 제한 경쟁이 바람직하다."며 재심을 요청하고 나섰다. 문화 관광부는 방송 광고 영업의 완전 경쟁 체제가 도입되면 방송의 공익성 훼손, 광고료 급상승, 시청률 경쟁에 따른 프로그램의 저질화, 변칙 광고 범람 등이 우려된다고 주장하였다. 특히 광고 유치 경쟁이 본격화되면 교양물 등의 고급 프로그램들이 사라져 시청자 주권이 침해되고 방송의 공익성이 훼손될 것이라고 전망하고 있다.

① 방송과 관련된 규제는 강화되어야 한다.
② 광고료와 방송 프로그램의 질은 반비례한다.
③ 경쟁 체제는 부작용을 일으킬 가능성이 높다.
④ 정부가 주도하는 방송 정책은 시대 흐름에 맞지 않다.

10 다음 글이 가정하고 있는 전제로 가장 적절한 것은?

> 근대 천문학의 주무기는 광학 망원경이었다. 처음엔 달 표면이나 행성 현상 등을 이 새로운 무기로 기록했지만, 이렇다 할 진보는 일어나지 않았다. 단 망원경의 시계(視界)에 십자(十字) 실을 늘어뜨려 정밀 측정 무기로 삼자 천체의 위치를 정확히 구하는 '위치 천문학'이 발달했다. 또한 수학이나 역학의 발달에 의한 '천체 역학'이 개척되었고 19세기 후반부터는 천체에서 오는 빛을 스펙트럼으로 분석해 천체의 물리적 성질을 조사하는 '천체 물리학'이 전개됐다. 2차 세계 대전이 끝나자 전파에 의해 우주를 살피는 '전파 천문학'이 개척되었다. 전파를 사용하게 되자 천문학자도 전자기학에 관한 공부를 해야만 했다. 방법에 의한 학문의 결점이라 할 수 있을지도 모르지만, 강력한 무기를 손에 넣게 되면 그것을 사용하는 방향으로만 학문이 신장되고, 다른 방향은 완전히 무시되어 버리는 경향이 있다. 과거의 달 표면 연구는 더 이상 신장될 수 없으므로, 이제는 그것이 프로 천문학자의 할 일이 아니라고 생각했다. 하지만 인공위성이 발사되고 달의 뒤쪽을 바라볼 수 있게 되자, 월면학(月面學)이 다시 각광받게 되었다.

① 연구 방법보다는 연구 대상이 중요하다.
② 학문의 역사도 끊임없이 변화, 발전한다.
③ 근대 이후 천문학은 놀랄 만한 발전을 보였다.
④ 연구 방법이 연구 대상을 규정하는 주된 요인이다.

❷ 논증의 유형

'명제(命題)'란 논리학의 기본 단위로, 참 또는 거짓으로 명확하게 판명될 수 있는 문장을 의미한다. 이러한 명제는 '지구는 둥글다.'처럼 단일한 문장으로 구성된 단순 명제와 '탄이는 포메라니안이고, 들이는 푸들이다.'처럼 두 개 이상의 단순 명제로 구성된 합성 명제로 구분할 수 있다.

명령형이나 청유형, 의문형, 감탄형 등의 문장은 참 또는 거짓으로 나눌 수 없으므로 명제가 될 수 없다. 또한 자신의 주관을 드러내는 문장, 약속이나 의지를 나타내는 문장, 인사 또한 명제에 속하지 않는다.

✏️ 활동 3. 아래의 문장이 명제이면 ○, 아니면 ×로 구분하시오.

1. 페루는 아메리카 대륙에 있다. (○ / ×)
2. 세상에서 가장 예쁜 꽃은 장미이다. (○ / ×)
3. 다음 주 독해 알고리즘 숙제를 나에게 알려 줄 수 있니? (○ / ×)
4. 국어 문장은 종결 어미에 따라 평서문, 의문문, 명령문, 청유문, 감탄문으로 나눌 수 있다. (○ / ×)
5. 7은 행운의 숫자이다. (○ / ×)
6. 월요일 9시에 강의실에서 보자. (○ / ×)
7. 2는 가장 작은 자연수이다. (○ / ×)
8. 이 음식을 개봉한 후에는 가능한 한 빨리 드시기 바랍니다. (○ / ×)
9. 모든 새는 날 수 있다. (○ / ×)
10. 가속도는 힘에 비례하고 질량에 반비례한다. (○ / ×)

논리학의 기본 단위는 사실을 나타내는 문장인 명제이다. 사실을 나타낸다는 것은 참과 거짓으로 판명이 난다는 것이다. 주장을 나타내는 명제와 이유를 나타내는 명제가 모여 논증을 구성하는데 논증은 크게 연역과 귀납으로 나눌 수 있다. 연역 논증과 귀납 논증은 전제와 결론을 지지하는 방식이 다르다. 통상적으로는 일반적인 사실이나 원리를 전제로 하여 개별적인 특수한 사실이나 원리를 이끌어 내는 것을 연역, 개별적인 특수한 사실이나 원리로부터 일반적인 것을 이끌어 내는 것을 귀납이라 설명한다. 논리학에서는 전제들이 모두 참이라면, 그 결론이 반드시 참인 논증을 연역 논증이라 한다. 연역 논증은 전제에 이미 포함된 결론을 다른 방식으로 확인하는 것일 뿐이므로 결론에서 지식이 확장되지 않는다. 반면 전제들이 참이라고 해도 그 결론의 참이 절대적으로 보증되지는 않고 참일 것이라는 개연성이 높을 뿐인 논증을 귀납 논증이라 한다. 귀납 논증의 결론은 전제의 정보로 우리의 지식을 확장해 준다는 장점이 있다.

✏️ 활동 4. 다음에 제시된 논증을 '연역 논증'과 '귀납 논증'으로 구분하시오.

1. 그의 혈액에 알코올이 들어 있다. 그러므로 그는 틀림없이 술을 마셨다.
   ▶

2. 나는 친구가 8명이 있다. 한 주는 7일이다. 따라서 적어도 두 명은 같은 요일에 태어났다.
   ▶

3. 포유동물은 온혈 동물이다. 고래는 포유동물이다. 그러므로 고래는 온혈 동물이다.
   ▶

4. 지금까지 본 모든 까마귀는 까맸다. 그러므로 이 산에도 까마귀가 있다면, 그 까마귀는 검은색일 것이다.
   ▶

5. 대부분의 사람은 오른손잡이이다. 유진이는 사람이다. 따라서 유진이는 오른손잡이일 것이다.
   ▶

6. 도시의 인구가 감소하면 주택 수요도 감소한다. A 도시의 인구가 감소하고 있다. 따라서 A 도시의 주택 수요도 감소할 것이다.
   ▶

7. 지난 10년간 A 도시의 7월 평균 기온은 항상 30도 이상이었다. 올해 A 도시의 7월 평균 기온도 30도 이상일 것이다.
   ▶

8. 기자는 정치가가 자신의 실제 동기를 인정하도록 할 수가 없다. 이번 대통령에 관한 기사는 정치가의 진실을 드러낼 수 없다.
   ▶

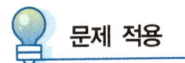 문제 적용

1 다음 중 논증의 유형이 이질적인 것은?
① 제비도 날개가 있다. 까치도 날개가 있다. 이들은 모두 새이다. 그러므로 모든 새는 날개가 있다.
② 모든 사람은 죽는다. 그 독재자는 사람이다. 그러므로 그 독재자는 죽는다.
③ 비가 오지 않는다면 운동회가 열릴 것이다. 비가 오지 않는다. 그러므로 운동회는 열릴 것이다.
④ 내일은 비가 오거나 눈이 올 것이다. 그런데 비는 오지 않을 것이다. 따라서, 눈이 올 것이다.

2 다음 중 논증의 방법이 다른 하나는?
① 한국인은 모두 황인종이다. 황인종이 아닌 사람은 모두 한국인이 아니다.
② 비가 오면 큰아들의 미투리가 안 팔릴 테니 걱정이다. 비가 안 오면 작은아들의 나막신이 안 팔릴 테니 걱정이다. 비는 오거나 안 오거나 할 터이니, 어떻든 걱정이다.
③ 심한 열이 지속된다면 감기가 아닐 확률이 높다. 아이의 열이 3일째 지속되었다. 아이는 감기가 아닐 것이다.
④ 도전을 두려워하지 않는 사람만이 정상에 오를 수 있는데, 철수는 도전을 두려워하니 정상에 오를 수 없다.

1 연역 논증의 타당성과 건전성

<mark>연역 논증</mark>은 형식과 내용을 판단하여 그 종류를 구분할 수 있다. <mark>타당한 논증</mark>은 논증의 형식적인 면을 판단하는 것으로, 어떤 논증의 전제들이 참이라면 그 결론이 반드시 참인 논증이다. 반면, <mark>부당한 논증</mark>은 모든 전제가 참이지만 결론이 거짓인 경우가 존재하는 논증이다. 결론이 반만 참이라든가 반만 거짓일 수 없으므로 거의 타당하다거나 조금 부당한 논증은 존재하지 않는다.

<mark>건전한 논증</mark>은 논증의 구조는 물론 내용적인 면까지 판단하는 것이다. 건전한 논증은 주어진 논증이 타당한 논증이며, 논증의 전제들이 모두 참이라는 것을 의미한다. 즉, 논증이 타당하지 않다면 건전하지 않을 것이고, 논증이 타당하더라도 전제가 참이 아니라면 건전하지 않을 수 있다.

> **📍 타당성[validity]**
> 논리적 추리에 의해서 전제들로부터 결론이 합리적으로 도출됨을 말한다. 타당한 결론은 선행 전제들로부터 추론된 것이다. 타당성은 진리와 구별된다. 왜냐하면 추리의 타당성 문제는 그것이 도출되는 전제의 진릿값과는 독립적이기 때문이다.
>
> **📍 부당성[invalidity]**
> 올바르게 추리되지 않음을 가리키는 것으로 비논리적 또는 그릇된 추리에 의해 도달된 결론의 성격을 말한다.
>
> **📍 건전성[soundness]**
> 논증이 건전한 논증이 되기 위해서는 형식이 타당해야 하며 전제들이 모두 참이어야 한다. 그러므로 건전한 논증은 모두 타당한 논증이지만, 타당한 논증이라고 해서 모두 건전한 논증은 아니다. 왜냐하면 거짓인 전제를 갖는 논증이 타당할 수도 있기 때문이다.
>
> **📍 건전한 논증의 예**
> ① 모든 대학 졸업자는 학사 학위를 받은 사람이다. (T)
>   모든 대학 교수는 대학 졸업자이다. (T)
>   그러므로 모든 대학 교수는 학사 학위를 받은 사람이다. (T)
> ② 모든 사람은 생각한다. (T)
>   소크라테스는 사람이다. (T)
>   그러므로 소크라테스는 생각한다. (T)

✏️ **활동 5. 다음에 제시된 논증의 타당성과 건전성을 판단하시오.**

1. 모든 사람은 죽는다. 소크라테스는 사람이다. 그러므로 소크라테스는 죽는다.

2. 모든 신은 죽는다. 소크라테스는 신이다. 그러므로 소크라테스는 죽는다.

▶ 위의 두 논증은 모두 (타당하다 / 부당하다).

   1은 (건전한 / 불건전한) 논증이지만 2는 (건전한 / 불건전한) 논증이다.

2 귀납 논증의 정당화

<mark>귀납 논증</mark>은 거짓일 가능성이 항상 존재하며, 새로운 증거가 추가됨에 따라 결론이 불안정할 수 있다. 전제들이 결론을 절대적으로 보증하지 않기 때문에 연역 논증처럼 논증의 타당성을 평가할 수 없고 귀납적으로 약한지 강한지를 평가한다. '귀납적으로 강하다'는 것은 논증의 전제들이 참이라면 그 논증의 결론이 참일 <mark>개연성이 높다</mark>는 것이며 '귀납적으로 약하다'는 것은 그 논증의 결론이 참일 <mark>개연성이 낮다</mark>는 것이다.

귀납 논증은 관련 있는 사실들 전부를 관찰, 실험하고서 결론을 내리지는 않는다. 한두 가지 사실만 관찰하고 그 사실들이 속하는 현상의 집단에 관한 일반적 진리를 법칙으로 내세우는 것이다. 예를 들어, 리트머스 시험지를 염산, 초산 등의 액체 속에 담그면 붉어지는데, 이러한 현상 몇 가지로부터 화학자는 리트머스 시험지는 모든 산성 용액 속에서 붉어진다는 판단을 내린다. 이렇게 몇 가지의 사실들을 개괄하여 하나의 법칙을 세우는 것에는 논리의 비약이 있다. 이러한 비약을 '<mark>귀납적 비약[inductive leap]</mark>'이라고 한다.

흄은 <mark>인과율</mark>의 필연성에 대해 의심하였다. 불과 연기가 잇달아 일어난다고 하여 이것이 필연적인 인과 관계를 형성하지는 않는다는 것이다. 불이 있으면 연기가 있다는 것은 여러 번 되풀이된 경험의 결과로 생긴 신념이라는 것이다. 일상생활에서는 인과율이 통용되지만, 엄밀히 따지면 지식이 경험만을 토대로 하는 한 우리는 개연성밖에 주장할 수 없으므로, 자연적 사실에 대한 인과적 지식은 필연적으로 보편타당한 지식이 될 수 없다는 것이 흄의 인과율에 대한 부정적 입장이다. 그는 사람들이 항상 귀납적 사유에 빠져 있다는 점을 인지하였으며, 이것은 인간 본성에 내재한 비합리적인 경향이라고 생각하였다. 우리의 정신은 그런 식으로 작동하지만 그것은 결코 논리적으로 정당화될 수 없다는 것이다.

- 개연성: 절대적으로 확실하지 않으나 아마 그럴 것이라고 생각되는 성질.
- 인과율: 원인과 결과 사이의 관계. "인과의 원리는 원인 또는 원인들 없이는 어떤 것도 발생하지 않는다."라는 가정에 기초하고 있다.
- 확률: 우연성이 개입할 수 있는 대량의 현상에서 특정한 사례 내지 현상이 일어날 수 있는 가능성.

활동 6. 다음의 귀납 논증이 강한지 약한지 판단하시오.

1. 유명한 축구 선수인 A는 경기에서 엄청난 폭발력을 가지고 있다. 그러나 A처럼 B도 유명한 축구 선수이다. 그러므로 B는 경기에서 엄청난 폭발력을 가지고 있을 것이다. (강 / 약)

2. 한 정치가는 우리가 공포심 자체를 제외하고는 두려워할 것이 없다고 말했다. 그러므로 여성들은 강도를 두려워할 이유가 없다. (강 / 약)

3. 사람들은 재즈를 100년 이상 들어 왔다. 아마도 사람들은 지금부터 1년 후에도 재즈를 듣고 있을 것이다. (강 / 약)

4. 콜라는 대단히 인기 있는 음료수이다. 그러므로 아마도 지금 이 순간에도 누군가 콜라를 마시고 있을 것이다. (강 / 약)

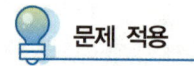 문제 적용

※ 다음 글을 읽고 물음에 답하시오. [1~2]

　연역 논증을 평가할 때에는 우선 형식적으로 결론이 전제에서 필연적으로 도출되는가를 따져야 한다. 즉 논증이 타당한지 부당한지를 평가해야 한다. 다음으로 그 논증의 전제가 모두 참인지를 평가해야 한다. 즉 논증이 건전한지 건전하지 않은지를 따져야 한다.
　연역 논증에서 타당한 논증은 전제를 참이라고 가정했을 때 그 전제가 결론의 참을 확실하게 보증해 주는 것이다. 연역 논증에서 전제의 참이 결론의 참을 확실하게 보증한다고 주장하였지만, 실제로 그렇지 못한 경우가 얼마든지 있을 수 있다. 우리는 이런 연역 논증을 '부당한 논증'이라고 말한다. 연역 논증은 결론의 내용이 전제 속에 이미 모두 들어 있거나 혹은 암암리에 함축되어 있다고 주장되는 논증인데, 실제로 그런 연역 논증은 타당하고 그렇지 못한 연역 논증은 부당하다. 따라서 '타당하다', '부당하다'는 귀납 논증이 아닌 연역 논증에만 적용되는 용어이다.
　연역 논증의 타당성, 또는 부당성과 전제와 결론의 진릿값 간의 관계는 다음의 표에서 쉽게 확인할 수 있다.

전제	결론	타당한 논증	부당한 논증
참	참	가능	가능
참	거짓	불가능	가능
거짓	참	가능	가능
거짓	거짓	가능	가능

　일반적으로 논증의 타당성은 논증을 구성하는 명제들이 실제로 참인지 거짓인지와 무관하다. 그런데 오로지 전제가 참인 한 가지 경우에만 전제와 결론의 실제 진릿값이 논증의 타당성과 관계가 있다. 만약 전제가 참인데 결론이 거짓인 연역 논증이 있다면, 위 표에서 알 수 있듯이 그것은 부당한 논증이다. 왜냐하면 타당한 논증은 전제가 참일 때 결론이 필연적으로 참인 논증이라고 정의되기 때문이다. 이처럼 연역 논증의 타당성은 일반적으로 연역 논증의 타당성은 전제나 결론의 참/거짓과 연관되어 있는 것이 아니라, 전제와 결론 사이의 관계와 연관된 것이다. 실제로 전제와 결론이 참이어야만 타당한 논증이 되는 것은 아니다. 타당성은 전제와 결론의 지지 관계가 절대적인가 아닌가를 평가하는 것이기 때문이다.
　한편 어떤 연역 논증이 건전한 논증이 되기 위해서는, 두 가지 평가 기준을 다 만족시켜야 한다. 첫째, 전제를 참이라고 가정했을 때 결론의 참이 필연적으로 도출되어야 한다. 둘째, 전제가 모두 실제로 참이어야 한다. 이 중 하나의 기준이라도 만족시키지 못하면 건전하지 않은 논증이다. 이상에서 살펴본 바와 같이 연역 논증에서는 논증이 '참이다', '거짓이다'로 표현해서는 안 된다. 논증이 '타당하다', '부당하다', 또는 '건전하다', '건전하지 않다'라고 말해야만 한다.

1 윗글을 읽고 〈보기〉의 논증을 평가한 것으로 적절한 것은?

> ● 보기 ●
> (가) 모든 인간은 죽는다. 소크라테스는 인간이다. 그러므로 소크라테스는 죽는다.
> (나) 모든 말은 귀가 셋이다. 이 동물은 말이다. 그러므로 이 동물은 귀가 셋이다.
> (다) 어떤 사람은 동물이다. 어떤 동물은 땅 위에 산다. 그러므로 어떤 사람은 땅 위에 산다.

① (가), (나), (다) 모두 건전한 논증이다.
② (가), (나), (다) 모두 건전하지 않은 논증이다.
③ (가)는 건전한 논증이고, (나), (다)는 건전하지 않은 논증이다.
④ (가), (나)는 건전한 논증이고, (다)는 건전하지 않은 논증이다.

2 타당한 연역 논증의 사례로 볼 수 없는 것은?

① 모든 개는 깃털을 가지고 있다. 모든 새는 개다. 그러므로 모든 새는 깃털을 가지고 있다.
② 만약 로미오가 암살되었다면 그는 죽었다. 희곡에서 로미오는 죽었다. 그러므로 그는 암살되었다.
③ 소금은 염소를 포함하고 있다. 바닷물은 소금을 포함하고 있다. 그러므로 바닷물에는 염소가 있다.
④ 모든 새는 부리를 가지고 있다. 모든 고양이는 새이다. 그러므로 모든 고양이는 부리를 가지고 있다.

※ 다음 글을 읽고 물음에 답하시오. [3~4]

　귀납은 기존의 정보나 관찰 증거 등을 근거로 새로운 사실을 추가하는 지식 확장적 특성을 지닌다. 이 특성으로 인해 귀납은 근대 과학 발전의 방법적 토대가 되었지만, 한편으로 귀납 자체의 논리적 한계를 지적하는 문제들에 부딪히기도 한다.

　먼저 흄은 과거의 경험을 근거로 미래를 예측하는 귀납이 정당한 추론이 되려면 미래의 세계가 과거에 우리가 경험해 온 세계와 동일하다는 자연의 일양성, 곧 한결같음이 가정되어야 한다고 보았다. 그런데 자연의 일양성은 선험적으로 알 수 있는 것이 아니라 경험에 기대야 알 수 있는 것이다. 즉 "귀납이 정당한 추론이다."라는 주장은 "자연은 일양적이다."라는 다른 지식을 전제로 하는데 그 지식은 다시 귀납에 의해 정당화되어야 하는 경험적 지식이므로 귀납의 정당화는 순환 논리에 빠져 버린다는 것이다. 이것이 귀납의 정당화 문제이다.

　귀납의 정당화 문제로부터 과학의 방법인 귀납을 옹호하기 위해 라이헨바흐는 이 문제에 대해 현실적 구제책을 제시한다. 라이헨바흐는 자연이 일양적일 수도 있고 그렇지 않을 수도 있음을 전제한다. 먼저 자연이 일양적일 경우, 그는 지금까지의 우리의 경험에 따라 귀납이 점성술이나 예언 등의 다른 방법보다 성공적인 방법이라고 판단한다. 자연이 일양적이지 않다면, 어떤 방법도 체계적으로 미래 예측에 계속해서 성공할 수 없다는 논리적 판단을 통해 귀납은 최소한 다른 방법보다 나쁘지 않은 추론이라고 확언한다. 결국 자연이 일양적인지 그렇지 않은지 알 수 없는 상황에서는 귀납을 사용하는 것이 옳은 선택이라는 라이헨바흐의 논증은 귀납의 정당화 문제를 현실적 차원에서 해소하려는 시도로 볼 수 있다.

　귀납의 또 다른 논리적 한계로 어떤 현대 철학자는 미결정성의 문제를 지적한다. 이 문제는 관찰 증거만으로는 여러 가설 중에 어느 하나를 더 나은 것으로 결정할 수 없다는 것이다. 가령 몇 개의 점들이 발견되었을 때 그 점들을 모두 지나는 곡선은 여러 개이기 때문에 어느 하나로 결정되지 않는다. 예측의 경우도 마찬가지이다. 다음에 발견될 점을 예측할 때, 기존에 발견된 점들만으로는 다음에 찍힐 점이 어디에 나타날지 확정할 수 없다. 아무리 많은 점들을 관찰 증거로 추가하더라도 하나의 예측이 다른 예측보다 더 낫다고 결정하는 것은 여전히 불가능하다는 것이다.

　그러나 미결정성의 문제가 있다고 하더라도 대부분의 현대 철학자들은 귀납을 과학의 방법으로 인정하고 있다. 이들은 귀납의 문제를 직접 해결하려 하기보다 확률을 도입하여 개연성이라는 귀납의 특징을 강조하려 한다. 이에 따르면 관찰 증거가 가설을 지지하는 정도, 즉 전제와 결론 사이의 개연성은 확률로 표현될 수 있다. 또한 하나의 가설이 다른 가설보다, 하나의 예측이 다른 예측보다 더 낫다고 확률적 근거에 의해 판단할 수 있다는 것이다. 이처럼 확률 논리로 설명되는 개연성은 일상적인 직관에도 잘 들어맞는다. 이러한 시도는 귀납의 문제를 근본적으로 해결하는 것은 아니지만, 귀납은 여전히 과학의 방법으로서 그 지위를 지킬 만하다는 사실을 보여 준다.

3 윗글을 이해한 내용으로 적절하지 않은 것은?

① 많은 관찰 증거를 확보하면 귀납의 정당화에서 나타나는 순환 논리 문제는 해소된다.
② 직관에 들어맞는 확률 논리라 하더라도 귀납의 논리적 문제를 근본적으로 해결하지 못한다.
③ 관찰 증거가 가설을 지지하는 정도를 확률로 표현할 수 있다는 입장은 귀납을 옹호한다.
④ 흄에 따르면, 귀납의 정당화는 귀납에 의한 정당화를 필요로 하는 지식에 근거해야 가능하다.

4 라이헨바흐의 논증에 대한 평가로 적절하지 않은 것은?

① 귀납이 지닌 논리적 허점을 완전히 극복한 것은 아니라는 비판의 여지가 있다.
② 귀납을 과학의 방법으로 사용할 수 있음을 지지하려는 목적에서 시도하였다는 데 의미가 있다.
③ 귀납과 다른 방법을 비교하기 위해 경험적 판단과 논리적 판단을 모두 활용한 것이 특징이다.
④ 귀납이 현실적으로 옳은 추론 방법임을 밝히기 위해 자연의 일양성이 선험적 지식임을 증명한 데에 의의가 있다.

Part 3. 연역 논증과 귀납 논증

1 연역 논증

1 정언 명제

<u>명제(命題)</u>란 논리학의 기본 단위로, 참 또는 거짓으로 명확하게 판명될 수 있는 문장을 의미한다. 이러한 명제는 '유진이는 사람이다.'처럼 단일한 문장으로 구성된 <u>단순 명제</u>와 '사과는 과일이고, 당근은 채소이다.'처럼 두 개 이상의 단순 명제로 구성된 <u>합성 명제</u>로 구분할 수 있다.

명령형이나 의문형, 감탄형 등의 문장은 참 또는 거짓으로 나눌 수 없으므로 명제가 될 수 없으며 자신의 주관을 드러내는 문장, 약속이나 의지를 나타내는 문장, 인사 또한 명제에 속하지 않는다.

✏️ **활동 1. 아래의 문장이 명제이면 ◯, 아니면 ✕로 구분하시오.**

1. 2024년 12월 25일은 수요일이다. (◯ / ✕)

2. 그는 세상에서 가장 착한 사람이다. (◯ / ✕)

3. 나는 지금 배가 아프다. (◯ / ✕)

4. '2+3'은 7이다. (◯ / ✕)

5. '상대성 이론'은 어떤 내용인가? (◯ / ✕)

6. 지금 밥을 먹어라. (◯ / ✕)

단순 명제 중에서 주어와 술어에 속하는 단어의 포함과 배제 관계를 판명하는 명제를 <mark>정언 명제</mark>라고 한다. 이때 '모든 수험생은 학생이다.'와 같이 주어 집합의 원소 전체를 언급하는 것을 '<mark>전칭</mark>'이라 하며, '어떤 수험생은 학생이다.'와 같이 주어 집합의 원소 일부에 관해 언급하는 것을 '<mark>특칭</mark>'이라 한다. 그리고 주어 집합의 원소가 술어 집합에 포함된다고 판명하는 것을 '<mark>긍정</mark>'이라고 하고, 주어 집합의 원소가 술어 집합에서 배제된다고 판명하는 것을 '<mark>부정</mark>'이라고 한다.

㉠	전칭 긍정	모든 S는 P이다.	
㉡	전칭 부정	어떤 S도 P가 아니다. * '모든 S는 P가 아니다'는 중의적 해석을 낳는다.	
㉢	특칭 긍정	어떤 S는 P이다.	
㉣	특칭 부정	어떤 S는 P가 아니다.	

✏️ **활동 2. 아래의 명제를 ㉠~㉣로 구분하시오.**

1. 어떤 꽃은 붉은색이다.

　　　　　　　　　　　　　

2. 돌고래는 포유류이다.

　　　　　　　　　　　　　

3. 어떤 사자도 채식을 하지 않는다.

　　　　　　　　　　　　　

4. 거짓말을 하는 성직자는 결코 없다.

　　　　　　　　　　　　　

5. 사과에는 비타민 C가 있다.

　　　　　　　　　　　　　

6. 7월에 태어난 사람들만 그 행사에 참여한다.

정언 명제는 문장 구조를 이루는 주어(양)와 술어(질)에 의해서 4가지 표준 형식이 만들어진다.

정언 명제	양	질	명제 유형
모든 S는 P이다	전칭	긍정	A
어떤 S도 P가 아니다	전칭	부정	E
어떤 S는 P이다	특칭	긍정	I
어떤 S는 P가 아니다	특칭	부정	O

대당 관계는 서로 다른 두 명제 간의 참과 거짓의 관계을 조사한 모델이다.

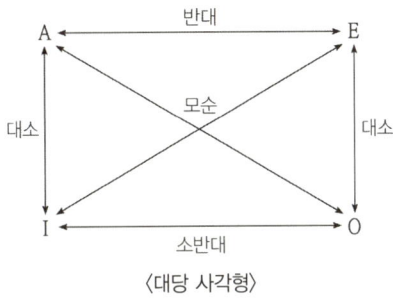

〈대당 사각형〉

1. 반대 관계: 두 문장이 동시에 참일 수는 없으나 동시에 거짓일 수는 있는 관계이다.
   - '모든 학생들은 공부한다.'라는 문장과 '어떤 학생들도 공부하지 않는다.'라는 문장이 있다고 하자. 이 두 문장은 동시에 참일 수 없다. 학생들이 '공부하는 것'과 '공부하지 않는 것'은 동시에 성립할 수 없기 때문이다. 하지만 동시에 거짓인 경우는 가능하다. 어떤 학생들은 공부하고 다른 어떤 학생들은 공부하지 않는 경우이다.

2. 모순 관계: 두 명제가 동시에 참이거나 동시에 거짓일 수 없는 관계로, 한 명제가 참이면 다른 명제는 거짓이고 한 명제가 거짓이면 다른 명제는 참이다.
   - '모든 학생들은 공부한다.'라는 문장이 참이라면, '어떤 학생들은 공부하지 않는다.'라는 문장은 항상 거짓이므로 이 두 문장은 모순 관계이다. 같은 이유로, '어떤 학생들도 공부하지 않는다.'라는 문장이 참이라면, '어떤 학생들은 공부한다.'라는 문장은 거짓이므로 이 두 문장도 모순 관계이다.

3. 소반대 관계: 반대 관계와 달리, 두 명제가 동시에 거짓일 수는 없으나 동시에 참일 수는 있는 관계이다.
   - '어떤 학생들은 공부한다.'라는 문장과 '어떤 학생들은 공부하지 않는다.'라는 문장을 예로 들면, 이 경우는 동시에 참이 가능하므로 반대 관계가 아니다. 앞의 문장이 거짓인 경우, 모든 학생들은 공부하지 않는다. 또한 뒤의 문장이 거짓인 경우, 모든 학생들은 공부한다. 그러나 모든 학생들이 공부하지 않는 동시에 공부할 수는 없다. 따라서 동시에 거짓일 수 없다. 이러한 경우를 소반대 관계라고 한다.

4. 대소 관계: 전칭 긍정(A) 명제와 특칭 긍정(I) 명제, 전칭 부정(E) 명제와 특칭 부정(O) 명제 사이의 관계를 대소 관계라고 한다. 이는 주어(S)의 범위를 기준으로 전칭일 경우 '대', 특칭일 경우 '소'라고 하여 '대소 관계'라는 이름이 붙여졌다. 대소 관계에서는 전칭 명제가 참일 경우 특칭 명제도 참이며, 특칭 명제가 거짓일 경우 전칭 명제도 거짓이다.

정언 명제 관계 정리

A(참) ▶ E(거짓), I(참), O(거짓)		A(거짓) ▶ E(모름), I(모름), O(참)	
E(참) ▶ A(거짓), I(거짓), O(참)		E(거짓) ▶ A(모름), I(참), O(모름)	
I(참) ▶ A(모름), E(거짓), O(모름)		I(거짓) ▶ A(거짓), E(참), O(참)	
O(참) ▶ A(거짓), E(모름), I(모름)		O(거짓) ▶ A(참), E(거짓), I(참)	

✏️ **활동 3. 주어진 문장들의 관계를 파악하시오.**

1. 모든 아기들은 온순하다. 어느 아기들도 온순하지 않다.

   ▶ _____

2. 어떤 사과는 빨갛다. 어떤 사과는 빨갛지 않다.

   ▶ _____

3. 모든 연필은 길다. 어떤 연필도 길지 않다.

   ▶ _____

4. 초콜릿을 좋아하는 모든 사람들은 사탕을 싫어한다. 초콜릿을 좋아하는 어떤 사람들은 사탕을 싫어하지 않는다.

   ▶ _____

전칭 긍정(A) 명제와 특칭 부정(O) 명제는 한쪽이 참이면 다른 한쪽은 반드시 거짓이다. 예를 들어, '모든 사람은 선생님이다.'라는 전칭 긍정 명제가 참이라면, '어떤 사람은 선생님이 아니다.'라는 특칭 부정 명제는 반드시 거짓이어야 한다. 모든 사람이 선생님일 때, 어떤 사람이 선생님이 아닐 수는 없기 때문이다. 정리하자면, A 명제와 O 명제는 동시에 참이거나 거짓일 수 없는 관계이며 이러한 관계를 '모순 대당' 관계라고 부른다. 전칭 긍정(A) 명제와 전칭 부정(E) 명제는 둘 다 동시에 참인 것은 불가능하지만 둘 다 동시에 거짓인 것은 가능한 관계이다. 예를 들어, '모든 사람이 죽는다.'라는 A 명제와 '어떤 사람도 죽지 않는다.'라는 E 명제의 경우는 모든 사람이 죽는 동시에 죽지 않는 것은 불가능하다. 하지만 '모든 사람이 죽는다.'와 '어떤 사람도 죽지 않는다.'가 동시에 거짓인 경우는 가능하다. '어떤 사람은 죽고 어떤 사람은 죽지 않는 경우'가 가능하기 때문이다. 이렇게 동시 참은 불가능하지만 동시 거짓은 가능한 관계를 '반대 대당'의 관계라고 한다.

📝 **활동 4.** 다음 명제들과 '모순 대당' 관계인 명제를 구하시오.

1. 거짓말을 하는 성직자는 결코 없다.

   • 모순 대당: _____

2. 인간은 본래 비관적이다.

   • 모순 대당: _____

3. 사람들은 대부분 정직하다.

   • 모순 대당: _____

4. 사악한 사람들만 있는 것은 아니다.

   • 모순 대당: _____

📝 **활동 5. 다음 명제에 대하여 모순 대당 관계와 반대 대당 관계인 명제를 구하시오.**

1. 전쟁은 인간을 불행하게 만든다.
   - 모순 대당: _____
   - 반대 대당: _____

2. 동물들에게는 감성이 없다.
   - 모순 대당: _____
   - 반대 대당: _____

특칭 긍정(I) 명제와 특칭 부정(O) 명제는 둘 다 동시에 거짓일 수는 없으나 둘 다 동시에 참인 것은 가능한 관계이다. '어떤 사람은 선생님이다.'라는 I 명제와 '어떤 사람은 선생님이 아니다.'라는 O 명제는 동시에 거짓인 것은 불가능하지만 동시에 참일 수는 있다. '어떤 사람은 선생님이 아니다.'라는 명제가 거짓일 경우 '어떤 사람은 선생님이다.'라는 명제가 참이 되어 두 명제가 동시에 거짓이 되는 것은 불가능하지만, 어떤 사람이 선생님일 때 어떤 사람은 선생님이 아닐 수도 있기 때문에 두 명제가 동시에 참이 되는 것은 가능한 것이다. 이러한 관계를 '소반대 대당' 관계라고 한다.

한편, 전칭 긍정(A) 명제가 참이라면 특칭 긍정(I) 명제도 반드시 참이다. '모든 사람은 선생님이다.'라는 A 명제가 참이라면, '어떤 사람은 선생님이다.'라는 I 명제는 반드시 참이다. 이와 같은 원리로, 전칭 부정(E) 명제가 참이라면, 특칭 부정(O) 명제도 참이다. 하지만 A 명제가 거짓이라면 I 명제는 참인지 거짓인지 알 수 없고, E 명제가 거짓이라면 O 명제도 참인지 거짓인지 알 수 없다. 이러한 A 명제와 I 명제, E 명제와 O 명제의 관계를 '대소 대당' 관계라고 한다.

✏️ 활동 6. 다음 명제들 사이의 관계를 파악하시오.

1. ㉠ 모든 소설가는 국회 공무원이다.
   ㉡ 어떠한 소설가도 국회 공무원이 아니다.
   ▶ ㉠은 (   ) 명제이고, ㉡은 (   ) 명제이므로 두 명제는 (모순 / 대소 / 반대 / 소반대) 대당 관계이다.

2. ㉠ 모든 고양이는 육식성이며 혀에는 가시 돌기가 돋아 있다.
   ㉡ 페르시아고양이 중 혀에 가시 돌기가 없는 개체가 발견된 적은 없다.
   ▶ ㉠은 (   ) 명제이고, ㉡은 (   ) 명제이므로 두 명제는 (모순 / 대소 / 반대 / 소반대) 대당 관계이다.

3. ㉠ 루비듐이란 광물은 알코올램프로 가열할 경우 진한 붉은색을 띠는 성질을 지녔다.
   ㉡ 루비듐 중에는 알코올램프로 가열할 때 진한 붉은색을 띠지 않는 것도 있다.
   ▶ ㉠은 (   ) 명제이고, ㉡은 (   ) 명제이므로 두 명제는 (모순 / 대소 / 반대 / 소반대) 대당 관계이다.

4. ㉠ 정치가 중 정직한 사람은 거의 없다.
   ㉡ 정직한 사람들 중 대부분은 정치가이다.
   ▶ ㉠은 (   ) 명제이고, ㉡은 (   ) 명제이므로 두 명제는 (모순 / 대소 / 반대 / 소반대) 대당 관계이다.

5. ㉠ 폐암 환자들 중에는 본인은 물론 그의 가족 중 누구도 담배를 피우지 않은 경우가 있다.
   ㉡ 상당수의 폐암 환자들은 담배를 피운 경험이 있는 사람들이며 그중에는 30년 넘게 담배를 피워 온 사람들도 있다.
   ▶ ㉠은 (   ) 명제이고, ㉡은 (   ) 명제이므로 두 명제는 (모순 / 대소 / 반대 / 소반대) 대당 관계이다.

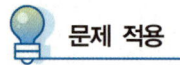

문제 적용

※ 다음 글을 읽고 물음에 답하시오. [1~2]

정언 진술은 주어가 지시하는 집합의 전부 또는 일부가 술어가 지시하는 집합에 포함 혹은 배제되어 있다는 것을 주장하는 진술로 네 가지 종류가 있다. 이 진술들 사이의 관계를 파악하기 위해서 반대, 소반대, 모순, 대소의 관계를 알 필요가 있다. 문장 X와 문장 Y가 반대 관계일 경우에 둘 중 적어도 하나는 거짓이다. 소반대는 동시에 거짓일 수 없는 관계이다. 모순은 전면적인 대립 관계인데 항상 서로 다른 진릿값을 가지는 관계이다. 대소는 논리적으로 함축한다는 말이다. 이를 다음과 같은 대당 사각형으로 표현할 수 있다.

진술 p가 진술 q를 논리적으로 함축한다는 말은 p가 참일 경우에 q가 참이라는 사실이 항상 성립한다는 말이다. 그러나 주어가 가리키는 그 무엇이 존재하지 않을 경우에 이러한 함축 관계는 성립하지 않는다. 주어가 가리키는 그 무엇이 존재하지 않을 경우에는 반대 관계도 성립하지 않는다. 이와 같은 문제가 발생하는 것은 전칭 명제가 반드시 존재 함축을 갖는 것이 아니기 때문이다. 존재 함축을 갖지 않는 예를 살펴보자. 유니콘은 실제로 존재하지 않는다. 따라서 존재 함축을 갖지 않는다.

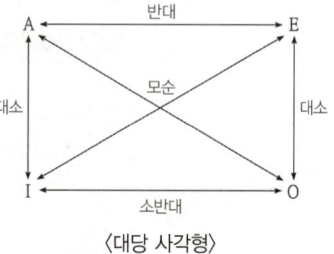
〈대당 사각형〉

1 대당 사각형에 대한 이해로 적절하지 않은 것은?

① '모든 사람은 선하다.'는 '어떤 사람은 선하다.'를 논리적으로 함축한다.
② '모든 사람은 선하지 않다.'는 '어떤 사람은 선하지 않다.'를 논리적으로 함축한다.
③ '모든 사람은 선하지 않다.'가 참이라면, '어떤 사람은 선하다.'는 거짓이다.
④ '어떤 사람은 선하다.'가 거짓이면, '어떤 사람은 선하지 않다.'는 거짓이다.

2 윗글을 바탕으로 할 때, 〈보기〉에 대한 답으로 적절한 것은?

― 보기 ―

조건: 회사의 구성원은 사장님, 직원 갑, 직원 을, 직원 병, 직원 정이다. 다른 직원은 없다. 사장님은 같은 날 두 명의 직원과 동시에 면담할 수 없다.

- 첫 번째 진술: 사장님과 오늘 면담한 유일한 직원은 갑이다.
- 두 번째 진술: 사장님과 오늘 면담한 유일한 직원은 을이다.

① 첫 번째 진술과 두 번째 진술은 항상 다른 진릿값을 가지므로 모순 관계이다.
② 첫 번째 진술과 두 번째 진술이 둘 다 참일 수는 없지만 둘 다 거짓일 수는 있으므로 반대 관계이다.
③ 첫 번째 진술과 두 번째 진술이 둘 다 거짓일 수는 없지만, 둘 다 참일 수 있으므로 소반대 관계이다.
④ 첫 번째 진술이 참이라면 두 번째 진술도 참이고, 첫 번째 진술이 거짓이면 두 번째 진술도 거짓이므로 대소 관계이다.

명제의 본래 의미는 유지하되 다른 형식의 명제로 바꾸는 것을 '명제의 변형'이라 한다.

- **환위**: 명제의 주어(S)와 술어(P)의 위치를 바꾸는 것
  - 전칭 부정(E) 명제와 특칭 긍정(I) 명제는 제한 없이 환위 가능
  - 전칭 긍정(A) 명제는 조건이 붙은 제한된 환위만 가능
  - 특칭 부정(O) 명제는 환위 불가

전칭 긍정(A) 명제인 '모든 고래는 포유동물이다.'를 환위하면 대부분 '모든 포유동물은 고래이다.'라고 생각한다. 하지만 이 경우 원 명제와 환위한 명제는 동일한 의미가 아니다. 원 명제의 '고래'는 전체 구성원을 말하지만 '포유동물'은 그렇지 않기 때문이다. 따라서 전칭 긍정 명제를 환위할 때는 그 의미를 보존하기 위해 제약이 필요하다. 바로 '모든'을 '어떤'으로 바꾸는 것이다. 하지만 이는 임의로 바꾼 것이므로 조건이 붙은 제한된 환위이다.

전칭 부정(E) 명제와 특칭 긍정(I) 명제는 주어와 술어의 위치를 서로 바꾸어 놓아도 원래의 의미를 잃지 않기 때문에 제약이 없다. 즉, 제한 없이 환위가 가능하다.

특칭 부정(O) 명제를 환위해 보자. 가령, '어떤 고래는 포유동물이 아니다'를 환위하면, '어떤 포유동물은 고래가 아니다.'가 될 것이다. 하지만 원 명제의 술어인 '포유동물'은 전체 대상을 의미하는 반면, 주어 '고래'는 그렇지 않다. 이 예시를 통해 특칭 부정 명제를 환위하면 원 명제의 참, 거짓과는 전혀 다른 경우가 생긴다는 것을 알 수 있다. 따라서 A 명제와 달리 O 명제는 환위할 수 없다.

- **환질**: 명제의 긍정과 부정을 바꾸는 것
  - 전칭 긍정(A) 명제 → 전칭 부정(E) 명제
  - 전칭 부정(E) 명제 → 전칭 긍정(A) 명제
  - 특칭 긍정(I) 명제 → 특칭 부정(O) 명제
  - 특칭 부정(O) 명제 → 특칭 긍정(I) 명제

환질은 명제의 질, 즉 명제의 긍정과 부정을 바꾸는 것이다. 먼저, 전칭 긍정(A) 명제인 '모든 S는 P이다.'를 전칭 부정(E) 명제로 바꾸려면 부정을 한 번 더 해야 한다. 즉, A 명제의 환질은 '어느 S도 non(비)-P가 아니다.'이다. 전칭 부정(E) 명제도 이와 같은 방식을 사용하여 A 명제로 바꿀 수 있다.

특칭 긍정(I) 명제를 특칭 부정(O)으로 환질하면, '어떤 S는 P이다.'가 '어떤 S는 non-P가 아니다.'가 되며, O 명제도 같은 방식으로 환질하여 I 명제로 바꿀 수 있다.

- **대우**: 어떠한 명제를 환질하고 환위한 뒤 다시 환질하는 것(환질-환위-환질)
  - 전칭 긍정(A) 명제는 조건이 붙은 제한된 환위만 가능하므로 전칭 부정(E) 명제의 대우 역시 제한된 형태로만 가능
  - 전칭 부정(E) 명제를 대우하면 특칭 부정(O) 명제
  - 특칭 긍정(I) 명제의 경우 대우가 불가능
  - 특칭 부정(O) 명제는 대우하여도 특칭 부정(O) 명제

어떠한 명제를 환질하고 환위한 뒤 다시 환질하는 것(환질-환위-환질)을 '대우'라고 하는데, 이환 또는 전환질 환위라고도 부른다.

'모든 S는 P이다.'인 A 명제를 환질하면, '어느 S도 non-P가 아니다.'인 E 명제가 된다. 이를 환위하면, '어느 non-P도 S가 아니다.'인 E 명제가 된다. 다시 환질하면, '모든 non-P는 non-S이다.'인 A 명제가 된다. E 명제는 '환질 → A 명제 → 환위(제한) → I 명제 → 환질 → O 명제'의 순서로 최종적으로는 O 명제가 된다. 다만, A 명제의 경우 제한된 환위만 가능하므로 E 명제의 대우 역시 제한된 형태로만 가능하다. I 명제의 경우 대우가 불가능하며 O 명제의 대우는 O 명제이다.

※ 다음 글을 읽고 물음에 답하시오. [3~6]

두 명제가 모두 참인 것도 모두 거짓인 것도 가능하지 않은 관계를 모순 관계라고 한다. 예를 들어, 임의의 명제를 P라고 하면 P와 ~P는 모순 관계이다.(기호 '~'은 부정을 나타낸다.) P와 ~P가 모두 참인 것은 가능하지 않다는 법칙을 무모순율이라고 한다. 그런데 ㉠ "다보탑은 경주에 있다."와 "㉡ 다보탑은 개성에 있을 수도 있었다."는 모순 관계가 아니다. 현실과 다르게 다보탑을 경주가 아닌 곳에 세웠다면 다보탑의 소재지는 지금과 달라졌을 것이다. 철학자들은 이를 두고, P와 ~P가 모두 참인 혹은 모두 거짓인 가능세계는 없지만 다보탑이 개성에 있는 가능세계는 있다고 표현한다.

'가능세계'의 개념은 일상 언어에서 흔히 쓰이는 필연성과 가능성에 관한 진술을 분석하는 데 중요한 역할을 한다. 'P는 가능하다'는 P가 적어도 하나의 가능세계에서 성립한다는 뜻이며, 'P는 필연적이다'는 P가 모든 가능세계에서 성립한다는 뜻이다. "만약 Q이면 Q이다."를 비롯한 필연적인 명제들은 모든 가능세계에서 성립한다. "다보탑은 경주에 있다."와 같이 가능하지만 필연적이지는 않은 명제는 우리의 현실세계를 비롯한 어떤 가능세계에서는 성립하고 또 어떤 가능세계에서는 성립하지 않는다.

가능세계를 통한 담론은 우리의 일상적인 몇몇 표현들을 보다 잘 이해하는 데 도움이 된다. 다음 상황을 생각해 보자. 나는 현실에서 아침 8시에 출발하는 기차를 놓쳤고, 지각을 했으며, 내가 놓친 기차는 제시간에 목적지에 도착했다. 그리고 나는 "만약 내가 8시 기차를 탔다면, 나는 지각을 하지 않았다."라고 주장한다. 그런데 전통 논리학에서는 "만약 A이면 B이다."라는 형식의 명제는 A가 거짓인 경우에는 B의 참 거짓에 상관없이 참이라고 규정한다. 그럼에도 ⓐ 내가 만약 그 기차를 탔다면 여전히 지각을 했을 것이라고 주장하지는 않는 이유는 무엇일까? 내가 그 기차를 탄 가능세계들을 생각해 보면 그 이유를 알 수 있다. 그 가능세계 중 어떤 세계에서 나는 여전히 지각을 한다. 가령 내가 탄 그 기차가 고장으로 선로에 멈춰 운행이 오랫동안 지연된 세계가 그런 예이다. 하지만 내가 기차를 탄 세계들 중에서, 내가 기차를 타고 별다른 이변 없이 제시간에 도착한 세계가 그렇지 않은 세계보다 우리의 현실세계와의 유사성이 더 높다. 일반적으로, A가 참인 가능세계들 중에 비교할 때, B도 참인 가능세계가 B가 거짓인 가능세계보다 현실세계와 더 유사하다면, 현실세계의 나는 A가 실현되지 않은 경우에, 만약 A라면 ~B가 아닌 B라고 말할 수 있다.

가능세계는 다음의 네 가지 성질을 갖는다. 첫째는 가능세계의 일관성이다. 가능세계는 명칭 그대로 가능한 세계이므로 어떤 것이 가능하지 않다면 그것이 성립하는 가능세계는 없다. 둘째는 가능세계의 포괄성이다. 이것은 어떤 것이 가능하다면 그것이 성립하는 가능세계는 존재한다는 것이다. 셋째는 가능세계의 완결성이다. 어느 세계에서든 임의의 명제 P에 대해 "P이거나 ~P이다."라는 배중률이 성립한다. 즉 P와 ~P 중 하나는 반드시 참이라는 것이다. 넷째는 가능세계의 독립성이다. 한 가능세계는 모든 시간과 공간을 포함해야만 하며, 연속된 시간과 공간에 포함된 존재들은 모두 동일한 하나의 세계에만 속한다. 한 가능세계 W1의 시간과 공간이, 다른 가능세계 W2의 시간과 공간으로 이어질 수는 없다. W1과 W2는 서로 시간과 공간이 전혀 다른 세계이다.

가능세계의 개념은 철학에서 갖가지 흥미로운 질문과 통찰을 이끌어 내며, 그에 관한 연구 역시 활발히 진행되고 있다. 나아가 가능세계를 활용한 논의는 오늘날 인지 과학, 언어학, 공학 등의 분야로 그 응용의 폭을 넓히고 있다.

3 윗글의 내용과 일치하는 것은?

① 배중률은 모든 가능세계에서 성립한다.
② 모든 가능한 명제는 현실세계에서 성립한다.
③ 필연적인 명제가 성립하지 않는 가능세계가 있다.
④ 무모순율에 의하면 P와 ~P가 모두 참인 것은 가능하다.
⑤ 전통 논리학에 따르면 "만약 A이면 B이다."의 참 거짓은 A의 참 거짓과 상관없이 결정된다.

4 ㉠, ㉡에 대한 이해로 적절하지 않은 것은?

① ㉠이 성립하지 않는 가능세계가 존재한다.
② "만약 다보탑이 개성에 있다면, 다보탑은 개성에 있다."가 성립하는 가능세계 중에는 ㉠이 거짓인 가능세계는 없다.
③ ㉡과 "다보탑은 개성에 있지 않다."는 모순 관계가 아니다.
④ 만약 ㉡이 거짓이라면 어떤 가능세계에서도 다보탑이 개성에 있지 않다.
⑤ ㉠과 ㉡은 현실세계에서 둘 다 참인 것이 가능하다.

5 윗글을 바탕으로 할 때, ⓐ에 대한 답으로 가장 적절한 것은?

① 내가 그 기차를 타지 않은 가능세계들끼리 비교할 때 지각을 한 가능세계와 지각을 하지 않은 가능세계가 현실세계와의 유사성의 정도가 다르기 때문이다.
② 내가 그 기차를 타지 않은 가능세계들끼리 비교할 때 기차 고장이 자주 일어나지 않는 가능세계가 현실세계와의 유사성이 높기 때문이다.
③ 내가 그 기차를 탄 가능세계들끼리 비교할 때 내가 지각을 한 가능세계가 내가 지각을 하지 않은 가능세계에 비해 현실세계와의 유사성이 더 낮기 때문이다.
④ 내가 그 기차를 탄 가능세계들끼리 비교할 때 그 가능세계들의 대다수에서 내가 지각을 하지 않았기 때문이다.
⑤ 내가 그 기차를 탄 것이 현실세계에서 거짓이기 때문이다.

6 윗글을 참고할 때, 〈보기〉를 이해한 내용으로 적절한 것은?

> ─── 보기 ───
> 명제 "모든 학생은 연필을 쓴다."와 "어떤 학생도 연필을 쓰지 않는다."는 반대 관계이다. 이 말은, 두 명제 다 참인 것은 가능하지 않지만, 둘 중 하나만 참이거나 둘 다 거짓인 것은 가능하다는 뜻이다.

① 가능세계의 완결성과 독립성에 따르면, 모든 학생이 연필을 쓰는 가능세계가 존재한다는 것과 어떤 학생도 연필을 쓰지 않는 가능세계가 존재한다는 것 중 하나는 반드시 참이고, 그중 한 세계의 시간과 공간이 다른 세계로 이어질 수 없겠군.
② 가능세계의 포괄성과 독립성에 따르면, "어떤 학생도 연필을 쓰지 않는다."가 성립하면서 그 세계에 속한 한 명의 학생이 연필을 쓰는 가능세계들이 존재하고, 그 세계들의 시간과 공간은 서로 단절되어 있겠군.
③ 가능세계의 완결성에 따르면, 어느 세계에서든 "어떤 학생은 연필을 쓴다."와 "어떤 학생은 연필을 쓰지 않는다." 중 하나는 반드시 참이겠군.
④ 가능세계의 포괄성에 따르면, "'모든 학생은 연필을 쓴다.'가 참이거나 "어떤 학생도 연필을 쓰지 않는다."가 참'인 가능세계들이 있겠군.
⑤ 가능세계의 일관성에 따르면, 학생들 중 절반은 연필을 쓰고 절반은 연필을 쓰지 않는 가능세계가 존재하겠군.

7 (가)와 (나)를 전제로 결론을 이끌어 낼 때, 빈칸에 들어갈 말로 가장 적절한 것은?

> (가) 축구를 잘하는 사람은 모두 머리가 좋다.
> (나) 축구를 잘하는 어떤 사람은 키가 작다.
> 따라서 [   ]

① 키가 작은 어떤 사람은 머리가 좋다.
② 키가 작은 사람은 모두 머리가 좋다.
③ 머리가 좋은 사람은 모두 축구를 잘한다.
④ 머리가 좋은 어떤 사람은 키가 작지 않다.

8 다음 글의 갑~병에 대한 판단으로 적절한 것만을 〈보기〉에서 모두 고르면?

다음 두 삼단논법을 보자.

(1) 모든 춘천시 시민은 강원도 도민이다.
　　모든 강원도 도민은 한국인이다.
　　따라서 모든 춘천시 시민은 한국인이다.

(2) 모든 수학 고득점자는 우등생이다.
　　모든 과학 고득점자는 우등생이다.
　　따라서 모든 수학 고득점자는 과학 고득점자이다.

　(1)은 타당한 삼단논법이지만 (2)는 부당한 삼단논법이다. 하지만 어떤 사람들은 (2)도 타당한 논증이라고 잘못 판단한다. 왜 이런 오류가 발생하는지 설명하기 위해 세 가지 입장이 제시되었다.

갑: 사람들은 '모든 A는 B이다.'를 '모든 B는 A이다.'로 잘못 바꾸는 경향이 있다. '어떤 A도 B가 아니다.'나 '어떤 A는 B이다.'라는 형태에서는 A와 B의 자리를 바꾸더라도 아무런 문제가 없다. 하지만 '모든 A는 B이다.'라는 형태에서는 A와 B의 자리를 바꾸면 논리적 오류가 생겨난다.

을: 사람들은 '모든 A는 B이다.'를 약한 의미로 이해해야 하는데도 강한 의미로 이해하는 잘못을 저지르는 경향이 있다. 여기서 약한 의미란 그것을 'A는 B에 포함된다.'로 이해하는 것이고, 강한 의미란 그것을 'A는 B에 포함되고 또한 B는 A에 포함된다.'는 뜻에서 'A와 B가 동일하다.'로 이해하는 것이다.

병: 사람들은 전제가 모두 '모든 A는 B이다.'라는 형태의 명제로 이루어진 것일 경우에는 결론도 그런 형태이기만 하면 타당하다고 생각하고, 전제 가운데 하나가 '어떤 A는 B이다.'라는 형태의 명제로 이루어진 것일 경우에는 결론도 그런 형태이기만 하면 타당하다고 생각하는 경향이 있다.

───── 보기 ─────

ㄱ. 대다수의 사람이 "어떤 과학자는 운동선수이다. 어떤 철학자도 과학자가 아니다."라는 전제로부터 "어떤 철학자도 운동선수가 아니다."를 타당하게 도출할 수 있는 결론이라고 응답했다는 심리 실험 결과는 갑에 의해 설명된다.

ㄴ. 대다수의 사람이 "모든 적색 블록은 구멍이 난 블록이다. 모든 적색 블록은 삼각 블록이다."라는 전제로부터 "모든 구멍이 난 블록은 삼각 블록이다."를 타당하게 도출할 수 있는 결론이라고 응답했다는 심리 실험 결과는 을에 의해 설명된다.

ㄷ. 대다수의 사람이 "모든 물리학자는 과학자이다. 어떤 컴퓨터 프로그래머는 과학자이다."라는 전제로부터 "어떤 컴퓨터 프로그래머는 물리학자이다."를 타당하게 도출할 수 있는 결론이라고 응답했다는 심리 실험 결과는 병에 의해 설명된다.

① ㄱ　　② ㄷ　　③ ㄱ, ㄴ　　④ ㄴ, ㄷ　　⑤ ㄱ, ㄴ, ㄷ

2 가언 명제

두 개 이상의 단순 명제로 구성된 합성 명제 중에서 '만일 A라면 B이다.'의 형태를 지닌 문장을 <mark>가언 명제</mark> 또는 <mark>조건 명제</mark>라고 하며 A를 조건, B를 결론이라고 한다. 이때 '만일 B가 아니면 A도 아니다'의 문장을 원 명제의 '대우'라고 하는데, 원 명제는 'A → B'로, 대우 명제는 '~B → ~A'로 나타낼 수 있다. 이때 원 명제가 참이면 대우 명제도 참이 되고 원 명제가 거짓이면 대우 명제 역시 거짓이 된다.

'A이면 반드시 B이다.', 'B일 경우에만/때에만 A이다', 'B에 한하여 A이다.'의 형태를 가진 가언 명제들은 모두 논리적으로 같은 의미이며, 이 명제들을 기호화하면 모두 'A → B'로 나타낼 수 있다.

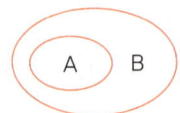

> **가언 명제의 예시**
>
> • 범인이 모자를 썼다면, 그는 반드시 키가 크다.
>   = 범인이 키가 클 경우에만 그는 모자를 썼다.
>   = 범인이 키가 큰 경우에 한하여 모자를 썼다.
>   **기호화**: 모자 → 키
>
> • A국이 B국을 침공하면, C국은 A국에 대한 원조를 중단한다.
>   = C국이 A국에 대한 원조를 중단한 경우에만 A국이 B국을 침공한다.
>   = C국이 A국에 대한 원조를 중단한 경우에 한하여 A국이 B국을 침공한다.
>   **기호화**: 침공 → 원조 중단

A → B	A이면 반드시 B이다. B일 경우에만/때에만 A이다. B에 한하여 A이다.	
~A	부정	not A -가 아니다 / 않다
A	전칭 긍정	All 모든, 전부, 다, 빠짐없이
An	특칭	Some 어떤
A ∧ B	연언	A and B 하고, -고, 그리고, 또, 및, -와, -하는, -인, -면서, -지만…
A ∨ B	선언	A or B -하거나, 혹은…

✏️ **활동 7. 다음 명제를 기호화하시오.**

1. A가 참석하면 B는 불참한다.

    • 원 명제 기호화: _____
    • 대우 명제 기호화: _____

2. 도전하는 경우에만 성공할 수 있다.

    • 원 명제 기호화: _____
    • 대우 명제 기호화: _____

3. 만약 범인이 안경을 쓰지 않는다면, 그는 키가 크지 않다.

    • 원 명제 기호화: _____
    • 대우 명제 기호화: _____

4. 그 대학교에서는 신입생에 한하여 영어 시험을 무료로 응시할 수 있는 기회를 제공한다.

    • 원 명제 기호화: _____
    • 대우 명제 기호화: _____

'필요조건'은 '특정 결과를 위한 필수 조건'이다. 따라서 B라는 결과가 발생하기 위해 A라는 조건이 반드시 필요하지만, 이를 갖추었다고 해서 B라는 결과가 반드시 발생할 것이라고 보장되는 것은 아니다.

'충분조건'은 '특정 결과를 발생하게 만드는 조건'이다. 따라서 A라는 조건을 갖추면 B라는 결과는 반드시 발생하지만, B라는 결과가 발생할 수 있는 조건이 A 외에도 다양한 경우이다.

'필요충분조건'은 '필요조건'과 '충분조건'을 모두 만족하는 조건이다. 따라서 A라는 조건이 발생하지 않고서는 B라는 결과가 발생할 수 없으며 동시에 A라는 조건이 충족되면 B라는 결과가 발생한다.

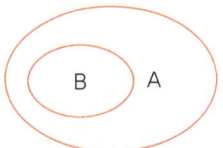
A는 B를 위한 필요조건

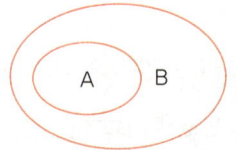
A는 B를 위한 충분조건

> **📍 교과서에서 설명하는 필요조건과 충분조건**
>
> - **필요조건**: 사건의 발생을 위한 필요조건은 만일 조건이 주어지지 않는다면 사건은 발생하지 않는다는 것
> $B \rightarrow A \equiv \sim A \rightarrow \sim B$
>   A는 B에 인과적으로 필수적이다.
>   A가 없으면 B는 발생하지 않는다.
>   A는 B를 위한 필요조건이다.
>   A가 없는 한 B는 없다.
>
> - **충분조건**: 사건의 발생을 위한 충분조건은 조건이 주어진다면 사건은 발생한다는 것
> $A \rightarrow B \equiv \sim B \rightarrow \sim A$
>   A는 B에 인과적으로 충분하다.
>   A가 발생할 때마다 B 또한 발생할 것이다.
>   A는 B를 위한 충분조건이다.
>   A가 있으면 B도 있다.
>
> - **필요충분조건**: 원인이 있으면 결과가 있고, 원인이 없으면 결과도 없는 관계
> $A \equiv B$
>   'A → B'이면서 'B → A'인 경우

활동 8. 빈칸에 적절한 내용을 넣으시오.

1. 감 수확량이 감소하면, 감 가격이 상승한다.
    ▶ '감 수확량 감소'는 '감 가격 상승'의 (   )조건이다.
    ▶ '감 가격 상승'은 '감 수확량 감소'의 (   )조건이다.

2. 만약 A 정책이 시행된다면, 부동산 거래량이 증가할 것이다.
    ▶ '부동산 거래량 증가'는 'A 정책 시행'의 (   )조건이다.
    ▶ 'A 정책의 시행'은 '부동산 거래량 증가'의 (   )조건이다.

3. ㉠ 시민들의 정치참여가 증가하면 정보해석능력이 향상된다.
   ㉡ 정보해석능력이 향상되면 시민들의 정치참여가 증가한다.
    ▶ ㉠은 '정치참여 증가→정보해석능력 향상', ㉡은 '정보해석능력 향상→정치참여 증가'이다. 따라서 두 명제가 모두 참이라면, '정보해석능력 향상 ≡ 정치참여 증가'가 되므로, 정보해석능력의 향상은 정치참여 증가의 (   )조건이다.

'함축(IF, 조건) 관계'는 'A→B'와 같이 기호화한다. 즉 'A이면 B이다'가 함축 관계에 해당한다. 아래의 진리표를 통해 조건 명제의 경우, A→B에서 A가 참이고 B가 거짓일 때를 제외한 나머지 경우에는 참이라는 것을 알 수 있다. 이때, A를 전건 또는 충분조건, B는 후건 또는 필요조건이라고 한다.

	A	B	A→B
①	T	T	T
②	T	F	F
③	F	T	T
④	F	F	T

'내가 방 청소를 하면 엄마가 간식을 준다.'라는 조건 명제로 위의 진리표를 증명해 보자.
①은 내가 방 청소를 했고 엄마가 간식을 준 경우이므로 조건 명제는 참이다. 하지만 ②는 내가 방 청소를 했는데도 엄마가 간식을 주지 않은 경우이므로 조건 명제는 거짓이다. ③은 내가 방 청소를 안 했지만, 엄마가 간식을 주었고 ④는 내가 방 청소도 안 했고 엄마가 간식도 주지 않았다. 이 두 경우에는 엄마의 행동과 관계없이 참이다. 왜냐하면 내가 방 청소를 안 했을 때 엄마가 어떠한 행동을 하겠다고 하지 않았으므로 내가 방 청소를 했을 때를 조건으로 한 명제에 대해서는 판단할 수 없는 것이다. 따라서 해당 조건 명제는 참의 진릿값을 가진다.

'쌍조건 명제'란 'A→B'와 'B→A'라는 두 조건문을 연언 연결사로 합친 명제로, '동치'라고도 한다. 이는 두 명제가 같은 결과를 가져오는 것을 뜻하는데, 두 단일 명제가 서로 '필요충분조건으로서의 원인'일 때 동치 관계가 성립한다. 필요충분조건은 'A이면 B인 동시에, B이면 A인 관계'가 성립하므로, 쌍조건 명제의 진릿값은 (A→B)∧(B→A)로 나타낼 수 있다. 'A⇔B', 'A↔B' 혹은 'A ≡ B'로도 표현한다. 이때 A와 B는 서로 전건, 후건의 관계이다.

	A	B	A→B	B→A	A⇔B
①	T	T	T	T	T
②	T	F	F	T	F
③	F	T	T	F	F
④	F	F	T	T	T

활동 9. 1~10을 기호화하시오.

1. A안이 채택되지 않는다면 B안을 채택한다.
   ▶ _____

2. 보편적으로 판단될 수 있는 판단만이 윤리적 판단이다.
   ▶ _____

3. 지혜롭지 않은 사람은 사랑을 원하면서 동시에 고통을 피하고자 한다.
   ▶ _____

4. 공무원이 되기 위해서는 공무원 시험에 합격해야만 한다.
   ▶ _____

5. 만약 A와 B를 함께 사용하는 경우가 아니라면, C와 F를 함께 사용한다.
   ▶ _____

6. A가 사탕을 먹는다면, B는 초콜릿을 먹는다.
   ▶ _____

7. 그가 학생이라면 공부를 열심히 한다. 그리고 그가 공부를 열심히 한다면 그는 학생이다.
   ▶ _____

8. 환율이 오르면 물가가 오르고 물가가 오르면 환율이 오른다는 것은 사실이 아니다.
   ▶ _____

9. 어떤 학생들은 국어 수업을 듣는다.
   ▶ _____

10. 일자리 문제에 관심이 있지만 노인 복지 문제에 관심이 없는 사람은 모두 공직에 관심이 없다.
    ▶ _____

원 명제가 'A → B'일 때 그 <mark>역</mark>은 'B → A'이다.
그 <mark>이</mark>는 '~A → ~B'이다. 그 <mark>대우</mark>는 '~B → ~A'이다.

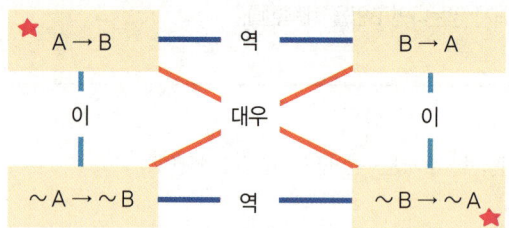

역, 이, 대우 중 <mark>대우</mark>만 원 명제와 논리적으로 동치이다.

- 범인이 모자를 썼다면, 그는 키가 크다.
  - **원 명제**: 모자 → 키
  - **역**: 키 → 모자
  - **이**: ~모자 → ~키
  - **대우**: ~키 → ~모자

- A국이 B국을 침공하면, C국은 A국에 대한 원조를 중단한다.
  - **원 명제**: 침공 → 원조 중단
  - **역**: 원조 중단 → 침공
  - **이**: ~침공 → ~원조 중단
  - **대우**: ~원조 중단 → ~침공

활동 10. 다음 명제를 기호화하시오.

1. A를 교수로 위촉한다면 B도 교수로 위촉해야 한다.
   원 명제: 역:
   이: 대우:

2. 철수는 비가 오면 학교에 가지 않을 것이다.
   원 명제: 역:
   이: 대우:

3. 어떤 진짜 열쇠도 순금으로 되어 있지 않다.
   원 명제: 역:
   이: 대우:

4. A가 찬성하면 B와 C 중 한 명 이상은 찬성한다.
   원 명제: 역:
   이: 대우:

5. 다음 명제와 논리적으로 동치인 문장을 고르시오.

   > 법학을 수강하지 않을 경우, 윤리학도 수강하지 않는다.

   ① 법학을 수강한다면, 윤리학을 수강하지 않는다.
   ② 법학을 수강하지 않는다면, 윤리학을 수강한다.
   ③ 윤리학을 수강하지 않는다면, 법학도 수강하지 않는다.
   ④ 윤리학을 수강한다면, 법학을 수강한다.

'연언(AND)'은 명제 사이에 '그리고'가 삽입되어 만들어지는 합성 명제, 즉 'A 그리고 B'를 말한다. 이 경우에는 'A∧B'라는 표시를 이용하여 기호화한다. 다만, 연언을 만들 때 꼭 '그리고'만 활용되는 것은 아니다. '하지만', '그러나' 등의 역접 표현도 연언으로 기호화한다. 예를 들어, 'A는 서울에 살지만 B는 서울에 살지 않는다.'라는 문장은 'A는 서울에 산다. 하지만 B는 서울에 살지 않는다.'와 같은 의미이다. 따라서 연언 기호를 사용하여 'A∧~B'와 같이 기호화할 수 있다.

또한 특별히 어떤 것만을 가리켜서 이르는 '특칭'을 사용한 경우에도 연언을 이용하여 기호화한다. 가령 '어떤 사람은 영화를 본다.'라는 문장이 있다고 하자. 이 문장은 '영화를 보는 사람이 있다.'라는 문장과 같은 의미이며, '어떤 사람이 있다. 그리고 그 사람은 영화를 본다.'라는 말로 풀어쓸 수 있다. 따라서 '사람n∧영화n'이라고 기호화하여야 한다.

활동 11. 다음 명제를 기호화하시오.

1. 모임에 A는 참석하지만 B는 참석하지 않는다.

    ▶ _____

2. 어떤 수험생은 저녁에 운동한다.

    ▶ _____

3. 금요일에 회의를 개최하지 않으면, 화요일에도 회의를 개최하지 않고 수요일에도 개최하지 않는다.

    ▶ _____

4. A와 B가 찬성한다.

    ▶ _____

5. 산책을 하는 사람이 있다.

    ▶ _____

6. 나는 월요일에는 밥을 먹지만 화요일에는 밥을 먹지 않는다.

    ▶ _____

'선언(OR)'은 명제 사이에 '또는'이 삽입되어 만들어지는 합성 명제이다. 즉 'A 또는 B'라고 표현되며, 이는 'A∨B'라는 표시를 이용하여 기호화한다. 선언은 'A'인 경우, 'B'인 경우, 'A 그리고 B'인 경우를 포함하는데, 만일 A와 B 중 단 하나만 해당하는 경우라면, 이는 일반적인 선언과는 구분해야 한다. 즉 '짬뽕이나 짜장면 중 단 하나만 먹어야 해.'라는 말을 기호화할 때는 일반적인 선언과는 다르게 해야 한다는 것이다. 이를 '배타적 선언'이라고 하며, 'A⊻B'로 기호화한다. '(A∨B)∧~(A∧B)'와 같이 'A와 B 둘 중 하나 이상은 참이다. 그리고 A와 B가 동시에 참은 아니다.'라고 표기할 수도 있다.

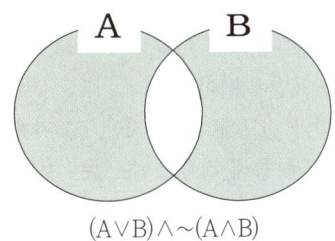

(A∨B)∧~(A∧B)

활동 12. 다음 명제를 기호화하시오.

1. 비가 온다면, 집에서 영화를 보거나 음악을 듣는다.

   ▶ _____

2. 회의에 A 또는 B 중 한 명만 참석한다.

   ▶ _____

3. 그 영화가 재밌다거나 흥미롭다는 것은 사실이 아니다.

   ▶ _____

4. 쇼핑몰이나 영화관에 갈 수 있다.

   ▶ _____

5. 휴대폰이나 옷 중 단 하나만 살 수 있다.

   ▶ _____

6. 내일 비가 온다면, 소풍 날짜나 장소를 변경해야 한다.

   ▶ _____

7. A 회사의 모든 직원은 내근과 외근 중 한 가지만 한다.

   ▶ _____

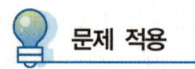 문제 적용

1 다음 글에서 추론한 내용으로 가장 적절한 것은?

> 　논리실증주의자들에 따르면, 만약 어떤 것이 과학일 경우 거기에서 사용되는 문장은 유의미하다. 그들은 유의미한 문장의 기준으로 소위 '검증 원리'라고 불리는 것을 제안했다. 검증 원리란, 경험을 통해 참이나 거짓을 검증할 수 있는 문장은 유의미하고 그렇지 않은 문장은 유의미하지 않다는 것이다. 다음 두 문장을 예로 생각해 보자.
> 　(가) 달의 다른 쪽 표면에 산이 있다.
> 　(나) 절대자는 진화와 진보에 관계하지만, 그 자체는 진화하거나 진보하지 않는다.
> 　위 두 문장 중 경험을 통해 검증할 수 있는 것은 무엇인가? 비록 현실적으로 큰 비용이 들기는 하지만 (가)는 분명히 경험을 통해 진위를 밝힐 수 있다. 즉 우리는 (가)의 진위를 확정하기 위해서 무엇을 경험해야 하는지 알고 있다는 것이다. 이런 점에 근거하여 논리실증주의자들은 (가)는 검증할 수 있고, 유의미한 문장이라고 판단한다. 그럼 (나)는 어떠한가? 우리는 무엇을 경험해야 (나)의 진위를 확정할 수 있는가? 논리실증주의자들은 그런 것은 없다고 주장하고, 이에 (나)는 검증할 수 없고 과학에서 사용될 수 없는 무의미한 문장이라고 말한다.

① 논리실증주의자들에 따르면 무의미한 문장을 사용하는 것은 과학이 아니다.
② 논리실증주의자들에 따르면 과학의 문장들만이 유의미하다.
③ 검증 원리에 따르면 아직까지 경험되지 않은 것을 언급한 문장은 무의미하다.
④ 검증 원리에 따르면 거짓인 문장은 무의미하다.

2 다음 글에서 추론할 수 있는 것만을 〈보기〉에서 모두 고르면?

> 　컴퓨터에는 자유의지가 있을까? 나아가 컴퓨터에 도덕적 의무를 귀속시킬 수 있을까? 컴퓨터는 다양한 전기회로로 구성되어 있고, 물리법칙, 프로그래밍 방식, 하드웨어의 속성 등에 따라 필연적으로 특정한 초기 상태로부터 다음 상태로 넘어간다. 마찬가지로 두 번째 상태에서 세 번째 상태로 이동하고, 이러한 과정이 계속해서 이어진다. 즉 컴퓨터는 결정론적 법칙의 지배를 받는 시스템이라는 것이다. 그럼 이러한 시스템에는 자유의지가 있을까?
> 　결정론적 법칙의 지배를 받는 시스템이 중요한 특징은 주어진 조건에 따라 결과가 하나로 고정된다는 점이다. 다시 말해, 이러한 시스템에는 항상 하나의 선택지만 있을 뿐이다. 그런 뜻에서 결정론적 지배를 받는다는 것과 자유의지를 가진다는 것은 양립할 수 없음이 분명하다. 어떤 선택을 할 때 그것과 다른 선택을 할 수도 있다는 것은 자유의지의 필요조건이기 때문이다. 결국 결정론적 법칙의 지배를 받는 시스템은 자유의지를 가지지 않는다. 또한 자유의지를 가지지 않는 시스템에 도덕적 의무를 귀속시킬 수 없음은 당연하다.

─ 보기 ─
ㄱ. 컴퓨터는 자유의지를 가지지 않으며 도덕적 의무의 귀속 대상일 수도 없다.
ㄴ. 도덕적 의무를 귀속시킬 수 있는 시스템은 결정론적 법칙의 지배를 받지 않는다.
ㄷ. 어떤 선택을 할 때 그것과 다른 선택을 할 수 없는 시스템은 자유의지를 가지지 않는다.

① ㄱ, ㄴ　　② ㄱ, ㄷ　　③ ㄴ, ㄷ　　④ ㄱ, ㄴ, ㄷ

3 (가)와 (나)에 들어갈 말로 가장 적절한 것은?

> A는 다음과 같은 실험을 진행했다. 먼저, 검은색 옷과 흰색 옷을 입은 6명이 두 개의 농구공을 가지고 패스를 주고받는 동안 고릴라 복장의 사람을 지나가게 하고 그 장면을 동영상으로 촬영했다. 그리고 실험 참가자들에게 이 동영상을 보여 주면서 흰색 옷을 입은 사람들이 몇 번 패스를 주고받는지 세어 달라고 요청했다. 이에 대해 참가자들은 패스 횟수에 대해서는 각자의 답을 말했는데, 동영상 중간중간에 출현한 고릴라 복장의 사람에 대해서는 하나같이 보지 못했다고 답했다. 참가자들이 패스 횟수를 세는 데 집중하느라 1분이 채 안 되는 동영상 가운데 9초에 걸쳐 등장하는 고릴라 복장의 사람을 인지하지 못한 것이다. A는 이 실험을 통해 다음의 결론을 도출했다. ⎡ (가) ⎦.
> 이 실험 결과를 우리의 일상에서도 확인해 볼 수 있다. 오토바이 운전자의 안전을 위해 눈에 잘 띄는 밝은색 옷을 입도록 권하는데, 밝은색 옷의 오토바이 운전자는 시각적으로 더 잘 보이고, 덕분에 더 쉽게 알아볼 수 있기 때문이다. 그렇다고 해도 모든 자동차 운전자가 밝은색 옷을 입은 오토바이 운전자를 다 알아보는 것은 아니다. 바라보는 행위는 인지의 ⎡ (나) ⎦ 없기 때문이다.

① (가): 인간의 인지는 시각과 밀접하게 관련되어 있다
　(나): 충분조건일 수는 있어도 필요조건일 수는
② (가): 인간의 인지는 시각과 밀접하게 관련되어 있다
　(나): 필요조건일 수는 있어도 충분조건일 수는
③ (가): 인간은 중요하다고 생각하는 것 위주로 주의를 기울인다
　(나): 충분조건일 수는 있어도 필요조건일 수는
④ (가): 인간은 중요하다고 생각하는 것 위주로 주의를 기울인다
　(나): 필요조건일 수는 있어도 충분조건일 수는

4 다음 글의 ㉠과 ㉡에 대한 평가로 올바른 것은?

> 기업의 마케팅 프로젝트를 평가할 때는 유행지각, 깊은 사고, 협업을 살펴본다. 유행지각은 유행과 같은 새로운 정보를 반영했느냐, 깊은 사고는 마케팅 데이터의 상관관계를 분석해서 최적의 해결책을 찾아내었느냐, 협업은 일하는 사람들이 해결책을 공유하며 성과를 창출했느냐를 따진다. ㉠<u>이 세 요소 모두에서 목표를 달성하는 것은 마케팅 프로젝트가 성공적이기 위해 필수적이다</u>. 하지만 ㉡<u>이 세 요소 모두에서 목표를 달성했다고 해서 마케팅 프로젝트가 성공한 것은 아니다</u>.

① 지금까지 성공한 프로젝트가 유행지각, 깊은 사고 그리고 협업 모두에서 목표를 달성했다면, ㉠은 강화된다.
② 성공하지 못한 프로젝트 중 유행지각, 깊은 사고 그리고 협업 중 하나 이상에서 목표를 달성하는 데 실패한 사례가 있다면, ㉠은 약화된다.
③ 유행지각, 깊은 사고 그리고 협업 중 하나 이상에서 목표를 달성하는 데 실패했지만 성공한 프로젝트가 있다면, ㉡은 강화된다.
④ 유행지각, 깊은 사고 그리고 협업 모두에서 목표를 달성했지만 성공하지 못한 프로젝트가 있다면, ㉡은 약화된다.

3 추론 규칙

논증의 타당성을 체크하기 위해서는 논증을 구성하는 명제들의 진릿값을 확인해야 하며, 근거를 제시하는 전제와 결론 사이의 관계가 어떠한지 확인하여야 한다. 논증을 구성하는 전제가 참이라면, 결론도 참이 되는 논증을 타당한 논증이라고 부르며, 전제와 결론이 실제로도 모두 참인 경우를 건전한 논증이라고 한다.

> **◉ 타당한 연역 논증의 예시**
> 1. 숭례문은 중국에 있다. 중국은 아프리카에 있다. 아프리카는 북반구에 있다. 그러므로 숭례문은 북반구에 있다.
>   ⇨ 거짓 전제들과 참인 결론으로 구성되어 있지만 그 형식은 모두 타당하므로 타당한 논증이다.
> 2. 소크라테스는 그리스 사람이다. 소크라테스는 철학자이다. 그러므로 어떤 그리스 사람은 철학자이다.
>   ⇨ 참인 전제들과 참인 결론으로 구성되어 있으므로 타당한 논증이다.

 어떠한 연역 논증이 다음의 논증 형태를 띤다면, 그 논증은 형식의 측면에서 타당하다.

전건 긍정과 후건 부정의 규칙은 전제들 중 하나가 조건 명제로 이루어진 조건 삼단 논법의 형식이다. 전건 긍정은 'A이면 B이다. A이다. 따라서 B이다.'의 형태로, 조건 명제가 주어지고 그 전건을 긍정하면 결과로 후건이 도출되는 규칙이다. 후건 부정은 'A이면 B이다. B가 아니다. 따라서 A가 아니다.'의 형태로, 조건 명제가 주어지고 그 후건을 부정하면 전건도 부정되는 규칙이다. 선언 삼단 논법은 두 개의 선택 중 하나가 부정되면 나머지는 긍정된다는 것으로, 'A이거나 B이다. A가 아니다. 따라서 B이다.'의 형태이다.

1. 전건 긍정: 주어진 명제(A→B)가 참일 때, 전건(A)이 참이라면 후건(B)도 참이다.

A → B	철수는 비가 오면 학교를 안 갈 것이다.
A	비가 온다.
B	철수는 학교를 안 갈 것이다.

BUT! 전건 부정의 오류
⇨ A 회사의 직원은 평일에 출근해야 한다 (A 회사 직원 → 평일 출근)
　민수는 A 회사의 직원이 아니다. (~A 회사 직원)
　민수는 평일에 출근하지 않는다. (~평일 출근)

2. 후건 부정: 주어진 명제(A→B)가 참일 때, 후건의 부정(~B)이 참이라면 전건의 부정(~A)도 참이다. 원 명제가 'A→B'일 때 그 대우는 '~B→~A'이다. 대우는 원 명제와 동치이다.

> A→B ⇔ ~B→~A
>
> A → B   철수는 비가 오면 학교를 안 갈 것이다.
> ~B   철수는 학교를 갔다.
> ──────────────────────────────
> ~A   비가 오지 않았을 것이다.

BUT! 후건 긍정의 오류

⇨ 비가 오면 신발이 젖는다. (비 → 신발 젖음)

　신발이 젖었다. (신발 젖음)

　따라서 비가 왔다. (비)

* 전건 부정과 후건 긍정의 경우 적절한 추론 규칙이 아니다.

3. 선언: 주어진 선언 명제(A∨B)가 참일 때, 선언지 중 하나를 부정(~A)하면 남은 선언지(B)는 참이다.

> A∨B   철수는 국어를 공부하거나 영어를 공부할 것이다.
> ~A   철수는 국어를 공부하지 않았다.
> ──────────────────────────────
> B   철수는 영어를 공부할 것이다.

4. 연언: 주어진 연언 명제(A∧B)가 참일 때, 연언지 A와 B가 모두 참이다.

> A∧B   철수는 밥을 먹었고, 국을 먹었다.
> ──────────────────────────────
> A   철수는 밥을 먹었다.
> B   철수는 국을 먹었다.

5. 가언 삼단 논법

> A → B   8월에 시간이 있다면 바다에 갈 것이다.
> B → C   바다에 간다면 수영을 할 것이다.
> ──────────────────────────────
> A → C   8월에 시간이 있다면 수영을 할 것이다.

6. 단순 양도 논법

> A ∨ B   내일은 눈이 오거나 비가 올 것이다.
> A → C   민수는 눈이 오면 카페에 간다.
> B → C   민수는 비가 오면 카페에 간다.
> ──────────────────────────────
>   C   민수는 카페에 간다.

활동 13. 다음 글을 읽고 주어진 논증이 타당한지, 부당한지, 그리고 어떤 형식을 사용했는지 밝히시오.

1. 비가 오면 땅이 젖는다. 비가 오지 않았다. 땅이 젖지 않았다.

   ▶ (타당한 / 부당한) 논증. _____

2. 네가 나를 사랑한다면 내가 원하는 것을 마땅히 해 주었을 것이다. 내가 원하는 것을 해 주지 않았으니 너는 나를 사랑하지 않는다.

   ▶ (타당한 / 부당한) 논증. _____

3. 민주주의 국가들의 주권은 국민에게 있다. 대한민국은 민주주의 국가이다. 따라서 대한민국의 주권은 국민에게 있다.

   ▶ (타당한 / 부당한) 논증. _____

4. 뉴턴이 수학자라면, 음악가는 아니다. 뉴턴은 음악가가 아니다. 그러므로 뉴턴은 수학자이다.

   ▶ (타당한 / 부당한) 논증. _____

활동 14. 다음 추론 중 논리적으로 타당한 것은?

1. 운동을 열심히 하면 체중이 줄어든다. 영희는 최근 운동을 전혀 하지 않았다. 그러므로 영희는 체중이 줄지 않았음에 틀림없다.

    ▶ 이 추론을 기호화하면 아래와 같다.
    전제1:
    전제2:
    결론:
    이는 (전건 부정 / 후건 부정) 규칙을 사용한 (타당한 / 타당하지 않은) 추론이다.

2. 박쥐가 후각 능력이 약하거나 탁월한 청각 능력이 없다면, 어둠 속을 빠르게 날아갈 수 없다. 박쥐는 빠르게 어둠 속을 날아갈 수 있다는 것이 확인되었다. 그러므로 박쥐의 청각 능력이 탁월함이 분명하다.

    ▶ 이 추론을 기호화하면 아래와 같다.
    전제1:
    전제2:
    결론:
    이는 (전건 부정 / 후건 부정) 규칙을 사용한 (타당한 / 타당하지 않은) 추론이다.

3. 광학에 관하여 우리가 믿고 있는 이론이 옳고 무지개에 대한 우리의 관찰을 비롯한 초기 조건이 정확하다면, 무지개의 색에 대한 정확한 설명을 할 수 있다. 우리는 관찰되는 무지개의 색에 대하여 정확하게 설명을 해내고 있다. 그러므로 우리가 믿고 있는 광학 이론은 옳다.

    ▶ 이 추론을 기호화하면 아래와 같다.
    전제1:
    전제2:
    결론:
    이는 (전건 부정 / 후건 부정) 규칙을 사용한 (타당한 / 타당하지 않은) 추론이다.

4. 이해나 감정 등을 비롯한 인간의 모든 정신 현상이 일종의 입력된 정보에 대한 계산적 처리 과정이라고 주장하는 계산 기능주의자들의 주장이 옳다면, 인간의 모든 정신 현상은 기계적으로 실현될 수 있다. 그런데 인공 지능이란 인간처럼 느끼고 이해할 뿐만 아니라 자율적으로 판단하고 행동할 수 있는 인공물을 말한다. 그러므로 머지않아 인공 지능이 우리 눈앞에 현실로 등장하게 될 것이다.

    ▶ 이 추론을 기호화하면 아래와 같다.
    전제1:
    전제2:
    결론:
    이 추론은 결론이 전제로부터 도출된 것이 아니므로 (타당한 / 타당하지 않은) 추론이다.

연역 논증의 하나인 삼단 논법은 두 개의 전제에서 세 번째 명제인 결론이 도출된다는 데에서 '삼단'이라는 이름이 붙여졌다. '모든 고양이는 동물이다. 모든 강아지는 고양이다. 그러므로 모든 강아지는 동물이다.'가 가장 기본적인 형식이다. 이때 결론의 주어를 소명사(S), 술어를 대명사(P)라고 하며, 전제에서 2번 나타나는 명사를 매개 명사(M)라고 한다.

삼단 논법의 두 전제는 대명사가 포함된 대전제와 소명사가 포함된 소전제로 구분할 수 있다. 예시에서는 '강아지'가 소명사, '동물'은 대명사, '고양이'는 매개 명사인 것이다.

삼단 논법은 매개 명사의 위치에 따라 네 가지로 나뉜다.

① M-P	② P-M	③ M-P	④ P-M
S-M	S-M	M-S	M-S
S-P	S-P	S-P	S-P
제1격	제2격	제3격	제4격

아리스토텔레스는 삼단 논법의 타당성을 판단하기 위해서는 명제에서 주어나 술어의 범위를 파악해야 한다고 하였다. 이는 주어나 술어가 전체 대상을 지칭하는지 일부를 지칭하는지가 중요하다는 것이다. 이때 주어나 술어가 전체 대상을 지시한다면 그 명사는 '주연되었다'라고 한다. 주어의 경우, 전칭 긍정 명제와 전칭 부정 명제에서만 주연되며 술어의 경우 전칭 부정 명제와 특칭 부정 명제에서만 주연된다. 정리하면, 주어는 전칭 명제에서만, 술어는 부정 명제에서만 주연되는 것이다.

아리스토텔레스는 이 개념을 이용하여 타당성을 판단하는 규칙들을 만들었으며 이 중 하나라도 위반한 삼단 논법은 부당한 논증이라고 하였다.

> **◈ 삼단 논법 타당성 판단 규칙**
> 첫째 규칙은 삼단 논법 안에서 매개 명사가 적어도 한 번은 주연되어야 한다는 것이다.
> 둘째 규칙은 전제에서 주연되지 않은 명사라면, 결론에서 주연될 수 없다는 것이다. 이는 'P가 결론에서는 주연되지만 전제에서는 주연되지 않을 때'와 'S가 결론에서는 주연되지만 전제에서는 주연되지 않을 때'로 다시 나눌 수 있다.

> **◈ 타당하지 않은 삼단 논법**
> **매개 명사 부주연의 오류**: 매개 명사가 한 번도 주연되지 않은 경우이다.
>   예) 어떤 고양이는 색맹이다. 모든 강아지는 고양이다. 그러므로 어떤 강아지는 색맹이다.
>   이 논증의 매개 명사는 '고양이'이다. 하지만 '고양이'가 대전제나 소전제에서 주연되지 않았다.
> • **대명사 부주연의 오류**: 대명사가 결론에서만 주연되고 전제에서는 주연되지 않은 경우이다.
>   예) 모든 외계인은 화성인이다. 어느 금성인도 외계인이 아니다. 그러므로 어느 금성인도 화성인이 아니다.
>   이 논증의 대명사는 '화성인'이다. 하지만 '화성인'이 결론에서는 주연되었지만 전제에서는 주연되지 않았다.
> • **소명사 부당 주연의 오류**: 소명사가 결론에서는 주연되지만 전제에서는 주연되지 않는 경우이다.
>   예) 모든 지구인은 포유동물이다. 모든 지구인은 색맹이다. 그러므로 모든 색맹은 포유동물이다.
>   이 논증의 소명사는 '색맹'이다. 하지만 '색맹'이 결론에서는 주연되었지만 전제에서는 주연되지 않았다.

 활동 15.

1. 다음 글을 참고하여 빈칸에 알맞은 말을 적으시오.

> 어느 고래도 포유동물이 아니다.
> 어떤 상어는 고래이다.
> 그러므로 어떤 상어는 포유동물이 아니다.

⇨ 매개 명사의 위치에 따라서 _____ 삼단 논법이다.
  소명사는 _____, 대명사는 _____, 매개 명사는 _____이다.

2. 다음 논증의 타당성을 검토하시오.

> 어떤 음악가는 철학자이다.
> 모든 학생은 음악가이다.
> 그러므로 어떤 학생은 철학자이다.

⇨ 위의 논증은 (타당한 / 부당한) 삼단 논법이다.

양도 논법이란 대전제가 두 개의 가언 명제의 연언으로 되어 있고, 소전제가 대전제의 두 전건을 선언적으로 긍정하거나 두 후건을 선언적으로 부정하는 형태인 삼단 논법을 의미한다. 이때 두 전건을 선언적으로 긍정하는 경우를 구성적 양도 논법, 두 후건을 선언적으로 부정하는 경우를 파괴적 양도 논법이라고 한다.
구성적 양도 논법은 단순 구성적 양도 논법과 복합 구성적 양도 논법으로 다시 나뉜다.
단순 구성적 양도 논법은 대전제의 두 개의 가언 명제들의 후건이 같은 경우이다. 따라서 소전제에서 가언 명제들의 전건을 선언으로 긍정하면 결론인 두 가언 명제의 후건은 정언 명제로 나타난다.

> [대전제] 만약 A이면 C이다. 만약 B라면 C이다.
> [소전제] A이거나 B이다.
> [결론] C이다.

복합 구성적 양도 논법은 단순 구성적 양도 논법처럼 두 개의 가언 명제가 대전제로 주어지지만, 가언 명제들의 후건이 다르기 때문에 결론이 선언 명제로 나타난다.

> [대전제] 만약 A이면 C이다. 만약 B라면 D이다.
> [소전제] A이거나 B이다.
> [결론] C이거나 D이다.

소전제에서 두 후건을 선언적으로 부정하는 경우인 파괴적 양도 논법도 단순 파괴적 양도 논법과 복합 파괴적 양도 논법으로 나눌 수 있다.

단순 파괴적 양도 논법은 대전제의 두 개의 가언 전제의 전건이 같은 경우이다. 따라서 소전제에서 가언 명제의 후건들을 선언의 형태로 부정하면 두 가언 명제 전건의 부정이 결론이 된다. 이때 두 전건은 같으므로 정언 명제의 형태이다.

[대전제] 만약 A이면 B이다. 만약 A라면 C이다.
[소전제] B가 아니거나 C가 아니다.
[결론] A가 아니다.

복합 파괴적 양도 논법은 단순 파괴적 양도 논법과 달리 두 가언 명제의 전건들이 다른 경우이다. 따라서 결론은 두 가언 명제들의 전건들을 선언으로 부정한 형태가 된다.

[대전제] 만약 A이면 C이다. 만약 B라면 D이다.
[소전제] C가 아니거나 D가 아니다.
[결론] A가 아니거나 B가 아니다.

활동 16. 다음 글을 읽고 ○/×를 판단하거나, 빈칸을 채우시오.

1. '철수가 국어를 공부하면 부모님의 칭찬을 받는다. 철수가 영어를 공부하면 선생님의 칭찬을 받는다. 철수는 국어를 공부하거나 영어를 공부할 것이다. 철수는 부모님의 칭찬을 받거나 선생님의 칭찬을 받을 것이다.'는 복합 구성적 양도 논법이다. (○ / ×)

2. '그가 모범적인 학생이라면 숙제를 할 것이다. 또한 모범적인 학생이라면 제시간에 학원에 올 것이다. 하지만 숙제도 하지 않았거나 제시간에 학원에 오지도 않았다. 따라서 그는 모범적인 학생이 아니다.'는 복합 파괴적 양도 논법이다. (○ / ×)

3. '내일 비가 오면, 우리는 박물관에 갈 것이다. 내일 날씨가 좋으면, 우리는 소풍을 갈 것이다. 내일 비가 오거나 날씨가 좋을 것이나. 따라서 우리는 박물관에 가거나 소풍을 갈 것이다.'는 (단순 구성적 / 복합 구성적 / 단순 파괴적 / 복합 파괴적) 양도 논법이므로 맞지 않다.

📍 추론 규칙의 심화 – 딜레마(양도 논법)

딜레마는 양도논법이라고도 불리는데 명칭을 이해하려고 노력할 필요는 없으나 형식은 알아 두면 편리하다. 그리고 형식에 따라 다음의 세 가지 형태로 나타난다.

a)

A ∨ B	철수는 국어를 공부하거나 영어를 공부할 것이다.
A → C	철수가 국어를 공부하면 부모님의 칭찬을 받는다.
B → D	철수가 영어를 공부하면 학원 선생님의 칭찬을 받는다.
C ∨ D	철수는 부모님의 칭찬을 받거나 학원 선생님의 칭찬을 받을 것이다.

b)

A → B	철수는 비가 오면 학교를 안 갈 것이다.
A → ~B	철수는 비가 오더라도 학교를 갈 것이다.
~A	비는 오지 않는다.

두 번째 명제의 대우는 B → ~A이다. 이를 첫 번째 명제와 결합하면, A → ~A가 도출되는데, 해당 조건 명제가 참이 되기 위해서는 ~A여야 한다. 이를 진리표로 확인하면 더 명확하다.

A	~A	A → ~A
T	F	F
F	T	T

c)

A → B	영희는 해가 뜨면 검은 옷을 입지 않는다.
~A → B	영희는 해가 뜨지 않으면 검은 옷을 입지 않는다.
B	영희는 검은 옷을 입지 않을 것이다.

첫 번째 명제의 대우는 ~B → ~A이다. 이를 두 번째 명제와 결합하면, ~B → B가 도출된다. 해당 조건 명제가 참이 되기 위해서는 B여야 한다. 이 역시도 진리표를 통해 확인하면 더 명확하다.

B	~B	B → ~B
T	F	F
F	T	T

📌 논리적 동치(≡)

1. 이중부정: 원 명제를 두 번 부정한 명제는 원 명제와 논리적으로 동치이다.

> ~(~A) ≡ A
> ➔ 내가 사과를 먹지 않았다는 것은 사실이 아니다. ~(~사과)
>   = 나는 사과를 먹었다. (사과)
> ➔ 민경이는 여자가 아니지 않다. ~(~여자)
>   = 민경이는 여자이다. (여자)
> ➔ 그녀가 아무것도 사지 않은 것은 아니었다. ~(~구매)
>   = 그녀는 무언가를 샀다. (구매)
> ➔ 그가 저지른 행동은 위법이라고 하지 않을 수 없다. ~(~위법)
>   = 그가 저지른 행동은 위법이다. (위법)

2. 동어반복: 같은 명제를 선언으로 연결하거나 연언으로 연결할 경우에도 원 명제가 도출된다.

> (A∧A) ≡ A, (A∨A) ≡ A
> ➔ 'A가 참석하고, A가 참석한다.' 또는 'A가 참석하거나, A가 참석한다.'라는 두 합성 명제 모두 'A가 참석한다.'와 동치이다.

3. 교환법칙: 연언 문장이나 선언 문장의 진릿값은 각 문장의 순서에 구애받지 않는다.

A∧B의 진릿값은 B∧A의 진릿값과 같고, A∨B의 진릿값은 B∨A의 진릿값과 같다.

> ➔ 민수는 햄버거를 먹었거나 피자를 먹었다. (햄버거∨피자)
>   = 민수는 피자를 먹었거나 햄버거를 먹었다. (피자∨햄버거)
> ➔ 민경이는 밥을 먹고, 디저트를 먹었다. (밥∧디저트)
>   = 민경이는 디저트를 먹고, 밥을 먹었다. (디저트∧밥)

* **결합 규칙**: 선언이나 연언 중 한 기호로 연결된 명제의 경우에는 결합 순서와 상관없이 그 진릿값이 같다는 규칙이다. (A∨B)∨C라는 명제는 모두 선언 기호로 연결되어 있으므로 A∨(B∨C)와 논리적으로 동치라는 의미이다.

* **분배법칙**: 세 개의 명제에 대하여 두 개의 연산을 분배하여도 그 진릿값이 같다는 규칙이다. 가령, A∨(B∧C)라는 명제의 경우, (A∨B)∧(A∨C)라고 하여도 그 진릿값이 같다는 것이다. 결합 규칙의 경우 괄호 안의 연산자의 값도 밖의 연산자가 같을 때 사용할 수 있지만, 분배 규칙은 필요 안의 연산자가 밖의 연산자와 다를 때 적용할 수 있다.

A∧(B∨C) ≡ (A∧B)∨(A∧C), A∨(B∧C) ≡ (A∨B)∧(A∨C)

4. 드모르간 법칙: 부정기호(~)가 괄호 안의 기호들을 모두 부정한다고 생각해 보자. 이때 연언(∧)을 부정할 경우 선언(∨)이 되며, 선언을 부정할 경우 연언이 된다.

> ~(A∧B) ≡ ~A∨~B, ~(A∨B) ≡ ~A∧~B
> ➔ 민수가 목요일과 금요일에 모두 출근했다는 것은 거짓이다. [~(목∧금)]
>   = 민수는 목요일에 출근하지 않았거나 금요일에 출근하지 않았다. (~목∨~금)
> ➔ 민수가 토요일 또는 일요일에 출근했다는 것은 거짓이다. [~(토∨일)]
>   = 민수는 토요일에도 일요일에도 출근하지 않았다. (~토∧~일)

5. **수출규칙/수출입규칙**: '(A∧B) → C'는 A와 B가 참일 때 C가 참이라는 것을 의미한다. 'A → (B → C)'는 A가 참인 경우에 B → C가 참이라는 것을 의미한다. 이는 결국 'A이고 B이고 C이다.'라는 것과 같은 의미이므로 두 명제는 논리적으로 동치이다.

> (A∧B) → C ≡ A → (B → C)
> ➜ 날씨가 화창할 경우, 기분이 좋다면 그는 학교를 간다.
>   = (화창∧기분) → 학교

6. **함축관계**: 조건 명제를 선언 명제로, 선언 명제를 조건 명제로 바꾸는 방식이다.
'A → B'는 'A가 참이라면 B는 100% 참'이라는 의미이다. 문제는 우리의 직관을 벗어나는 경우인데, 충분조건(A)이 거짓이라면 필요조건(B)의 참·거짓 여부와 관계없이 함축 관계는 언제나 성립한다. 즉, A가 거짓이고 B가 참이어도 A → B는 참이며(진리표 ③), A가 거짓이고 B가 거짓인 경우에도, 앞의 A → B는 참이다(진리표 ④).

> A → B ≡ ~A∨B ≡ ~(A∧~B)
> ➜ 만일 외계인이 지구에 착륙하면 지구는 혼란에 빠질 것이다.(A → B)
>   = 외계인이 지구에 착륙하지 않거나 지구는 혼란에 빠질 것이다.(~A∨B)

'A → B'가 성립하기 위해서는 A가 참이 아니거나 B가 참이면 되므로, 'A → B ≡ ~A∨B'가 도출된다. 여기에 '~A∨B'에 드모르간 법칙을 적용하면 '~(A∧~B)'도 참임을 도출할 수 있다. 이는 'A∧~B'가 'A → B'라는 조건 명제의 모순임을 의미한다. 즉, 'A이며 B가 아니다(A∧~B).'는 'A이면 B이다.'와 모순 관계인 것이다.

■ 진리표

	A	B	A→B	~A∨B	A∧~B
①	T	T	T	T	F
②	T	F	F	F	T
③	F	T	T	T	F
④	F	F	T	T	F

7. **기타**: 따로 명칭이 있는 것은 아니지만 문제 풀이에 활용되는 경우가 있으므로 알아 두면 편리하다.
A → (B∨C) ≡ (A → B)∨(A → C)
A → (B∧C) ≡ (A → B)∧(A → C)
(A∨B) → (C∧D) ≡ (A → C)∧(A → D)∧(B → C)∧(B → D)

활동 17. 다음 글을 읽고 O/×를 판단하시오.

1. '우유를 마시거나 빵을 먹는다.'는 '빵을 먹거나 우유를 마신다.'와 논리적으로 동치이다. (O / ×)

2. '우유를 마신다면 빵을 먹는다.'는 '빵을 먹지 않는다면 우유를 마시지 않는다.'와 논리적으로 동치이다. (O / ×)

3. '우유를 마시고 빵을 먹는다는 것은 사실이 아니다.'는 '우유를 마시지 않거나 빵을 먹지 않는다.'와 논리적으로 동치이다. (O / ×)

4. '우유를 마시거나 빵을 먹는다.'는 '빵을 먹는다면 우유를 마신다.'와 논리적으로 동치이다. (O / ×)

📍 조건 증명과 간접 증명

조건 증명과 간접 증명은 추론 규칙과 대체 규칙 이외에도 명제를 증명할 때 사용하는 방법이다. 조건 명제는 결론이 조건 명제의 형식일 때만 사용할 수 있지만 간접 증명은 모든 증명에 적용될 수 있다.

- **조건 증명**: 이미 주어진 전제에 덧붙여서 또 하나의 전제를 가정하여 논증이 참임을 증명하는 방법. 추가된 전제는 조건 명제의 전건이며 조건 증명은 추가된 전제(조건언의 전건)가 참이면 결과도 참이라는 것을 주장한다. 전제를 추가하는 것은 두 개 이상도 가능하지만 결론이 원 명제의 전제에만 의지하도록 하기 위해 추가된 전제의 역할이 끝나면 방출시킨다.
  - 예) 만일 외계인이 지구에 착륙한다면 지구는 엄청난 혼란에 빠질 것이다. 그러므로 만일 외계인이 지구에 착륙한다면, 외계인이 지구에 착륙하고 지구는 엄청난 혼란에 빠질 것이다.

- **간접 증명**: 귀류법이라고도 하는데 참인 명제들은 서로 모순될 수 없다는 것에 의존한다. 따라서 전제들이 모순된 결론을 도출한다면 전제들 중 하나는 반드시 거짓이다. 즉, 참인 전제들에 하나의 거짓된 전제를 덧붙인 뒤 이 사이에서 모순된 결론을 도출한다면 반대로 다른 명제들이 참임을 알 수 있다는 것이다.
  - 예) 외계인이 지구에 착륙하니 지구는 엄청난 혼란에 빠진다. 외계인이 지구에 착륙하거나 지구는 엄청난 혼란에 빠지지 않는다. 그러므로 외계인이 지구에 착륙한다.

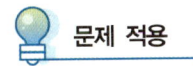 문제 적용

1 다음 글의 내용이 참일 때, 갑이 반드시 수강해야 할 과목은?

> 갑은 A~E 과목에 대해 수강신청을 준비하고 있다. 갑이 수강하기 위해 충족해야 하는 조건은 다음과 같다.
> ○ A를 수강하면 B를 수강하지 않고, B를 수강하지 않으면 C를 수강하지 않는다.
> ○ D를 수강하지 않으면 C를 수강하고, A를 수강하지 않으면 E를 수강하지 않는다.
> ○ E를 수강하지 않으면 C를 수강하지 않는다.

① A　　　② B　　　③ C　　　④ D　　　⑤ E

문제의 조건들을 기호화하고 빈칸에 들어갈 답을 쓰시오.

○ A를 수강하면 B를 수강하지 않고, B를 수강하지 않으면 C를 수강하지 않는다.
기호화 (1)
(2)
○ D를 수강하지 않으면 C를 수강하고, A를 수강하지 않으면 E를 수강하지 않는다.
기호화 (3)
(4)
○ E를 수강하지 않으면 C를 수강하지 않는다.
기호화 (5)

1. (1)의 후건과 (2)의 전건이 같으므로 (1)의 (　　　　)와 (2)의 (　　　　)를 결합하면 (1)' (　　　　)가 도출된다.

2. (4)의 후건과 (5)의 전건이 같으므로 (4)의 (　　　　)와 (5)의 (　　　　)를 결합하면 (2)' (　　　　)가 도출된다.

3. (1)'와 (2)'를 통해 (　)를 수강하든 수강하지 않든 갑이 (　)는 수강하지 않는다는 것을 알 수 있다.

| A → B | 영희는 해가 뜨면 검은 옷을 입지 않는다. |
~A → B	영희는 해가 뜨지 않으면 검은 옷을 입지 않는다.
B	영희는 검은 옷을 입지 않을 것이다.

첫 번째 명제의 대우는 ~B → ~A이다. 이를 두 번째 명제와 결합하면, ~B → B가 도출된다. 해당 조건 명제가 참이 되기 위해서는 B여야 한다. 이 역시도 진리표를 통해 확인하면 더 명확하다.

B	~B	B → ~B
T	F	F
F	T	T

4. (3)의 대우는 (　　　　)이다. 이때, 3.의 결론을 통해 (3)의 대우인 (　　　　)의 전건이 긍정되므로 후건인 (　　)가 반드시 도출된다. 따라서 갑이 반드시 수강해야 할 과목은 (　　)이다.

2 다음의 내용이 참일 때, 반드시 참인 것은?

> 갑돌과 정순은 매일 커피를 마시는 흡연자이다. 을순과 병돌은 매년 치석을 없앤다. 그리고 치아의 색깔에 관한 다음의 사실이 알려져 있다.
> ㉠ 치석을 매년 없애지 않고 매일 커피를 마시는 사람의 경우, 그의 이가 노랄 확률은 60% 이상이다.
> ㉡ 치석을 매년 없애지 않는 흡연자의 경우, 그의 이가 노랄 확률은 80% 이상이다.
> ㉢ 치석을 매년 없애지 않고 매일 커피를 마시는 흡연자의 경우, 그의 이가 노랄 확률은 90% 이상이다.
> ㉣ 치석을 매년 없애는 사람의 경우, 그의 이가 노랄 확률은 그의 커피 섭취 및 흡연 여부와 무관하게 20% 미만이다.

① 갑돌의 이가 노랄 확률은 80% 이상이다.
② 을순의 이가 노랗지 않을 확률은 80% 미만이다.
③ 병돌이 흡연자라면, 그의 이가 노랄 확률은 20% 이상이다.
④ 병돌이 매일 커피를 마신다면, 그의 이가 노랄 확률은 20% 이상이다.
⑤ 정순이 치석을 매년 없애지 않는다면, 그의 이가 노랄 확률은 90% 이상이다.

문제의 조건들을 기호화하고 빈칸에 들어갈 답을 쓰시오.

갑돌과 정순은 매일 커피를 마시는 흡연자이다.
기호화:
을순과 병돌은 매년 치석을 없앤다.
기호화:
⊙ 치석을 매년 없애지 않고 매일 커피를 마시는 사람의 경우, 그의 이가 노랄 확률은 60% 이상이다.
기호화:
ⓒ 치석을 매년 없애지 않는 흡연자의 경우, 그의 이가 노랄 확률은 80% 이상이다.
기호화:
ⓒ 치석을 매년 없애지 않고 매일 커피를 마시는 흡연자의 경우, 그의 이가 노랄 확률은 90% 이상이다.
기호화:
ⓔ 치석을 매년 없애는 사람의 경우, 그의 이가 노랄 확률은 그의 커피 섭취 및 흡연 여부와 무관하게 20% 미만이다.
기호화:

1. 갑돌의 이가 노랄 확률은 80% 이상이다.
    → 갑돌은 매일 커피를 마시는 흡연자이므로, (   )으로 기호화할 수 있다. 진술 중에 '커피'와 '흡연'이 동시에 포함된 진술은 (   )뿐이다. 그런데 갑돌이 치석을 매년 없애는지 아닌지 알려진 바 없으므로 이가 노랄 확률도 알 수 없다.

2. 을순의 이가 노랗지 않을 확률은 80% 미만이다.
    → 을순은 매년 치석을 없애므로, (   )로 기호화할 수 있다. '치석을 없앤다.'가 포함된 유일한 진술인 (   )에 따르면, 치석을 매년 없애는 사람은 이가 노랄 확률이 (   )이다. 따라서 을순의 이가 노랗지 않을 확률은 (   )이다.

3. 병돌이 흡연자라면, 그의 이가 노랄 확률은 20% 이상이다.
    → 병돌은 매년 치석을 없앤다. 만약 병돌이 흡연자라면 (   )이 성립한다. 위 진술 중 '치석제거'와 '흡연'이 모두 포함된 진술은 없지만 (   )에 따라 병돌의 이가 노랄 확률은 (   )이다.

4. 병돌이 매일 커피를 마신다면, 그의 이가 노랄 확률은 20% 이상이다.
    → 병돌은 매년 치석을 없앤다. 만약 병돌이 매일 커피를 마신다면 (   )가 성립한다. 위 진술 중 '치석제거'와 '커피'가 모두 포함된 진술은 없으나 (   )에 따라 병돌의 이가 노랄 확률은 (   )이다.

5. 정순이 치석을 매년 없애지 않는다면, 그의 이가 노랄 확률은 90% 이상이다.
    → 정순은 매일 커피를 마시고 흡연자이므로 만약 치석을 매년 없애지 않는다면 (   )이 성립한다. 정순은 (   )의 전건의 조건을 모두 갖추고 있다. 따라서 이가 노랄 확률은 (   )이다. 따라서 이는 반드시 참이다.

3 사무관 A ~ E는 각기 다른 행정구역을 담당하고 있다. 이들이 담당하는 구역의 민원과 관련된 정책안이 제시되었다. 이에 대하여 A ~ E는 찬성과 반대 둘 중 하나의 의견을 제시했다고 알려졌다. 다음 정보가 모두 참일 때, 옳은 것은?

> ㉠ A 또는 D 둘 중 적어도 하나가 반대하면, C는 찬성하고 E는 반대한다.
> ㉡ B가 반대하면, A는 찬성하고 D는 반대한다.
> ㉢ D가 반대하면 C도 반대한다.
> ㉣ E가 반대하면 B도 반대한다.
> ㉤ 적어도 한 사람이 반대한다.

① A는 찬성하고 B는 반대한다.
② A는 찬성하고 E는 반대한다.
③ B와 D는 반대한다.
④ C는 반대하고 D는 찬성한다.
⑤ C와 E는 찬성한다.

📝 **문제의 조건들을 기호화하고 빈칸에 들어갈 답을 쓰시오.**

㉠ A 또는 D 둘 중 적어도 하나가 반대하면, C는 찬성하고 E는 반대한다.
기호화: (~A∨~D) → (_____) ≡ (~A→C)∧(_____)∧(_____)∧(~D→~E)
㉡ B가 반대하면, A는 찬성하고 D는 반대한다.
기호화: ~B → (A∧~D) ≡ (~B→A)∧(_____)
㉢ D가 반대하면 C도 반대한다.
기호화: _____ ≡ C→D
㉣ E가 반대하면 B도 반대한다.
기호화: ~E→~B ≡ _____
㉤ 적어도 한 사람이 반대한다.
기호화: _____

양도 논법에 의해 두 번째 명제의 대우와 첫 번째 명제와 결합하면, A → ~A가 도출된다.

A→B	철수는 비가 오면 학교를 안 갈 것이다.
A→~B	철수는 비가 오더라도 학교를 갈 것이다.
~A	비는 오지 않는다.

해당 조건 명제가 참이 되려면 ~A여야 한다.

A	~A	A→~A
T	F	F
F	T	T

1. 양도 논법에 의하여 ㉠의 '~D → C'와 ㉢의 대우인 '_____'를 조합할 경우, '____'가 도출된다. 이 조건 명제가 참이 되려면 '_____'여야 한다.

2. (1)에서 구한 '__'를 ㉡의 '~B→~D'의 대우인 '_____'와 조합하면 '____'가 도출된다.

3. 'B'를 ㉣의 대우인 '_____'와 조합하면 '____'가 도출된다.

4. ㉠의 '~A → ~E'의 대우는 '_____'이므로, '____'가 도출된다.

5. (1)~(4)에 따라 _____는 찬성하며 ㉤에 의해 ____는 반대해야 한다.

※ 다음 글을 읽고 물음에 답하시오. [4~5]

아리스토텔레스는 정언 문장으로 이루어진 연역 논증을 중심으로 논리학을 연구하였는데, 이러한 논리학을 전통 논리학이라 부른다. 연역 논증은 결론이 이미 전제에 포함되어 있기 때문에 전제가 참이면 결론이 반드시 참이 되는 형식의 논증을 말한다. 그리고 정언 문장이란 참과 거짓을 판별할 수 있는 문장 중에서 '주어-술어'로 이루어진 다음 네 가지 형식의 문장을 말한다.

- 모든 A는 B이다.
- 모든 A는 B가 아니다.
- 어떤 A는 B이다.
- 어떤 A는 B가 아니다.

(1)은 연역 논증의 하나로 세 개의 정언 문장으로 구성된 정언 삼단 논증의 예이다.
(1) 모든 [어머니]는 [여자]이다. 〈전제1〉
어떤 [사람]은 [어머니]이다. 〈전제2〉
그러므로 어떤 [사람]은 [여자]이다. 〈결론〉

(1)에서 결론의 주어가 되는 개념인 '사람'을 소명사(S), 결론의 술어가 되는 개념인 '여자'를 대명사(P)라 하며, '어머니'와 같이 전제에만 있으면서 전제들을 엮을 수 있도록 하는 개념을 중명사(M)라 한다. 만약 술어가 '먹는다'와 같이 동사인 경우에는 '먹는 존재'와 같은 명사로 나타낼 수 있다. 그리고 대명사가 포함된 전제를 대전제, 소명사가 포함된 전제를 소전제라 한다. 이를 사용하여 (1)을 형식화하면 (2)와 같다.

(2) 모든 [M]은 [P]이다. 〈대전제〉
어떤 [S]는 [M]이다. 〈소전제〉
그러므로 어떤 [S]는 [P]이다. 〈결론〉

정언 삼단 논증에서 중명사(M)는 전제들 사이에서 소명사(S)와 대명사(P)를 연결하는 역할을 맡는다. 만약 전제에 중명사가 없으면 소명사와 대명사를 연결할 수 없으므로 논증을 구성할 수 없다. (2)에서 결론의 [S]-[P]는 배열이 고정되어 있지만, 전제의 'M, P, S'는 배열이 자유롭기 때문에 'M, P, S'를 조합해서 ㉠ 정언 삼단 논증의 네 가지 유형을 만들 수 있다. 이를 아리스토텔레스는 정언 삼단 논증의 제1격에서부터 제4격이라고 명명하였다. 이와 같이 정언 문장을 대명사, 중명사, 소명사로 분석한 전통 논리학을 명사 단위의 논리학이라 한다.

(3)은 정언 삼단 논증의 형태를 띠고 있는 것처럼 보이지만 정언 삼단 논증의 유형에서 벗어나 있다.
(3) 밑이 오면 소풍은 취소된다. 〈전제1〉
눈이 온다. 〈전제2〉
그러므로 소풍은 취소된다. 〈결론〉

〈전제1〉은 '눈이 온다.'와 '소풍은 취소된다.'의 두 문장이 결합된 것이다. 〈전제2〉는 〈전제1〉을 구성하고 있는 문장 중 하나이며, 〈결론〉은 〈전제1〉을 구성하고 있는 나머지 문장이다. 따라서 정언 문장만을 대상으로 한 전통 논리학으로는 이 논증의 타당성을 분석할 수 없다.

20세기 독일의 논리학자 프레게는 소명사, 대명사, 중명사를 중심으로 논증의 타당성을 검토하는 정언 삼단 논증의 한계를 지적하면서, 명제를 단위로 논증을 분석하는 명제 논리학을 제안하였다. 명제란 참과 거짓을 판단할 수 있는 문장이다. 전통 논리학에서는 정언 문장을 명사 단위로 나누어서 분석하였지만, 명제 논리학에서는 명제 자체를 논증의 기본 단위로 삼았다. 그리고 더 이상 분해할 수 없는 명제를 단순 명제라 하여 'p, q, r' 등의 기호로 표시하고, 단순 명제에 논리적 연결사인 '∨(또는)', '∧(그리고)', '→(만약 …이면 …이다)', '~(…가 아니다)' 등을 사용하여 복합 명제를 만들었다.

가령 (3)의 〈전제1〉은 '비가 온다.'와 '소풍은 취소된다.'의 두 개의 단순 명제가 연결된 복합 명제로, 각각의 단순 명제를 'p'와 'q'로 나타낼 수 있다. 그리고 단순 명제 'p'와 'q'는 '만약 …이면 …이다.'에 해당하는 논리적 연결사 '→'를 사용하여 'p→q'와 같은 복합 명제로 나타낼 수 있다. 따라서 (3)을 기호화하여 나타내면 다음과 같다.

(4) 만약 p이면 q이다.　　　　　(4′)　　p → q
　　　p이다.　　　　⇒　　　　　　　　p
　　　그러므로 q이다.　　　　　　　　　q

아리스토텔레스는 정언 문장에서 명사들 간의 관계에 의존하여 논증의 타당성을 설명하였지만, 명제 논리학에서는 명제들의 진릿값과 논리적 연결사에 의존하여 논증의 타당성을 평가했다. 가령, 'p∨q'는 'p'와 'q' 중 하나라도 참이면 참이 되지만, 'p∧q'는 'p'와 'q' 모두 참일 때에만 참이 된다. 또한 'p→q'는 'p'와 'q'가 모두 참인 경우에는 참이지만, 'p'가 참이고 'q'가 거짓인 경우에는 거짓이 된다. 따라서 복합 명제의 진릿값은 단순 명제의 진릿값과 논리적 연결사에 의존한다. (4′)는 〈전제2〉가 〈전제1〉의 선행 조건인 p를 긍정함으로써 〈결론〉인 q가 성립된다고 주장하는 논증인데, 이러한 형식을 ⓒ 전건 긍정이라 한다.

명제 논리학은 정언 문장만을 분석의 대상으로 삼는 전통 논리학에서 다루지 못하는 문장들까지 논증의 대상으로 포함시켰다는 점에서 의미가 있다. 또한 논증의 모든 요소를 기호화하여 명제 논리학은 자연 언어를 컴퓨터로 프로그래밍할 수 있는 길을 열어 주었다. 이후 명제 논리학은 술어 논리학으로 발전되었는데, 술어 논리학은 술어 기호를 사용하여 명제 논리학에서 다루지 못한 명제 내의 논리 구조를 분석함으로써 논리학의 범위를 한층 더 확대하였다.

4 ㉠에 해당하지 않는 것은?

① M-P　　　　② M-P　　　　③ P-M
　 S-M　　　　　 P-S　　　　　 M-S
　 S-P　　　　　 S-P　　　　　 S-P

④ P-M　　　　⑤ M-P
　 S-M　　　　　 M-S
　 S-P　　　　　 S-P

5 ㉡의 사례로 가장 적절한 것은?

① 자전거는 달리지 않으면 멈춘다. 자전거가 달린다. 그러므로 자전거가 멈추지 않는다.
② 만약 그것이 동물이라면 죽는다. 그것이 죽는다. 그러므로 그것은 동물이다.
③ 집 청소가 끝나면 여행을 갈 수 있다. 집 청소가 끝났다. 그러므로 여행을 갈 수 있다.
④ 공부를 하면 성적이 오른다. 민규는 공부를 하지 않았다. 그러므로 민규는 성적이 오르지 않았다.

※ 다음 글을 읽고 물음에 답하시오. [6~7]

우리가 아는 삼단 논법은 형식적으로 보통 두 개의 전제와 한 개의 결론, 즉 세 개의 언어적 표현으로 이루어진다. 예를 들면 '모든 사람은 죽는다. 소크라테스는 사람이다. 따라서 소크라테스도 죽는다.'와 같은 예가 대표적이다. 이때 첫 번째 명제를 대전제, 두 번째 명제를 소전제, 그리고 마지막 명제를 결론이라고 한다. 그런데 여기에서 전제의 일부(때로는 결론까지도)를 생략한 것을 생략 삼단 논법이라 한다.

가령 '철수가 올림픽에서 1위를 하여 금메달을 받았다.'라는 결론을 끌어내기 위해서는 '철수는 올림픽에서 금메달을 받았다.'라고 말하는 것으로 충분하다. 여기에 '1위를 했다.'라는 말은 덧붙일 필요가 없다. 왜냐하면 이런 사실은 모든 사람이 알고 있기 때문이다.

주목해야 할 것은 전제의 생략이 논증을 결코 약화하지 않는다는 것이다. 오히려 강화한다. 누구나 아는 진부한 내용을 다시 언급하는 데에서 오는 싫증을 덜어 냄으로써 자연스러운 맛까지 살려 낸다.

일상의 언어생활 속에 생략 논법은 이미 깊숙하게 침투해 있다. 예컨대 '금값이 오른다. 공급이 부족하기 때문이다.'나 '말을 잘 들었으니 사탕을 사 줄게.'가 우리가 흔히 접할 수 있는 예다. 전자는 삼단 논법에서 '공급이 부족하면 물건값이 오른다.'라는 전제를 생략한 것이다. 그리고 후자는 (㉠)라는 전제를 생략한 것이다.

이러한 표현은 다양한 분야에 골고루 등장한다. 코페르니쿠스는 "사실 그 행성들이 지구로부터 보이는 거리는 계속 달라지므로 지구의 중심이 그것들의 궤도의 중심이 아니라는 점은 분명하다."라며 지구가 우주의 중심이라는 천동설을 부인했다. 이것은 '행성들이 지구로부터 보이는 거리가 같으면 지구의 중심이 행성들의 궤도의 중심이다. 행성들이 지구로부터 보이는 거리가 계속 달라진다. 그러므로 지구의 중심이 행성들의 궤도의 중심이 아니다.'라는 논증에서 첫째 전제를 생략한 삼단 논법이다. 시인 오비디우스는 "너를 간직할 수 있었다. 따라서 너를 잃을 수도 있으리라!"라는 시구를 남겼다. 그는 '간직할 수 있는 것은 잃을 수도 있다.'라는 전제를 생략함으로써 시적 긴장감을 확보한 것이다.

6 ㉠에 들어갈 전제로 적절한 것은?

① 너는 사탕을 좋아한다.
② 너는 말을 잘 안 듣는 아이다.
③ 말을 잘 들으면 보상을 해 준다.
④ 말을 잘 듣는 아이는 매우 드물다.
⑤ 사탕은 매우 귀한 보상물이다.

7 〈보기〉의 상황에 대한 해석이 적절하지 못한 것은?

── 보기 ──
추석에 영수의 집에 영수의 할머니께서 오셨다. 영수는 할머니께 절을 했다. 할머니께서, "내게 절을 하는 것을 보니, 넌 참 예의가 바르구나."라고 말씀하셨다.

① 할머니의 말씀에서 생략된 전제는 '어른께 절을 하는 아이는 예의가 바르다.'이다.
② 할머니 말씀의 둘째 전제는 '영수가 할머니께 절을 했다.'이다.
③ 할머니 말씀의 둘째 전제가 생략되면 결론이 달라질 것이다.
④ 첫째 전제를 생략한 이유는 언중이 대체로 알고 있는 통념이기 때문이다.
⑤ 어른께 절을 하는 우리 문화를 모르는 외국인은 할머니의 말을 이해하지 못할 것이다.

8 다음 글의 맥락을 고려할 때 빈칸에 들어갈 내용으로 가장 적절한 것은?

> 사람들은 법을 자유와 대립하는 것으로 착각하여 법을 혐오하는 경향이 있다. 그러나 모든 국민이 법 없이 최대의 자유를 누리는 이상적인 사회질서를 주장했던 자유 지상주의는 환상에 지나지 않는다. 몽테스키외는 인간이 법과 동시에 자유를 가졌다고 말했다. 또한 인간이 법 밖에서 자유를 찾으려 한다면, 주인의 집을 도망쳐 나온 정처 없는 노예처럼 된다고 하였다. 자유는 정당한 행위를 할 수 있는 상태를 의미한다. 그렇다면 자유는 정의를 실현하는 올바른 사회질서에 의해서만 보장될 수 있다. 따라서 법이 없다면 자유도 없다고 할 수 있다. 왜냐하면 ⬚ 때문이다. 결국 자유와 법은 대립하는 것이 아니다.

① 법은 정당한 행위를 할 수 있는 상태의 실현 가능성을 높이기
② 자유가 없다면 정의를 실현하는 올바른 사회질서도 확립될 수 없기
③ 정의를 실현하는 올바른 사회질서는 법에 의해서만 확립될 수 있기
④ 법과 자유가 있다면 정의를 실현하는 올바른 사회질서가 확립될 수 있기

9 다음 진술이 모두 참일 때, 반드시 참인 것은?

> - 오 주무관이 회의에 참석하면, 박 주무관도 참석한다.
> - 박 주무관이 회의에 참석하면, 홍 주무관도 참석한다.
> - 홍 주무관이 회의에 참석하지 않으면, 공 주무관도 참석하지 않는다.

① 공 주무관이 회의에 참석하면, 박 주무관도 참석한다.
② 오 주무관이 회의에 참석하면, 홍 주무관은 참석하지 않는다.
③ 박 주무관이 회의에 참석하지 않으면, 공 주무관은 참석한다.
④ 홍 주무관이 회의에 참석하지 않으면, 오 주무관도 참석하지 않는다.

10 다음 글의 내용이 참일 때, 반드시 참인 것은?

> 지혜로운 사람은 정열을 갖지 않는다. 사랑을 원하는 사람은 정열을 가진 사람이다. 정열을 가진 사람은 행복하지 않다. 지혜롭지 않은 사람은 고통을 피하고자 한다. 그러나 지혜로운 사람만이 고통을 피할 수 있다.

① 정열을 가진 사람은 지혜롭다.
② 사랑을 원하는 사람은 행복하다.
③ 지혜로운 사람은 사랑을 원하지 않는다.
④ 지혜로운 사람은 고통을 피하고자 하지 않는다.

11 (가)와 (나)를 전제로 할 때 빈칸에 들어갈 결론으로 가장 적절한 것은?

> (가) 노인복지 문제에 관심이 있는 사람 중 일부는 일자리 문제에 관심이 있는 사람이 아니다.
> (나) 공직에 관심이 있는 사람은 모두 일자리 문제에 관심이 있는 사람이다.
> 따라서 ☐☐☐☐☐☐☐☐☐☐☐.

① 노인복지 문제에 관심이 있는 사람 중 일부는 공직에 관심이 있는 사람이 아니다
② 공직에 관심이 있는 사람 중 일부는 노인복지 문제에 관심이 있는 사람이 아니다
③ 공직에 관심이 있는 사람은 모두 노인복지 문제에 관심이 있는 사람이 아니다
④ 일자리 문제에 관심이 있지만 노인복지 문제에 관심이 없는 사람은 모두 공직에 관심이 있는 사람이 아니다

12 다음 글의 내용이 참일 때, 반드시 참인 것은?

> 문화체육관광부의 예술특구 지정 사업에 A, B, C, D 네 개의 도시가 신청하였다. 이와 관련하여, 다음의 사실이 알려져 있다.
>
> • A가 선정되면, B도 선정된다.
> • B와 C가 모두 선정되는 것은 아니다.
> • B와 D 중 적어도 하나는 선정된다.
> • C가 선정되지 않으면 B도 선정되지 않는다.

① A와 B 모두 선정된다.
② B와 C 모두 선정되지 않는다.
③ D는 선정된다.
④ 선정되는 도시는 두 개 이상이다.

13 다음 빈칸에 들어갈 말로 가장 적절한 것은?

> 갑, 을, 병, 정 네 학생의 수상 신청과 관련해서 다음과 같은 사실들이 알려졌다.
>
> • 갑과 을 중 적어도 한 명은 〈글쓰기〉를 신청한다.
> • 을이 〈글쓰기〉를 신청하면 병은 〈말하기〉와 〈듣기〉를 신청한다.
> • 병이 〈말하기〉와 〈듣기〉를 신청하면 정은 〈읽기〉를 신청한다.
> • 정은 〈읽기〉를 신청하지 않는다.
>
> 이를 통해 갑이 ☐☐☐를 신청한다는 것을 알 수 있게 되었다.

① 〈말하기〉　　② 〈듣기〉　　③ 〈읽기〉　　④ 〈글쓰기〉

14 다음 전제로부터 결론을 도출하기 위해 추가로 필요한 전제는?

> (전제 1) 피자를 좋아하는 어떤 사람은 햄버거를 좋아한다.
> (전제 2) 떡볶이를 좋아하지 않는 모든 사람은 피자를 좋아하지 않는다.
> (결론) 햄버거를 좋아하는 어떤 사람은 치킨을 좋아하지 않는다.

① 떡볶이를 좋아하는 어떤 사람은 치킨을 좋아한다.
② 피자를 좋아하지 않는 어떤 사람은 치킨을 좋아한다.
③ 떡볶이를 좋아하는 모든 사람은 치킨을 좋아하지 않는다.
④ 치킨을 좋아하는 어떤 사람은 피자를 좋아하지 않는다.

15 다음 글의 밑줄 친 결론을 이끌어 내기 위해 추가해야 할 것은?

> 문학을 좋아하는 사람은 모두 자연의 아름다움을 좋아하는 사람이다. 자연의 아름다움을 좋아하는 어떤 사람은 예술을 좋아하는 사람이다. 따라서 예술을 좋아하는 어떤 사람은 문학을 좋아하는 사람이다.

① 자연의 아름다움을 좋아하는 사람은 모두 문학을 좋아하는 사람이다.
② 문학을 좋아하는 어떤 사람은 자연의 아름다움을 좋아하는 사람이다.
③ 예술을 좋아하는 어떤 사람은 자연의 아름다움을 좋아하는 사람이다.
④ 예술을 좋아하지만 문학을 좋아하지 않는 사람은 모두 자연의 아름다움을 좋아하는 사람이다.

16 다음 글의 내용이 참일 때, 반드시 참인 것은?

> A부서에서는 새로 시작된 프로젝트에 다섯 명의 주무관 가은, 나은, 다은, 라은, 마은의 참여 여부를 점검하고 있다. 주무관들의 업무 전문성을 고려할 때, 다음과 같은 예측을 할 수 있었고 그 예측들은 모두 옳은 것으로 밝혀졌다.
>
> • 가은이 프로젝트에 참여하면 나은과 다은도 프로젝트에 참여한다.
> • 나은이 프로젝트에 참여하지 않으면 라은이 프로젝트에 참여한다.
> • 가은이 프로젝트에 참여하거나 마은이 프로젝트에 참여한다.

① 가은이 프로젝트에 참여하지 않으면 나은이 프로젝트에 참여한다.
② 다은이 프로젝트에 참여하면 마은이 프로젝트에 참여한다.
③ 다은이 프로젝트에 참여하거나 마은이 프로젝트에 참여한다.
④ 라은이 프로젝트에 참여하면 마은이 프로젝트에 참여한다.
⑤ 라은이 프로젝트에 참여하거나 마은이 프로젝트에 참여한다.

② 귀납 논증

1 귀납적 일반화

귀납적 일반화는 대개 '모든 X는 Y이다.'의 형식을 가지며 표본에서 얻은 결론을 그 표본이 속하는 전체에 적용한다. 즉, 단순 열거에 의한 귀납으로, 표본에 관한 앎으로부터 집단 전체에 대한 주장으로 진행하는 논증이다. 이는 유비 논증과 매우 유사하지만, 보다 일반적인 결론을 갖는다.

1. **보편적 일반화**: 부분적 개체들에 대한 관찰을 통해 전체 그룹의 특성을 추론하는 방법. 미처 관찰하지 못한 사례 중 반례가 존재할 경우 결론이 반박됨.
   - 예) 백조 1은 하얗다, 백조 2는 하얗다… 따라서 모든 백조는 하얗다

2. **통계적 일반화**: 어떤 유형에 속하는 개체 일부에서 발견된 속성을, 해당 유형 전체로 일반화하는 방법.
   - 예) 전체 유권자 중 300명을 선별하여 투표 결과를 조사한 결과 그중 30명이 A후보를 지지하였다. 따라서 전체 유권자의 10%가 A후보를 지지할 것이다.

귀납적 일반화는 아는 사실로부터 모르는 사실을 추리하는 것이므로 결코 확실하지도 않고 단지 개연성만 높을 뿐이다.

> **📍 귀납적 일반화의 신뢰도를 높이는 데 도움이 되는 규칙**
> 첫째, 다른 조건들이 같다면 표본이 클수록 귀납적 일반화의 신뢰도는 높아진다.
> 둘째, 표본은 무작위로 추출되어야 한다. 전 구성원은 표본에 속하게 될 기회를 똑같이 가져야 한다. 이 규칙을 위반한 표본은 편협한 표본이 된다.

> **📍 성급한 일반화**
> 표본의 신뢰성을 점검하기 전에 너무 성급하게 일반화하면 성급한 일반화의 오류를 범하게 된다. 예컨대, 30여 명의 학생들을 관찰한 뒤, '요즘 학생들은 모두 시력이 약하다.'고 결론 내린다면, 표본의 신뢰성이 매우 낮기 때문에 결론도 의심스러운 것이 되고 만다.

 활동 1. 아래의 논증 중 귀납적 일반화의 예시는?

> ㄱ. 모든 나비는 곤충이고 사회적 동물이다. 모든 벌은 곤충이고 사회적 동물이다. 모든 거미는 곤충이고 사회적 동물이다. 그러므로 모든 곤충은 사회적 동물임에 틀림없다.
> ㄴ. 모든 나비는 곤충이고 사회적 동물이다. 모든 벌은 곤충이고 사회적 동물이다. 모든 거미는 곤충이다. 그러므로 모든 거미는 사회적 동물이다.

2 통계 논증(통계적 삼단 논법)

연역 논증의 삼단 논법과 형식이 유사한 것으로, 통계적 일반화를 전제로 한 것이다.

전제 1(A는 B이다)과 전제 2(B는 X%의 확률로 C이다)에서 결론을 도출하는 과정에 통계가 개입(A는 C이다/C가 아니다)된다. 만약 X%가 충분히 높은 확률이라면 'A는 C이다.'는 결론이, X%가 매우 낮다면 'A는 C가 아니다'는 명제가 도출된다.

> F의 x퍼센트는 G이다.
> a는 F이다.
> 그러므로 a는 G이다.

예 대부분의 A지역 사람들은 아침을 거르는데 그 때문에 학업에 약간의 문제가 생긴다. B는 A지역 사람이고 아침을 먹지 않는다. 그러므로 아마도 그는 학업에 약간의 문제가 있을 것이다.

● 선험적 확률[prior probability]
가정이 참이 될 가능성을 말한다. 예를 들어, 동전을 던졌을 때 앞면과 뒷면이 나오는 확률은 각각 1/2이고, 주사위를 던졌을 때 어느 한 숫자가 나오는 확률은 1/6이다. 이러한 확률은 선험적 확률이라 할 수 있다. 이 확률은 빈도에 의한 확률에 의하여 확증 혹은 반증(反證)되며, 가정을 채택하는 기준이 된다.

● 가설 추리
어떤 하나의 현상에 대해 하나의 확실한 설명만이 존재하는 경우는 거의 없다. 보통 경쟁하는 가설들이 같은 현상을 설명하게 되는데, 이때는 '일반적인 상식과 부합하는 가설, 기존에 알고 있는 지식과 정합적인 가설, 경쟁 가설을 합리적으로 압도할 수 있는 가설' 등이 보다 나은 가설로 평가된다. 이러한 가설 추론의 특성상 여러 가설 중 최대한 그럴듯한 설명을 찾아내는 형태로 전개되기 때문에, 이를 '최선의 설명으로의 추론'이라고도 부른다.

3 유비 논증

'유비'는 두 사물 사이의 유사함을 뜻하는 말이다. 따라서 유비 논증의 경우 A와 B가 많은 점에서 유사하다는 진술로 시작하며 A의 몇 가지가 B와 유사하기 때문에 다른 점에서도 유사할 것이라고 논증한다. 즉 A가 x를 가지고 있으므로 B도 x를 가지고 있을 것이라고 하는 것이다.

단, 유비 논증은 단순한 열거에 의한 귀납적 일반화와 매우 유사하므로 주의해야 한다. 귀납적 일반화의 경우 보통 인과적 관계를 확립하는 데에 사용되며 표본이 많을수록 그리고 우연적일수록 강하다. 하지만 유비 논증의 경우 전제와 결론 사이의 인과 관계를 성립하는 데에 매우 취약하다.

> 1. A는 a, b, c, d, e, f를 가지고 있다.
> 2. B는 a, b, c, d, e, f를 가지고 있다.
> 3. A는 또한 x를 가지고 있다.
> 4. B는 x를 가지고 있는지는 알려져 있지 않다.
> 5. 그러므로 B도 또한 x를 가지고 있을 것이다.

예) 1. 사건 A는 B의 방식으로 판결되었다.
    2. 현재의 사건은 사건 A와 매우 유사하다.(이유 열거)
    3. 그러므로 현재의 사건은 동일하게 B의 방식으로 판결되어야 한다.

예) 쥐와 인간은 포유류로서 여러 특징을 공유한다.
    따라서 특정한 약의 효과도 쥐와 인간에게서 비슷하게 나타날 것이다.

 활동 2. 아래의 논증 중 유비논증의 예시는?

> ㄱ. A는 화가 B, C, D의 에이전트이고 이들의 그림은 모두 잘 팔린다. A는 최근에 E의 에이전트가 되었다. 그러므로 E의 책은 아마도 잘 팔릴 것이다.
> ㄴ. 어떤 공장에서 양말을 만드는 기계를 도입하여 생산을 시작했다. 한 검사관은 이 기계에 의해 만들어진 양말의 1/10인 100개의 양말을 검사했다. 이 견본 중 두 개에서 결함을 발견했다. 그래서 검사관은 이를 바탕으로 대략 전체의 2%가 결함이 있을 것이라고 결론지었다.

4 인과 논증

귀납 논증에는 인과 관계에 관한 정보를 기반으로 하여 직접 관찰한 사건 또는 대상으로부터 직접 관찰할 수 없는 사건이나 대상을 알아내려 할 때 사용하는 논증인 인과 논증이 있다.

- **일치법**: 사례들이 공통적인 요인을 가질 때 이 요인을 사례의 원인이라고 추정하는 방법

  예) 사례 1: A라는 사례의 발생에 참여한 요인들 a, b, c, d
  사례 2: A라는 사례의 발생에 참여한 요인들 b, e, f
  사례 3: A라는 사례의 발생에 참여한 요인들 a, b, g

  일치법에 따르면 A라는 사례는 b라는 원인으로 인해 발생하였다.

- **차이법**: 하나의 특별한 요인을 가능한 원인으로 시험하기 위하여 분리하고 이 요인이 주어진 경우와 주어지지 않은 경우를 비교하는 방법

  예) 한 학교의 학생들이 급식을 먹고 복통에 시달렸다. 복통이 있는 학생들은 공통적으로 '김치찌개, 쌀밥, 우유, 잡채'를 먹었고 복통이 없는 학생은 '김치찌개, 쌀밥, 잡채'만 먹었다. 차이법에서는 복통이 없는 학생이 '우유'를 먹지 않았다는 것을 차이점으로 보고 '우유'를 복통의 원인이라고 결론 내린다.

- **일치 차이 병용법**: 일치법은 나타난 현상의 경우가 하나 이상의 요인을 공통적으로 가질 때 문제가 발생하며 차이법은 원인의 일부를 원인의 전부로 오인할 위험이 있다. 따라서 일치법의 단점과 차이법의 단점을 극복하기 위해 일치 차이 병용법을 사용한다. 일치 차이 병용법은 일치법에 따라 추정한 인과 관계를 차이법으로 확정하는 데에 쓰인다.

  예)

	스테이크	스파게티	식빵	우유	조개
A(복통)	O		O	O	O
B(복통)	O	O		O	O
C(복통 X)	O	O	O	O	

  A와 B는 일치법의 결과, C는 차이법의 결과이다. A와 B를 일치법으로 비교하면 스테이크, 우유, 조개가 복통의 원인이 될 수 있다는 것을 알 수 있다. 또한 이를 C의 결과와 차이법으로 비교하면 조개를 먹지 않은 경우에 복통이 없다는 것을 알 수 있다.

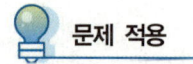 문제 적용

※ 다음 글을 읽고 물음에 답하시오. [1~2]

　유비 논증은 두 대상이 몇 가지 점에서 유사하다는 사실이 확인된 상태에서 어떤 대상이 추가적 특성을 갖고 있음이 알려졌을 때 다른 대상도 그 추가적 특성을 가지고 있다고 추론하는 논증이다. 의학적 목적에서 포유류를 대상으로 이루어지는 동물 실험이 유효하다는 주장과 그에 대한 비판은 유비 논증을 이해하기 좋은 예이다.
　유비 논증을 활용해 동물 실험의 유효성을 주장하는 쪽은 인간과 ⓐ 실험동물이 ⓑ 유사성을 가지기 때문에 신약이나 독성 물질에 대한 실험동물의 ⓒ 반응 결과를 인간에게 안전하게 적용할 수 있다고 한다.
　유비 논증의 개연성은 도출한 새로운 정보가 참일 가능성이다. 개연성이 높기 위해서는 비교 대상 간의 유사성이 커야 하는데 이 유사성은 새로운 정보와 관련 있는 유사성이어야 한다. 예를 들어 ⓐ 동물 실험의 유효성을 주장하는 쪽은 실험동물로 많이 쓰이는 포유류가 인간과 공유하는 유사성, 가령 비슷한 방식으로 혈액을 순환시키고 폐로 호흡을 한다는 유사성은 실험 결과와 관련 있는 유사성이기 때문에 자신들의 유비 논증은 개연성이 높다고 주장할 수 있는 것이다. 반면, 인간과 뿔이 있는 실험동물은 뿔의 유무에서 유사성을 갖지 않지만 그것은 실험과 관련이 없는 특성이므로 무시해도 된다고 본다.
　그러나 ⓒ 동물 실험을 반대하는 쪽은 유비 논증의 유효성을 두 가지 측면에서 비판한다. 첫째, 인간과 실험동물 사이의 유사성은 기능적 차원에서의 유사성일 뿐, 그 기능을 구현하는 인과적 메커니즘은 동물마다 차이가 있다는 것이다. 둘째, 기능적 유사성에만 주목하면서도 막상 인간과 동물이 고통을 느낀다는 기능적 유사성에는 주목하지 않는다는 것이다. 인간은 자신의 고통과 달리 동물의 고통은 직접 느낄 수 없지만 맞았을 때 소리를 지르거나 몸을 움츠리는 동물의 행동이 인간과 기능적으로 유사하다는 것을 보고 유비 논증으로 동물이 고통을 느낀다는 것을 알 수 있는데도 말이다.
　요컨대 첫째 비판은 동물 실험의 유효성을 주장하는 유비 논증의 개연성이 낮다고 지적하는 반면 둘째 비판은 동물도 고통을 느낀다는 점에서 동물 실험의 윤리적 문제를 제기하는 것이다. 인간과 동물 모두 고통을 느끼는데 인간에게 고통을 끼치는 실험은 해서는 안 되고 동물에게 고통을 끼치는 실험은 해도 된다고 생각하는 것은 공평하지 않다고 생각하기 때문이다.

1 ㉠과 ㉡에 대한 설명으로 가장 적절한 것은?

① ㉠과 ㉡은 모두 인간과 동물이 인과적 메커니즘도 유사하다고 생각한다.
② ㉠은 인간과 동물이 기능적으로 유사하지 않다고 본다.
③ ㉡은 ㉠이 인간과 동물 사이의 인과적 메커니즘의 차이를 간과하였다고 비판한다.
④ ㉡은 ㉠과 달리 인간과 동물이 결국 유사하지 않기 때문에 동물 실험에 반대한다.

2 〈보기〉는 유비 논증의 하나이다. 유비 논증에 대한 윗글의 설명을 참고할 때, ⓐ~ⓒ에 해당하는 것을 ㉮~㉱ 중에서 골라 알맞게 짝지은 것은?

― 보기 ―

내가 알고 있는 ㉮ 어떤 7살 아이는 ㉯ 몹시 변덕스럽고 난폭한 성향이 있다. 나는 내일 ㉰ 7살인 ㉱ 지인의 딸을 처음 만난다. 아마 내일 만나게 될 그 아이도 변덕스럽고 난폭할 것이다.

	ⓐ	ⓑ	ⓒ		ⓐ	ⓑ	ⓒ
①	㉮	㉯	㉱	②	㉮	㉰	㉯
③	㉱	㉮	㉰	④	㉱	㉯	㉰

3 다음 글의 내용을 적용한 것으로 가장 적절한 것은?

> 연역 논증은 전제를 통해 결론이 참이라는 사실을 100% 보장하려는 논증인데, 이 가운데 결론의 참을 100% 보장하는 논증을 '타당한 논증'이라 한다. 반면 귀납 논증은 전제를 통해 결론을 개연적으로 뒷받침하려는 논증이다. 귀납 논증 중에는 뒷받침하는 정도가 강한 것도 있고 약한 것도 있다. 귀납 논증은 형식의 측면에서도 여러 가지로 분류될 수 있는데, 이 중 우리가 자주 쓰는 귀납 논증은 다음과 같은 것이다.
>
> ○ **보편적 일반화**: 유형 I에 속하는 n개의 개체를 조사해 보니 이들 모두에서 속성 P를 발견하였다. 따라서 유형 I에 속하는 모든 개체들은 속성 P를 가질 것이다.
> ○ **통계적 일반화**: 유형 I에 속하는 n개의 개체를 조사해 보니 이들 가운데 m개에서 속성 P를 발견하였다. 따라서 유형 I에 속하는 모든 개체 중 m/n이 속성 P를 가질 것이다. 단, m/n은 0보다 크고 1보다 작다.
> ○ **통계적 삼단 논법**: 유형 I에 속하는 개체 중 m/n에서 속성 P를 발견하였다. 개체 α는 유형 I에 속한다. 따라서 개체 α는 속성 P를 가질 것이다. 단, m/n은 0보다 크고 1보다 작다.
> ○ **유비 추론**: 유형 I에 속하는 개체 α가 속성 P_1, P_2, P_3을 갖고, 유형 II에 속하는 개체 β도 똑같이 속성 P_1, P_2, P_3을 갖는다. 개체가 속성 P_4를 가진다는 사실이 발견되었다. 따라서 개체 β는 속성 P_4를 가질 것이다.

① '우리나라 공무원 중 여행과 음악을 모두 좋아하는 이들의 비율은 전체의 80%를 넘지 않는다. 따라서 우리나라 공무원 중 여행을 좋아하는 이들의 비율은 전체의 80%를 넘지 않을 것이다.'는 타당한 논증으로 분류된다.
② '우리나라 전체 공무원 중 100명을 조사해 보니 이들은 업무의 70% 이상을 효과적으로 수행하고 있다. 따라서 우리나라 전체 공무원들은 업무의 70% 이상을 효과적으로 수행하고 있을 것이다.'는 보편적 일반화로 분류된다.
③ '우리나라 공무원 중 30%가 운동을 좋아한다. 따라서 우리나라 20대 공무원 중 30%는 운동을 좋아할 것이다.'는 통계적 일반화로 분류된다.
④ '해외연수를 다녀온 공무원의 95%가 정부 정책을 지지한다. 공무원 갑은 정부 정책을 지지하고 있다. 따라서 갑은 해외 연수를 다녀왔을 것이다.'는 통계적 삼단 논법으로 분류된다.
⑤ '임신과 출산으로 태어난 을과 그를 복제하여 만든 병은 유전자와 신경 구조가 똑같다. 따라서 을과 병은 둘 다 80세 이상 살 것이다.'는 유비 추론으로 분류된다.

4 다음 글의 ⊙에 대한 판단으로 적절한 것만을 〈보기〉에서 모두 고르면?

> 어떤 회사가 소비자들을 A부터 H까지 8개의 동질적인 집단으로 나누어, 이들을 대상으로 마케팅 활동의 효과를 살펴보는 실험을 하였다. 마케팅 활동은 구매 전 활동과 구매 후 활동으로 구성되는데, 구매 전 활동에는 광고와 할인 두 가지가 있고 구매 후 활동에는 사후 서비스 한 가지뿐이다. 구매 전 활동이 끝난 뒤 구매율을 평가하고, 구매 후 활동까지 모두 마친 뒤 구매 전과 구매 후의 마케팅 활동을 종합하여 마케팅 만족도를 평가하였다. 구매율과 마케팅 만족도는 모두 a, b, c, d로 평가하였는데, a가 가장 높고 d로 갈수록 낮다. 이 회사가 수행한 ⊙ <u>실험의 결과</u>는 다음과 같다.
>
> ○ A와 B를 대상으로는 구매 전 활동을 실시하지 않았는데 구매율은 d였다. 이 중 A에 대해서는 사후 서비스를 하였고 B에 대해서는 하지 않았는데, 마케팅 만족도는 각각 c와 d였다.
> ○ C와 D를 대상으로 구매 전 활동 중 광고만 하였더니 구매율은 c였다. 이 중 C에 대해서는 사후 서비스를 하였고 D에 대해서는 하지 않았는데, 마케팅 만족도는 각각 b와 c였다.
> ○ E와 F를 대상으로 구매 전 활동 중 할인 기회만 제공하였더니 구매율은 b였다. 이 중 E에 대해서는 사후 서비스를 하였고 F에 대해서는 하지 않았는데, 마케팅 만족도는 모두 b였다.
> ○ G와 H를 대상으로 구매 전 활동으로 광고와 함께 할인 기회를 제공하였더니 구매율은 b였다. 이 중 G에 대해서는 사후 서비스를 하였고 H에 대해서는 하지 않았는데, 마케팅 만족도는 각각 a와 b였다.

─── 보기 ───
ㄱ. 할인 기회를 제공한 경우가 제공하지 않은 경우보다 구매율이 높다.
ㄴ. 광고를 할 때, 사후 서비스를 한 경우가 하지 않은 경우보다 마케팅 만족도가 낮지 않다.
ㄷ. 사후 서비스를 하지 않을 때, 광고를 한 경우가 하지 않은 경우보다 마케팅 만족도가 높다.

① ㄱ
② ㄷ
③ ㄱ, ㄴ
④ ㄴ, ㄷ
⑤ ㄱ, ㄴ, ㄷ

Part 4 논리적 오류와 강화약화

1 논점의 이해와 논리적 오류

연역 논증은 근거가 참이면 주장은 반드시 참이 된다. 따라서 형식적으로 타당하다면 따로 논증의 설득력을 높일 필요성이 줄어든다. 그에 반해 귀납 논증은 근거가 참이라고 해도 주장이 반드시 100% 참이라고 할 수 없기 때문에, 글쓴이가 논증의 설득력을 (100%에 가깝게) 최대한 강화하는 것이 중요하다. 따라서 통상적으로 언어 논리의 '강화와 약화' 유형에서 귀납 논증이 주로 출제된다.

논증의 강화	논증의 약화
① 주장을 뒷받침하는 근거(사례) 더 찾기 ② 주장의 근거를 지지하는 설명이나 사례 찾기 ③ 반론에 대한 재반박	① 주장을 뒷받침하지 않는 근거(사례) 찾기 ② 주장의 근거를 지지하지 않는 설명이나 사례 찾기 ③ 주장에 대한 비판

따라서 논증을 강화 혹은 약화하기 위해서는 지문에서 주장과 이를 지지하는 근거를 정확히 파악하는 것이 우선되어야 한다. 이 단계를 논점 이해라 한다.

오류(誤謬)란 넓게는 올바르지 않은 모든 논증이며, 좁게는 거짓이나 믿을 수 없는 모든 추론 또는 잘못된 절차에 의한 추론이다. 오류는 '형식적 오류'와 '비형식적 오류'로 나눌 수 있다.

'형식적 오류'는 연역 논증 가운데 타당하지 않은 논증으로, 가장 흔하게 범해지는 오류를 꼽는다면 전건 부정의 오류, 후건 긍정의 오류, 그리고 매개 명사 부주연의 오류를 들 수 있다.

'비형식적 오류'는 크게 부적합성의 오류, 약한 귀납의 오류, 모호함의 오류로 나눌 수 있다.

'부적합성의 오류'는 전제가 결론에 부적합한 논증이다. 전제가 적절한 것으로 보이지만 사실은 결론을 확립하는 데 적절하지 않은 정보를 포함하고 있다. 예를 들어, 인신공격, 피장파장, 힘에 호소, 동정에 호소, 대중에 호소, 허수아비 공격의 오류, 주의 돌리기, 우연과 원칙의 혼동, 논점 일탈, 의도 확대 등이 여기 포함된다.

'약한 귀납의 오류'는 전제가 결론에 논리적으로 부적절하게 연결되어 있기 때문이 아니라 전제와 결론 사이의 관계가 결론을 충분히 뒷받침하지 않은 논증이다. 성급한 일반화, 거짓 원인, 무지에의 호소, 그릇된 권위에 호소, 미끄럼 논증, 잘못된 유추, 도박사의 오류 등이 여기 포함된다.

'모호함의 오류'는 논증 속에 있는 단어, 구절, 문장의 의미가 바뀌기 때문에 타당한 것 같지만, 실제로는 타당하지 않은 논증이다. 복합 질문의 오류, 순환 논증, 흑백 논리(거짓 딜레마), 결합과 분해의 오류 등이 여기 포함된다.

- **피장파장의 오류**: 다른 사람의 비판을 같은 방식으로 비난하여 그 논증을 거부하는 것이다.
  - 예) A: 다이어트한다더니 이 시간에 밥을 먹어?
    B: 너도 어제 이 시간에 먹었잖아.

- **허수아비 공격의 오류**: 상대방의 논증을 왜곡한 다음 그 왜곡된 주장을 공격하는 것으로, 허수아비를 세워서 쓰러뜨리고 진짜 사람이 쓰러졌다고 주장하는 것과 같다.
  - 예) 빈곤을 없애는 것에 대하여 이야기하는 것은 쓸데없다. 당신의 모든 제안이 채택된다고 해도 다른 사람들보다 가난한 사람들이 언제나 있기 마련이다. 그러므로 어떤 조치가 취해지더라도 빈곤은 언제나 남아 있을 것이다.

- **주의 돌리기 오류**: 주제를 미묘하게 바꾸어 상대방의 주의를 돌리는 것이다. 이 오류는 대화의 한쪽이 상대의 입장을 완전하게 무시할 때 발생한다.
  - 예) A는 학교 내의 주차난에 대하여 불평하고 있다. 그런데 작년에 A가 도서관에서 떠들다 쫓겨난 적이 있다는 것을 알고 있는가? 또 식당에서 쫓겨난 적도 있다. A에 대해서는 더 말할 필요가 없다.

- **우연과 원칙 혼동의 오류**: 일반적 규칙을 특수한 경우에 적용할 때, 어떤 우연한 상황이 발생하여 일반적 규칙을 적용할 수 없는데도 불구하고 그대로 적용함으로써 발생하는 오류이다.
  - 예) 당신은 어제 구입한 식품을 오늘 먹는다. 당신은 어제 날고기 한 근을 샀다. 그러므로 당신은 오늘 날고기 한 근을 먹는다.

- **논점 일탈의 오류**: 논점과 관계없는 것을 제시하여 무관한 결론에 이르게 되는 오류이다.
  - 예) 누가 잘했든 잘못했든 그렇게 싸우고만 있을 거야? 그렇게도 할 일이 없으면 차라리 잠이나 자!

- **의도 확대의 오류**: 상대방이 의도하지 않은 일의 결과에 대해 상대방이 그렇게 할 의도가 있었다고 판단하여 발생하는 오류이다.
  - 예) 좁은 골목에서 공놀이를 하는 것은 남의 집 유리창을 깨기 위해 하는 행동이다.

- **성급한 일반화의 오류**: 부적합하고 대표성이 결여된 근거나 제한된 정보 등을 이용하여 특수한 사례들을 성급하게 일반화함으로써 빚어진다.
  - 예) 갑돌이는 전과자인데 또 범죄를 저질렀다. 그러므로 모든 전과자는 계속 범죄를 저지른다.

- **무지에의 호소**: 어떤 논제의 반승 예가 제기되지 못하기 때문에 그 논세가 참이라고 단정하거나, 그 논제를 증명하지 못했기 때문에 거짓이라고 단정하는 오류이다.
  - 예) UFO는 틀림없이 존재한다. 왜냐하면 아무도 그것이 존재하지 않는다고 증명한 적이 없기 때문이다.

- **미끄럼 논증의 오류**: 도미노 논증이라고도 하는데, 사태를 명백하게 바람직하지 않은 상황으로 미끄럼 타듯 들어가게 만드는 것이다.
  - 예) 철학을 공부하는 것은 위험한 일을 하는 것이다. 그것은 당신을 비판적으로 만들고 이것은 다시 당신이 갖고 있는 종교적 신념을 회의하도록 만든다. 일단 종교적 신념을 잃게 되면 거기에서 무신론과 부도덕까지는 멀지 않다. 그리고 부도덕한 삶은 저주받는다.

- **잘못된 유추의 오류**: 비유를 부당하게 적용함으로써 발생하는 오류이다. 우연적 비본질적인 속성을 비교하여 결론을 이끌어 낸 경우로, 일부분이 비슷하다고 해서 나머지도 비슷할 것이라고 잘못 생각하여 발생한다.
  - 예) 약(藥)과 악(樂)은 한자의 생김새부터 한글의 모양과 발음도 비슷하다. 따라서 약과 음악은 그 기원이 비슷할 것이다.

- **도박사의 오류**: 서로 독립적으로 일어나는 확률적 사건이 서로의 확률에 영향을 미친다는 착각에서 기인한 논리적 오류이다.
  - 예) 열 번 찍어 안 넘어가는 나무 없다던데, 내가 열 번 고백을 해서 다 실패했어. 고백을 받아들이거나 받아들이지 않거나 확률은 50대 50이니 열한 번째에는 되겠지.

- **복합 질문의 오류**: 단순하게 '예'나 '아니요'라고 대답할 수 없는 몇 개의 요소 질문으로 구성된 질문 또는 수긍할 수 없거나 수긍하고 싶지 않은 것을 전제하고 질문함으로써 수긍하게 만드는 오류이다.
  - 예) 당신은 사람을 폭행하는 버릇을 이제 고쳤는가?

- **순환 논증의 오류**: 증명되어야 할 것을 당연한 것으로 여기고 논거로 삼아서, 같은 내용을 말만 바꾸어서 되풀이하는 데서 생기는 오류이다.
  - 예) 이황은 주희보다 훌륭한 철학자이다. 왜냐하면 철학적 안목이 있는 사람들이 그렇게 말하기 때문이다. 그렇다면 철학적 안목이 있는 사람은 누구인가? 퇴계가 주희보다 훌륭하다고 말하는 사람들이다.

- **흑백 논리의 오류(거짓 딜레마)**: 선언지를 둘만 인정하여 다른 선언지가 존재함에도 불구하고 두 선언지로만 추리하여 생기는 오류이다.
  - 예) 기부하는 것은 착한 일이다. 따라서 기부하지 않는 것은 나쁜 일이다.

- **결합과 분해의 오류**: 부분의 속성을 전체(결합)로 가진다거나 전체의 속성을 부분도 가진다(분해)고 추론하는 오류이다.
  - 예) 1. 나를 구성하고 있는 원자들은 미세하게 작다. 그러므로 나는 미세하게 작다.(결합)
    2. 그 사람은 크다. 그러므로 그 사람은 큰 세포를 갖고 있는 것이 틀림 없다.(분해)

📝 **활동 1. 다음에 제시된 내용들이 어떤 오류에 해당하는지 적으시오.**

1. 천당이나 지옥이 없다는 것을 증명할 수 없기에 천당이나 지옥의 존재를 인정해야 한다.

2. 하나를 보면 열을 안다고. 너 지금 행동하는 것을 보니 형편없는 애구나.

3. 귀신은 분명히 있어. 귀신이 없다고 증명한 사람이 이제까지 없었거든.

4. 우리 보관소야 손님이 물건을 맡겨 놓으면 맡아 두는 곳 아닙니까? 그게 도둑질한 물건이라도 손님이 맡겨 놓아서 맡아 둔 건데 왜 죄 없는 나를 붙잡아 가는 것입니까?

5. '당신 그 훔친 돈 모두 유흥비로 탕진했지요?'라는 질문에 혐의자가 유흥비로 돈을 탕진한 사실이 없다는 것에만 신경 써 '아니요'라 대답하였고, 수사관이 '그러니까 당신은 그 돈을 훔쳤다는 것을 인정하는군요'라고 추론했다.

6. 담배를 피우면 폐암에 걸려 죽을 확률이 높아진다는 것도 모르니? 아니, 정말 그렇게도 죽고 싶어?

7. 너희들 왜 먹을 것을 갖고 싸우니? 빨리 방에 들어가서 공부나 해!

8. 나트륨이나 염소는 유독성 물질이야. 그러니 염화나트륨도 유독성 물질이지.

9. 신은 존재한다. 성경에 그렇게 쓰여 있기 때문이다. 성경에 쓰여 있는 것은 진리. 그것은 신의 계시로 쓰였기 때문이다.

10. 누리가 대공원에 혼자 갔다가 불량배에게 돈을 빼앗긴 것 알지? 오늘 다움이도 혼자 대공원에 갔다지 뭐니. 틀림없이 다움이도 불량배에게 돈을 뺏길 거야.

11. 미국은 돈이 많은 나라야. 그러니 미국인들은 누구나 돈이 많을 거야.

12. 제가 무단 횡단을 한 건 사실이지만, 당신도 무단 횡단을 했잖아요.

13. 과일이나 채소로부터 농약을 제거해야 할 필요성은 누누이 강조되어 왔다. 그러나 과일과 채소는 건강에 필수적이다. 당근은 비타민 A, 콩은 단백질, 포도와 귤은 비타민 C가 많다.

14. 우리가 그들에게 커피 방을 내준다고 하자. 그들은 지금은 커피 방만 요구하지만, 다음에는 체력 단련실, 그다음에는 샤워실을 만들어 달라고 할 것이다.

15. 동전이 계속해서 앞면이 네 번 나왔다. 결국 동전은 앞면이 나올 확률이 50%, 그리고 뒷면이 나올 확률이 50%이다. 그러므로 다음번에는 뒷면이 나올 것이다.

16. 모든 총기류 사용을 금지해야 한다. 총기류 사용 금지를 반대하는 사람들은 많은 범죄가 총기류와 연관되어 있다고 생각하지 않는다. 그러나 통계는 그와 반대되는 것을 증명하고 있다.

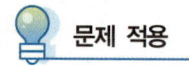 문제 적용

1 다음 글에 나타난 벤야민의 주된 논지에 대한 비판으로 가장 적절한 것은?

> 발터 벤야민은 영화가 전통적인 예술 작품이 지녔던 아우라를 상실하였다는 점에서 영화를 비판적으로 조망하였다. 아우라는 영혼의 시선으로 대상과 교감할 때 경험할 수 있는 살아 숨 쉬는 듯한 생명력과 같은 것이다. 대상과 영혼의 교감을 통해 몰입할 때, 그때 어느 한순간 일회적으로 나타난다. 예술 작품은 심연에 있는 아우라를 불러내는 것이고, 수용자는 그런 예술 작품과의 교감을 통해 아우라를 경험한다. 그런데 사진이나 카메라 등과 같은 기계적, 기술적 장치들이 예술의 영역에 침투하면서 예술 작품의 아우라는 파괴된다.
>
> 벤야민은 영화의 가장 중요한 특징으로 관객의 자리에 카메라가 대신 들어선다는 점을 지적하고 있다. 연극의 경우 배우와 관객은 직접적으로 교감하면서, 배우는 자기 자신이 아닌 다른 인물을 연출해 보이고 관중의 호흡에 맞추어 연기를 할 수 있다. 관객은 연극의 주인공을 둘러싸고 있는 아우라를 그 주인공 역할을 하는 배우를 통해 경험할 수 있다. 그러나 영화의 경우 배우와 관객 사이에 카메라가 개입된다. 배우는 카메라 앞에서 연기를 하지만, 카메라라는 기계가 갖는 비인간적 요소로 인해 시선의 교감을 나눌 수 없게 된다. 관객은 스크린에 비친 영상만을 접하기 때문에 배우와 교감할 수 없고, 다만 카메라와 일치감을 느낄 때만 배우와 일치감을 느낄 수 있다. 이로 인해, 관객은 카메라처럼 배우를 시각적으로 시험하고 비평하는 태도를 취한다. 그 결과 배우는 모든 교감의 관계가 차단된 유배지 같은 곳에서 카메라를 앞에 두고 재주를 부리는 것으로 만족해야 한다. 배우를 감싸고 있는 아우라도, 배우가 그려 내는 인물의 아우라도 사라질 수밖에 없다.
>
> 배우의 연기는 하나의 통일된 작업이 아니라 여러 개의 개별적 작업이 합쳐져 이루어진다. 이는 연기자의 연기를 쪼개어 놓는 카메라의 특성에서 비롯된다. 카메라에 의해 여러 측면에서 촬영되고 편집된 한 편의 완성된 영화에 담긴 동작의 순간들은 카메라 자체의 그것일 뿐이다. 영화배우는 각 동작의 순간순간에 선별적으로 배치된 여러 소도구 중의 하나에 불과하다. 따라서 카메라에 의해 조립된 영상들에 아우라가 개입할 여지는 없다.

① 우리나라 영화 규모가 얼마나 커졌는데. 제작비만 하더라도 몇 십 억이 들잖아? 그리고 영화관에 몰리는 관객 수도 엄청나.
② 벤야민이 살던 시대의 영화 배우들은 연기를 못했나 봐. 요즘 영화 배우들은 연기를 정말 잘하잖아.
③ 영화를 두고 예술인지 아닌지를 가르는 기준이 하나만 있는 것은 아니지. 사람에 따라 여러 가지가 있을 수 있어. 그리고 시대가 변하면 기준도 변하잖아.
④ 요즘 카메라 촬영 기법이 아주 좋아졌어. 배우들의 섬세한 표정은 물론이고 세밀한 행동 하나하나를 그대로 화면으로 옮겨 놓잖아.

2 글쓴이가 제시한 무용 감상법에 대해 비판적 의문을 제기한 것으로 볼 수 없는 것은?

> 무용은 다른 예술과 마찬가지로 반응을 기대한다는 점에서 외향적 활동이다. 즉 무용수는 관객에게 자신의 깨달음을 전달하고, 경험한 영감을 함께 느낄 생각으로 작품을 창조한다.
>
> 이러한 소통은 어떻게 이루어지는가? 무용수는 무대 위에서 관객에게 자신이 창조한 신체의 동작을 보여 준다. 동작에는 반드시 정서적 의미와 삶의 경험이 담겨 있어야 한다. 그러나 삶의 경험이 사실적으로 재현되는 것은 아니다. 예를 들어 무용수가 이별의 아픔을 표현한다고 할 때, 그는 손을 흔들거나 눈물을 흘리거나 상상의 대상을 포옹하는 등의 동작을 그대로 보여 주지는 않는다. 다만 추상화된 몸짓의 형태로 보여 줄 뿐이다.
>
> 무용수는 관객이 단순한 관객의 입장에서 벗어나 그들 앞에 펼쳐지는 동작에 참여하게 될 것이라 기대한다. 겉으로 보기에는 조용히 의자에 앉아 있는 것 같지만 모든 근육 조직을 통합적으로 사용하여 함께 춤을 추게 될 것이라 생각한다. 처음 무용수 자신을 움직였던 정서적 연상을 관객에게도 일깨울 수 있을 것이라 기대하는 것이다.
>
> 하지만 단순히 관객의 감정을 자극하는 것만이 무용수의 목표가 될 수는 없다. 그는 어떤 대상에 대해 관객이 가지고 있는 기존의 느낌을 바꾸고 경험을 확대시키며, 습관적 반응으로부터 관객이 벗어날 수 있도록 노력한다. 그리하여 현실에 대한 새로운 인식과 경험을 느낄 수 있게 한다. 이러한 목표를 달성하기 위해 무용수는 대부분 동작을 활용하겠지만 무대 배경, 음악 등 관객들의 정서적 연상을 일으킬 수 있는 재료들도 함께 활용한다.
>
> 이러한 무용수의 기대와 노력에 관객은 어떻게 반응해야 하는가? 예술 작품을 접할 때 대부분의 관객들은 작품에 대한 기대를 가지기 마련이다. 과거의 미적 경험이나 지식, 작가와 작품에 대한 정보 등을 통해 그 작품은 어떠할 것이라는 예상을 하는 것이다. 그러나 무용의 경우에는 이러한 예상이 작품 감상을 그르치게 하는 경우가 많다. 관객이 무용수의 동작 자체에 몰입할 수 없기 때문이다. 무용을 감상하면서 어떤 한 부분, 예를 들어 무용수의 팔 동작이 그리는 도형이나 배경이 되는 음악에만 관심을 갖는 관객도 있을 것이다. 물론 이 경우에도 관객은 시각이나 청각과 같은 감각 기관을 사용하고 있지만, 온전하게 무용을 보고 있는 것이라 할 수는 없다.
>
> 그렇다면 어떻게 해야 무용을 온전하게 볼 수 있을 것인가? 한마디로 말하자면 자신이 무용수가 되어야 한다. 이렇게 무용에 접근할 때 비로소 무용을 예술로서 바르게 지각할 수 있게 될 것이다.

① 배경지식은 작품 감상에 유용하게 활용될 수 있다. 그러니 과거의 경험이나 작품에 대한 정보를 보다 적극적으로 활용해야 하지 않을까?
② 작품은 여러 가지 요소가 유기적으로 결합되어 있다. 그러므로 특정한 부분에 주목하기보다는 총체적으로 접근하는 태도가 필요하지 않을까?
③ 예술은 예술가와 관객 사이의 의사소통이다. 무용수가 기대를 가지고 있듯이 관객에게도 작품에 대한 기대가 있어야 소통이 잘 이루어지지 않을까?
④ 작품 감상 방법에는 작품에 몰입하는 것도 있지만, 거리를 두는 방법도 있다. 장면이나 상황에 따라서는 거리를 두고 감상하는 것이 바람직하지 않을까?

3 '사물놀이의 옹호자'가 '사물놀이에 대한 비판적 관점'을 반박할 때의 논거로서 적절하지 않은 것은?

<u>사물놀이의 옹호자</u>들은 사물놀이가 풍물이나 무악(巫樂)과 같은 전통 음악의 어법을 창조적으로 계승했음을 강조한다. 기본 장단의 구성이나 느린 박자에서 빠른 박자로 전개되는 점층적 가속(加速)의 구성 등을 이어받는 한편, '치고 달고 맺고 푸는' 일련의 과정에서의 극적 변화를 통하여 미적 감흥을 극대화하였다는 것이다. 징·꽹과리의 쇳소리와 북·장구가 내는 가죽 소리의 절묘한 어울림을 통해 '음양(陰陽) 조화의 원리'를 구현했다고도 한다. 사물(四物)의 가능성을 새롭게 발견한 결과이고 '음악'에 역량을 집중한 데 따른 성과다.

춤과 발림, 소리가 한데 어우러지는 열린 마당에서 벗어나 무대에서의 '앉은 공연'을 선택한 결단 또한 성공적이었다고 평가된다. 현대적인 공연의 방식을 취함으로써 사물놀이는 무대 공연물 관람에 익숙한 대중들에게 효과적으로 다가설 수 있었다는 것이다. 그러한 변신은 사물놀이와 현대 음악의 만남의 길을 활짝 열어 주는 효과를 낳기도 하였다. 국내 피아니스트 및 대중 가수, 교향악단과의 협연은 물론 국외 음악인들과의 거듭된 협연을 통해 사물놀이는 그 음악성을 널리 인정받을 수 있었던 것이다. 사물놀이와 협연했던 세계적인 재즈 그룹의 한 연주자는 이렇게 말한다. "완전함과 통일성을 갖춘 사물놀이의 음악을 들었을 때 클래식만을 고고하게 여기는 유럽인들의 생각이 얼마나 잘못된 것인가를 느꼈다. 서양의 소리와 동양의 소리의 만남을 통해 나는 형식과 전통을 뛰어넘어 많은 깨우침을 얻는다."

그러나 문화계 일각에서는 <u>사물놀이에 대한 비판적 관점</u>도 제기되고 있다. 특히 전통 풍물을 살리기 위한 노력을 전개하는 쪽에서 적지 않은 우려를 나타내고 있다. 그들은 무엇보다도 사물놀이가 풍물놀이의 굿 정신을 잃었거나 또는 잃어 가고 있다는 데 주목한다. 풍물놀이는 흔히 '풍물굿'으로 불리는 것으로서 모두가 마당에서 함께 어울리는 가운데 춤·기예(技藝)와 더불어 신명 나는 소리를 펼쳐 내는 것이 본질적 특성인데, 사물놀이는 리듬악이라는 좁은 세계에 안착함으로써 풍물놀이 본래의 예술적 다양성과 생동성을 약화시켰다는 것이다. 사물놀이에 의해 풍물놀이가 대체되는 흐름은 우리 민족 예술의 정체성 위기로까지도 이어질 수 있다는 의견이다.

사물놀이에 대한 우려는 그것이 창조적 발전을 거듭하지 못한 채 타성에 젖어 들고 있다는 측면에서도 제기된다. 많은 사물놀이 패가 새로 생겨났지만, 사물놀이의 창안자들이 애초에 이룩한 음악 어법이나 수준을 넘어서서 새로운 발전을 이루어 내지 못한 채 그 예술적 성과와 대중적 인기에 안주하고 있다는 것이다. 이는 사물놀이가 민족 예술로서의 정체성을 뚜렷이 갖추지 못한 데 따른 결과로 분석되기도 한다. 이런 맥락에서 비판자들은 혹시라도 사물놀이가 대중의 일시적인 기호에 영합하는 방향으로 흘러갈 경우 머지않아 위기를 맞게 될지도 모른다고 경고하고 있다.

① 예술은 국경을 초월한다.
② 현대는 종합 예술의 시대다.
③ 대중 없는 예술은 죽은 예술이다.
④ 예술적 생동성을 평가하는 기준은 다양하다.

4 다음 글에 제시된 논리적 오류의 사례로 적절하지 않은 것은?

> 흔히 주변에서 암 검진 결과 암의 징후가 없다는 판정을 받은 후 암이 발견되면 검진이 엉터리였다고 비난하는 것을 본다. 우리 몸의 세포들을 모두 살펴보지 않은 이상 암세포가 없다고 결론지을 수 없다는 것은 논리적으로 명확한데 말이다. 우리는 1,000마리의 까마귀를 관찰하여 모두 까맣다고 해서 까맣지 않은 까마귀가 없다고 단정할 수는 없다고 학교에서 배웠다. 하지만 교실에서 범하지 않는 논리적 오류를 실생활에서는 흔히 범하곤 한다. 예를 들어, 1960년대에 의사들은 모유가 분유에 비해 이점이 있다는 증거를 찾지 못하였다. 그러자 당시 의사들은 모유가 특별한 이점이 없다고 결론지었다. 그 결과, 많은 사람들이 대가를 치러야만 했다. 수십 년이 지난 후에, 유아기에 모유를 먹지 않은 사람들은 특정 암을 비롯하여 여러 가지 질병에 걸릴 위험성이 높다는 사실이 밝혀진 것이다. 이와 같이 우리는 '증거의 없음'을 '없음의 증거'로 오인하곤 한다.

① 다양한 물질의 전기 저항을 조사한 결과 전기 저항이 0인 경우는 없었다. 따라서 전기 저항이 0인 물질은 없다.
② 어떤 사람이 술과 담배를 즐겼지만 몸에 어떤 이상도 발견되지 않았다. 따라서 그 사람에게는 술과 담배가 무해하다.
③ 경찰은 어떤 피의자가 확실한 알리바이가 있다는 것을 확인했다. 따라서 그 피의자는 해당 범죄 현장에 있지 않았다.
④ 주변에서 빛을 내는 것을 조사해 보니 열 발생이 동반되지 않는 것이 없었다. 그러므로 열을 내지 않는 발광체는 없다.
⑤ 현재까지 수많은 노력에도 불구하고 외계 지적 생명체는 발견되지 않았다. 그러므로 외계 지적 생명체는 존재하지 않는다.

5 아래 예시된 논증과 같은 유형의 추론상 오류를 범하는 것은?

> 국회 의원 홍길순 씨는 경기를 활성화하기 위해 고소득자의 세금 부담을 경감하자는 취지의 법안을 제출했다. 하지만 그는 최근 일어난 뇌물 사건에 연루된 인물이므로 이 법안은 반드시 거부되어야 한다.

① 김갑수 씨를 우리 회사의 새 경영자로 초빙하는 것은 좋은 생각이 아닌 듯싶다. 지난 15년간 그는 다섯 개의 사업을 했는데, 그의 무능한 경영의 결과로 모두 다 파산하였다.
② 새 시장이 선출된 이후 6개월 동안 버스가 전복되고, 교량이 붕괴되고, 그리고 시내 대형 건물에서 화재가 발생하는 사고가 있었다. 시민의 안전을 위해 시장을 물러나게 할 수밖에 없다.
③ 러시아에서 온 사업가 세르게이는 어제 한국 관료 조직의 부정부패에 대해 심하게 불평하였다. 그러나 이는 앞뒤가 맞지 않는다. 잘 알다시피 러시아는 한국보다 더 부정부패가 심한 나라이다.
④ 박길수 씨는 최근 우리 회사에서 일어난 도난 사건의 가장 유력한 용의자가 김 씨라고 주장한다. 이 주장은 터무니없다. 왜냐하면 박길수 씨는 최근 음주 운전 사고로 물의를 일으킨 적이 있기 때문이다.
⑤ 김철수 씨는 현 정부가 제안하는 모든 정책에 대해 사사건건 시비를 건다. 그가 경영하는 사업체에 국세청 특별 세무 조사가 실시될 수 있음을 알려 그의 생각이 잘못되었다는 것을 일깨워 줄 필요가 있다.

② 비판 추론형 강화약화

논증의 '약화'와 '비판·반박'은 모두 주어진 논증을 공격함으로써 그 논증이 타당하지 않음을 주장한다는 점에서 유사하다. 논증은 일반적으로 '근거(전제) → 주장(결론)'의 형태로 구성된다. 글쓴이의 목표는 근거를 통해 주장을 관철시키는 것이다. 반대로, 우리의 목표는 글쓴이의 주장을 받아들일 수 없다는 점을 입증하여 논증을 비판·반박해야 하는 데 있다. 이때, 논증을 비판·반박하기 위한 방법을 크게 다음과 같이 나누어 볼 수 있다.

1. 근거를 공격함으로써 근거에서 주장이 도출되지 않음을 밝힐 수 있다. 'A시에는 경찰관이 부족하므로, 더 많은 경찰서를 설치해야 한다.'는 논증에 대해, '실제로 A시에는 경찰관의 수가 충분하다.'고 반박하는 식이다. 특히 근거가 설문 조사나 실험 결과일 경우에는, 그 조사나 실험의 타당성이 주된 공격의 대상이 된다. 이처럼, 논증의 근거를 공격하는 것은 주로 상대방의 논증에서 사실[fact]을 공격하는 경우에 해당한다. 가장 간단하고 강력한 방법이기 때문에, 대다수의 비판은 이처럼 논증의 근거를 공격함으로써 이루어진다.
2. 주장 그 자체를 공격할 수 있다. 앞서 살펴본 'A시에 더 많은 경찰서를 설치해야 한다.'는 주장에 대해, 'A시에 더 많은 경찰서를 설치해서는 안 된다.'고 말하는 것은 단순히 주장의 부정일 뿐 비판이 아니다. 그 대신, 상대방의 주장이 실제로 실현될 수 없거나, 실현되더라도 심각한 문제를 발생시킬 것임을 입증할 수 있다. 'A시에 경찰서를 설치하기 위해서는 예산이 더 필요한데, 우리에게는 그만한 예산이 없다'고 주장하는 것이 이에 해당한다. 즉, 주장이 타당하다 하더라도 실제로 실현되기 어려움을 지적하는 것이다.
3. 마지막으로, 근거가 모두 옳다고 하더라도 주장이 도출되지 않음을 주장할 수 있다. '경찰관이 부족하다면 기존 경찰서에 더 많은 인력을 배치하면 되지, 경찰서를 더 설치할 필요는 없다.'고 주장하는 것이 이러한 경우에 해당한다. 이때, 앞서 배운 논리적 오류를 활용하여 논증을 비판할 수도 있다. 대표적으로 '인신공격의 오류'를 저지른 경우, 'A는 전과자이다.'는 근거가 사실이더라도 'A의 말은 신뢰할 수 없다.'는 주장이 도출되지 못한다고 주장할 수 있다.

상대방의 주장을 논박하려는 사람은 상대방이 주장을 정당화시키지 못하고 있다는 것을 보여 주어야 한다. 여기에서 원래의 주장과 다른 견해가 참이라는 것을 증명해 보일 필요까지는 없다. 단지 원래의 주장이 제시된 전제들로부터 도출되지 않는다는 것만 보여 주면 된다. 물론 다른 논증에 의해서 정당화된 양립 불가능한 결론이 참이라는 것을 보여 줌으로써 논박할 수도 있다. 논쟁에서 상대방의 논증을 논박하는 방법은 여러 가지가 있다.

첫째, 논증의 전제를 부정함으로써 논박한다. 전제의 부정은 여러 가지 방법으로 이루어질 수 있다. 무엇보다도 논증의 전제 중 하나가 참이 아니라는 것을 보여 줌으로써 논증을 공격할 수 있다.
둘째, 전제들 중 하나가 다른 전제와 모순된다는 것을 보여 줌으로써 논박할 수 있다.
셋째, 전제들 중 하나가 상대방이 전에 표명했던 입장과 다르다는 것을 들어서 논박할 수 있다. 그러나 상대방이 견해를 바꾼 좋은 이유가 있을 수 있기 때문에 이 점에 주의해야 한다.
넷째, 하나의 전제 또는 논증 전체에 일관성이 없다는 점을 들어 논박할 수 있다.
다섯째, 증거를 수집하는 데 잘못된 자료가 사용되었다는 것을 보여 줌으로써 논박할 수 있다. 이와 달리 자료를 수집하는 데 사용된 방법에 잘못이 있음을 지적하여 논박할 수도 있다.

상대방의 주장을 반박하는 또 하나의 중요한 방법으로 반론을 들 수 있다. 이 경우 논증이 모든 적절한 사실들을 고려하지 않았기 때문에 논박하려는 논증에서 사용된 것과 다른 증거를 사용하여 상이한 결론에 도달할 것을 기대한다.

또 다른 방법은 논박하려는 논증과 유사한 논증을 고안한 뒤, 이 유사 논증이 타당하지 않다는 것을 보여 주는 것이다. 이때, 유사 논증은 논박하려는 논증과 동일한 구조를 가져야 한다. 유사 논증이 타당하지 않기 위해서는 전제는 참, 결론은 거짓이면 된다. 결론이 참인지 거짓인지 판단하기 어려운 논증일 때 유사 논증을 만들어 논박하면 효과적이다.

문제 적용

1 다음 글의 ㉠에 대한 평가로 적절한 것을 고르면?

> 공리주의에 따르면, 행복은 쾌락의 총량에서 고통의 총량을 뺀 값이며, 어떤 행위의 도덕적인 판단은 그 행위가 산출하는 행복의 증감에 달려 있다.
>
> 공리주의자 A는 다음과 같은 사고실험을 제안한다. 만일 현세대가 지금과 같은 삶의 방식을 고수한다면, 지구온난화가 가속화되어 지구 환경은 나빠질 것이다. 이에 따라, 현세대와 비교할 때 미래세대의 고통은 증가될 것이 분명하다. 그런데 현세대가 미래세대를 고려하여 기존과 다른 삶의 방식을 취하게 되면, 현세대가 기존 방식을 고수했을 때와는 다른 구성원으로 이루어진 미래세대가 생겨나게 된다. 존재하지 않는 대상의 고통과 쾌락을 도덕적 판단의 근거로 삼을 수는 없다는 점에서, A는 ㉠ 현세대는 미래세대가 겪는 고통에 대해 도덕적 책임이 없다고 주장한다.

① 현재 존재하는 대상 사이에서만 행복을 비교하는 것이 가능하다면, ㉠은 약화된다.
② 미래세대 구성원이 달라질 경우 미래세대가 누릴 행복의 총량이 변한다면, ㉠은 강화된다.
③ 현세대가 기존 삶의 방식을 고수할 경우 미래세대의 고통이 증가한다면, ㉠은 약화된다.
④ 현실에 존재하지 않는다는 이유로 그 대상을 도덕적 고려에서 배제하는 것이 불합리하다면, ㉠은 약화된다.

2 다음 글의 논증에 대한 평가로 가장 적절한 것은?

> 사람은 언제부터 옷을 입었을까? 이를 알아보기 위해 사람에 기생하는 이를 활용할 수 있다. 사람에 기생하는 이에는 두 종류가 있는데, 하나는 옷에서 살아가며 몸에서 피를 빨아먹는 '몸니'이고, 다른 하나는 사람 두피에서 피를 빨아먹는 '머릿니'이다. 몸니는 아마 사람이 옷을 입기 시작한 무렵에 머릿니로부터 진화적으로 분기되었을 것이다.
>
> 먼저, 침팬지의 털에서 사는 '침팬지 이'와 사람 머릿니의 염기서열을 비교하여 두 염기서열에 차이가 나는 비율을 구한다. 침팬지와 사람이 공통 조상에서 분기되면서 침팬지 이와 사람 머릿니도 분기되었다고 본다면, 침팬지와 사람의 분기 시점이 약 550만 년 전이므로 침팬지 이와 사람 머릿니 사이의 염기서열 차이는 550만년간 누적된 변화로 볼 수 있다. 이로부터 1만 년당 이의 염기서열이 얼마나 변화하는지 구할 수 있다. 이 변화율을 머릿니와 몸니의 염기서열 차이에 적용하면, 사람이 옷을 입기 시작한 시점을 설득력 있게 추정할 수 있다. 이에 따라 추론한 사람이 옷을 입기 시작한 시점은 약 12만 년 전이다.

① 염기서열의 변화가 일정한 속도로 축적되지 않는다면, 이 논증은 강화된다.
② 사람이 옷을 입기 전부터 몸니가 머릿니로부터 분기되었다는 사실이 밝혀진다면, 이 논증은 강화된다.
③ 침팬지 이와 사람 머릿니의 염기서열 차이가 사람 몸니와 사람 머릿니의 염기서열의 차이보다 작다면, 이 논증은 약화된다.
④ 침팬지와 사람의 분기 시점이 침팬지 이와 사람 머릿니의 분기 시점보다 50만 년 전이었음이 밝혀진다 해도, 이 논증은 약화되지 않는다.

3 다음 글의 논지를 약화하는 것으로 가장 적절한 것은?

> 과학 연구는 많은 자원을 소비하지만 과학 연구에 사용할 수 있는 자원은 제한되어 있다. 따라서 우리는 제한된 자원을 서로 경쟁적인 관계에 있는 연구 프로그램들에 어떻게 배분하는 것이 옳은가라는 물음에 직면한다. 이 물음에 관해 생각해 보기 위해 상충하는 두 연구 프로그램 A와 B가 있다고 해 보자. 현재로서는 A가 B보다 유망해 보이지만 어떤 것이 최종적으로 성공하게 될지 아직 아무도 모른다. 양자의 관계를 고려하면, A가 성공하고 B가 실패하거나, A가 실패하고 B가 성공하거나, 아니면 둘 다 실패하거나 셋 중 하나이다. 합리적 관점에서 보면 A와 B가 모두 작동할 수 있을 정도로, 그리고 그것들이 매달리고 있는 문제가 해결될 확률을 극대화하는 방향으로 자원을 배분해야 한다. 그렇게 하려면 자원을 어떻게 배분해야 할까?
>
> 이 물음에 답하려면 구체적인 사항들에 대한 세세한 정보가 필요하겠지만, 한 쪽에 모든 자원을 투입하고 다른 쪽에는 아무것도 배분하지 않는 것은 어떤 경우에도 현명한 방법이 아니다. 심지어 A가 B보다 훨씬 유망해 보이는 경우라도 A만 선택하여 지원하는 '선택과 집중' 전략보다는 '나누어 걸기' 전략이 더 바람직하다. 이유는 간단하다. 현재 유망한 연구 프로그램이 쇠락의 길을 걷게 될 수도 있고 반대로 현재 성과가 미미한 연구 프로그램이 얼마 뒤 눈부신 성공을 거둘 가능성이 있기 때문이다. 따라서 현명한 사회에서는 대부분의 자원을 A에 배분하더라도 적어도 어느 정도의 자원은 B에 배분할 것이다. 다른 조건이 동일하다고 가정하면, 현재 시점에서 평가된 각 연구 프로그램의 성공 확률에 비례하는 방식으로 자원을 배분하는 것이 합리적일 것이다. 이런 원칙은 한 영역에 셋 이상 다수의 상충하는 연구 프로그램이 경쟁하고 있는 경우에도 똑같이 적용될 수 있다. 물론 적절한 주기로 연구 프로그램을 평가하여 자원 배분의 비율을 조정하는 일은 잊지 않아야 한다.

① '선택과 집중' 전략은 기업의 투자 전략으로 바람직하지 않다.
② 연구 프로그램들에 대한 현재의 비교 평가 결과는 몇 년 안에 확연히 달라질 수도 있다.
③ 상충하는 연구 프로그램들이 모두 작동하기 위해서는 배분 가능한 것 이상의 자원이 필요한 경우가 발생할 수 있다.
④ 연구 프로그램이 아무리 많다고 하더라도 그것들 중에 최종적으로 성공하게 되는 것이 하나도 없을 가능성이 존재한다.
⑤ 과학 연구에 투입되는 자원의 배분은 사회의 성패와 관련된 것이므로 한 사람이나 몇몇 사람의 생각으로 결정해서는 안 된다.

4 다음 글의 논지를 약화하는 진술로 가장 적절한 것은?

> 자신의 스마트폰 없이는 도무지 일과를 진행하지 못하는 K의 경우를 생각해 보자. 그의 일과표는 전부 그의 스마트폰에 저장되어 있어서 그의 스마트폰은 적절한 때가 되면 그가 해야 할 일을 알려 줄 뿐만 아니라 약속 장소로 가기 위해 무엇을 타고 어떻게 움직여야 할지까지 알려 준다. K는 어릴 때 보통 사람보다 기억력이 매우 나쁘다는 진단을 받았지만 스마트폰 덕분에 어느 동료에게도 뒤지지 않는 업무 능력을 발휘하고 있다. 이와 같은 경우, K는 스마트폰 덕분에 인지 능력이 보강된 것으로 볼 수 있는데, 그 보강된 인지 능력을 K 자신의 것으로 볼 수 있는가? 이 물음에 대한 답은 긍정이다. 즉 우리는 K의 스마트폰이 그 자체로 K의 인지 능력 일부를 실현하고 있다고 보아야 한다. 그런 판단의 기준은 명료하다. 스마트폰의 메커니즘이 K의 손바닥 위나 책상 위가 아니라 그의 두뇌 속에서 작동하고 있다고 가정해 보면 된다. 물론 사실과 다른 가정이지만 만일 그렇게 가정한다면 우리는 필경 K 자신이 모든 일과를 정확하게 기억하고 있고 또 약속 장소를 잘 찾아간다고 평가할 것이다. 이처럼 '만일 K의 두뇌 속에서 일어난다면'이라는 상황을 가정했을 때 그것을 K 자신의 기억이나 판단이라고 인정할 수 있다면, 그런 과정은 K 자신의 인지 능력이라고 평가해야 한다.

① K가 자신이 미리 적어 놓은 메모를 참조해서 기억력 시험 문제에 답한다면 누구도 K가 그 문제의 답을 기억한다고 인정하지 않는다.
② K가 종이 위에 연필로 써 가며 253×87 같은 곱셈을 할 경우 종이와 연필의 도움을 받은 연산 능력 역시 K 자신의 인지 능력으로 인정해야 한다.
③ K가 집에 두고 나온 스마트폰에 원격으로 접속하여 거기 담긴 모든 정보를 알아낼 수 있다면 그는 그 스마트폰을 손에 가지고 있는 것과 다름없다.
④ 스마트폰의 모든 기능을 두뇌 속에서 작동하게 하는 것이 두뇌 밖에서 작동하게 하는 경우보다 우리의 기억력과 인지 능력을 향상시키지 않는다.
⑤ 전화번호를 찾으려는 사람의 이름조차 기억이 나지 않을 때에도 스마트폰에 저장된 전화번호 목록을 보면서 그 사람의 이름을 상기하고 전화번호를 알아낼 수 있다.

3 사례 추론형 강화약화

1 ㉠을 강화하기 위한 사례로 가장 적절한 것은?

> 한국 사회처럼 준비 없이 산업화에 갑자기 뛰어든 사회일수록 변화로 인한 충격과 혼란은 증폭되어 나타난다. 우리 민족의 기억 속에는 보릿고개의 처절한 가난과 공업화의 힘찬 약진, 그리고 정보화와 세계화가 공존하고 있다. 때로 참담함으로 때로는 그리움으로 되살아나는 전근대의 정서, 사회 전체가 재편성되는 근대화의 맹렬한 흐름, 다양한 이미지들이 무질서하게 콜라주를 빚어내는 탈근대의 문화 폭발을 한 생애에 축적하고 있는 그들은 미친 속도로 흐르는 역사의 방랑자들이다. 이 흐름 안의 '㉠ 비동시적인 것들의 동시성'은 우리 삶의 뚜렷한 발자국이다.

① 전통차의 효용이 알려지면서, 커피보다는 녹차와 같은 전통차를 마시는 사람들이 늘어나고 있다.
② 유리온실 재배법이 개발되었으나, 경제적인 이유로 많은 농가에서 아직 비닐하우스를 이용하고 있다.
③ 과거에는 이공 계열 중에서 물리학이나 전자 공학 분야가 각광받는 학문이었지만, 오늘날에는 질병 치료와 관련된 생명 공학 분야가 새롭게 주목받고 있다.
④ 요즘에는 웨딩드레스를 입고 서양식으로 결혼식을 올리는 것이 보편화되었지만, 한복으로 갈아입고 시댁 식구에게 폐백을 드리는 것도 빠뜨리지 않는다.

2 ㉠을 강화하는 사례로 가장 적절한 것은?

> 퍼킨은 콜타르에서 뽑아낸 아닐린으로 말라리아 치료제를 합성하는 실험을 하고 있었다. 실험은 실패했고, 퍼킨은 검은 가루만 얻었다. ㉠ 과학의 이면을 살펴보면 뜻밖의 결과나 부작용이 훌륭한 발명으로 연결되는 경우가 있다. 퍼킨도 이 검은 가루를 버리지 않고 메탄올에 녹여 보았다. 그랬더니 아름다운 보랏빛 색깔을 드러냈다. 최초의 합성염료인 모브가 탄생하는 순간이었다.

① 한 영국 화학자의 강의를 듣게 된 패러데이는 이 일을 계기로 그의 연구실에 들어가게 되었다. 이곳에서 그는 원형 코일과 자석을 이용한 실험을 통해 전기를 만드는 새로운 방법을 발명하였다.
② 대학에서 의학과 신학을 공부한 찰스 다윈은 숲과 들판에 있는 모든 것들에 흥미를 느꼈다. 그는 배인 비글호를 타고 갈라파고스 제도에 가게 되었고, 그곳에서의 관찰 내용으로 진화론을 확립하게 되었다.
③ 플레밍은 실험상의 실수로 인해 생겨난 푸른곰팡이에 박테리아가 접촉하여 죽는 것을 보고 이 곰팡이가 박테리아를 죽이는 약으로 사용될 수 있다는 것을 깨달았다. 이렇게 최초의 항생제인 페니실린이 탄생하였다.
④ 베셀은 별들이 일 년 동안 천천히 움직이는 것처럼 보이는 것을 통해 피타고라스의 정리를 활용하여 별들의 거리를 계산하였다. 그 결과 지구와 가장 가까운 별이 지구에서 10조km 떨어진 거리에 있음을 확인하였다.

3 다음 중 ㉠의 사례로 가장 적절한 것은?

> 관용은 특정 관습 등을 잘못된 것이라고 여김에도 이를 용인하거나 간섭하지 않는 태도를 의미한다. 이에 따르면, 관용을 실천하는 사람은 그 대상을 실제로는 잘못된 것으로 여기면서도 이를 묵인하거나 불간섭해야 한다.
> 그렇다면, 어떤 사람이 자신의 신념과 반대되는 정도가 강한 행동을 실천할 때, 우리는 그가 관용적이라고 말해야 하는가? 예를 들어, 타인의 의견을 묵살하고 싶은 사람이 그 욕구를 억누르는 것을 관용이라고 말하는 것은 바람직한 것인가? 이는 앞에서 제시된 관용의 정의에는 부합하는 것이나, 받아들이기는 어려운 역설적 결론이다.
> 도덕적으로 잘못된 것을 용인하는 경우를 관용이라고 볼 수 있을지의 여부도 문제시된다. 앞선 정의에 따르면, 인종차별주의처럼 우리가 일반적으로 잘못인 것으로 판단하는 믿음까지 용인하는 것까지도 관용의 범주에 해당한다. 그러나 그렇다면 관용적일수록 도덕적으로 잘못을 저지르게 될 가능성이 높아지는 역설이 발생할 것이다. 따라서 이러한 ㉠ 역설들을 피하기 위해 관용의 맥락에서 일정한 한계가 있어야 할 것이다.

① 모든 종교적 믿음을 배척하는 사람을 관용적으로 평가한다.
② 자신의 종교가 주는 가르침만이 유일한 진리라고 믿는 사람일수록 덜 관용적이라고 평가한다.
③ 종교적 문제에 대해 별다른 의견이 없는 사람을 관용적이라고 평가한다.
④ 보편적 도덕 원칙에 어긋나는 교리의 종교까지 용인하는 사람을 더 관용적이라고 평가한다.

4 피아제의 주장을 강화하는 진술로 가장 적절한 것은?

> 교육 심리학자 피아제는 도덕이 하나의 사실이며 사회의 구조와 기능의 발달에 관련되어 있다는 뒤르켐의 주장을 수용했지만, 억압과 권위에 의한 교화보다 협조와 상호 존중에 근거한 자율적 의사결정과 그 추론 과정을 강조하였다. 즉, 도덕 교육은 뒤르켐에게는 구성원들에게 전통적 가치들을 직접 가르치는 사회화를, 피아제에게는 아동들의 도덕성이 불완전함에서 완전함을 향해 자율적으로 개발되도록 도와주는 발달을 뜻한다.
> 도덕성의 문제는, 인간이 사회적 존재일 뿐만 아니라 도덕이 개인의 삶을 향상시키기 위한 것이지 규제하기 위한 것이 아니기 때문에, 사회화의 발달이 상호 협응을 통해 이뤄재 나이 갈 뜻이니. 그리고 이러한 사회의 누리저 관점을 개인의 수준에서 사회적 차원으로 보편화하고 사유적 이성으로 자신의 판단에 정당한 근거를 찾으려고 하는 윤리적 자세를 통해 이루어질 수 있다.

① 인간의 도덕적 의식은 궁극적으로 정서에 근거해 있고, 개개인의 정서적 감정은 각자 다르기 때문에 도덕적 판단은 객관적일 수 없으며, 또한 도덕적 가치도 절대적일 수 없다.
② 도덕은 사회적 규약의 산물이며 사회적 규약은 문화에 따라 달라지므로, 어느 때 어느 장소가 되었든 모든 사람에게 두루 적용되는 절대적인 또는 객관적인 표준은 존재하지 않는다.
③ 도덕성은 점차 발달하며, 사회와의 관련 속에서 이상적 평형을 구성해 간다. 말하자면, 억압에 근거하고 있던 그릇되고 불완전한 평형으로부터 협동에 근거한 평형으로 발달해 간다.
④ 모든 사회에 타당하게 적용될 수 있는 보편적인 도덕 원리는 존재하지 않으며, 타당한 도덕 규칙은 그 규칙이 적용되는 특정 문화 속에서 관습이나 개개인의 규약적 동의에 의해 정당화된다.

5 다음 글의 내용을 강화하지 않는 사례는?

> 최근의 연구는 주요 선진국에서 고용이나 생산 수준이 물가에 미치는 영향이 둔화되었다고 본다. 그 이유로 다음과 같은 이유들이 제시된다. 일반적으로 경기 회복이 부진하면 기업의 생산 수준이 증가해도 상품 가격을 조정하는 비용이 부담으로 작용한다. 그리고 기업의 실제 생산량이 잠재 생산 능력을 밑돌기 때문에 일정 수준까지는 제품 한 단위를 더 생산해도 추가 생산 비용이 상승하지 않는다. 또한 소비자들은 추후에 나타날 것으로 예상되는 기대 물가 상승률을 당시의 물가 상승률 수준과 유사할 것으로 판단하는 경향이 있다. 따라서 경기 회복이 부진한 선진국에서는 이러한 경기적 요인으로 인해 고용과 생산 수준이 증대해도 제품 가격을 올리지 않는 경우가 많다.

① 올해 작황이 좋은 포도 농장에서 작년 가격이 표시된 포장 용기를 바꾸는 것이 부담돼 가격을 동결한 경우
② 새로 출시하는 피자의 높은 판매량을 기대하면서도, 고객들의 예상 가격 수준에 맞게 가격을 유지한 경우
③ 판매 중인 운동복이 유행할 것을 기대하지만, 시장 내의 경쟁이 치열하여 올해 생산한 운동복을 기존과 같은 가격으로 출시한 경우
④ 경기 회복에 따라 타이어 생산량을 늘리고 있지만, 잠재 생산 능력보다 실제 생산량이 낮아서 추가 비용 부담이 크지 않아 가격을 유지하는 경우

6 다음 중 ⓐ의 입장을 약화하는 사례로 적절한 것은?

> 물질과 의식의 관계는 철학의 근본 문제로서 이에 관한 주장에는 두 가지가 있다. 하나는 물질에 의해 의식이 결정된다는 유물론이며, 또 다른 하나는 의식에 의해 물질이 결정된다는 관념론이다. 이 중 어떤 주장을 지지하냐에 따라 그 사람이 세계를 대하는 태도는 물론 그를 바라보는 관점도 달라지기 때문에 이는 대단히 중요한 문제라고 할 수 있다.
> 예를 들어, 누군가가 이렇게 말했다고 해 보자. "여기 의자가 하나 존재한다. 그런데 이 의자가 존재하는 것은 내가 그렇게 생각하기 때문이다." 이 말은 결국 우리의 의식 밖에 존재하는 것들은 모두 의식 때문에 존재하며, 만일 이러한 의식이 없다면 그것들은 존재하지 않는다는 것이다. 이는 우리가 일반적으로 가지고 있는 생각과는 아주 다른 생각이다. 만일 물질이 관념으로 결정된다면 굿을 하면 모든 병이 완치되고, 기우제를 지내면 반드시 비가 내릴 것이기 때문이다. 한때는 가족이 병에 걸리면 집에 잡귀가 들어왔기 때문이라고 믿었던 적이 있었다. 그러나 의학의 발달로 병은 우리 몸에 병원균이 침입함에 따라 생기는 것이라는 사실이 밝혀졌다. ⓐ <u>즉, 바이러스나 암세포 등의 관념을 우리가 가지고 있지 않았던 때도 이러한 병원체들은 존재했으며, 이들이 존재했기 때문에 우리는 이들에 대한 관념을 가지게 된 것이다.</u>
> 그렇다면 관념론은 왜 사라지지 않은 것일까? 관념론은 크게 인간의 관념과 의식으로 인해 모든 물질이 결정된다는 주관적 관념론과 세계가 초자연적인 신비한 정신적 존재로 인해 창조된다고 보는 객관적 관념론으로 나뉜다. 이러한 관념론이 여전히 남아 있는 이유는 사회적인 측면에서 분석할 수 있다. 사회의 지배 계급은 항상 관념론을 지지하며 그를 전파하는데, 이는 관념론이 모든 것을 관념, 정신 혹은 신을 통해 설명하기 때문에 지배 계급이 그들에게 유리한 조건을 만들고 유지하기 편리하며, 현실 세계의 고통과 불평등을 마음의 문제로 여기게 해 피지배 계급이 현실로부터 도피하도록 하기 때문이다. 그리하여 부자와 가난한 자가 따로 있는 것을 신의 섭리로 여기도록 한다.

① '해태'라는 동물이 현실에 존재하지 않음에도 우리는 '해태'라는 단어를 가지고 있다.
② 한국어는 '초록, 청색, 남색' 등을 모두 '푸르다'고 표현함으로 인해 의사소통에 혼란을 겪는다.
③ '봄-여름-가을-겨울'로 계절을 구분하기 때문에 우리는 시간을 사계절로 인식한다.
④ 색채어가 '붉다'밖에 없는 언어를 사용하는 이들은 자주색과 분홍색을 구별하지 못한다.

7 다음 논증에 대한 평가로 적절한 것만을 〈보기〉에서 모두 고르면?

> 집단 내지 국가의 청렴도를 평가하는 잣대로 종종 공공 물품을 사적으로 사용하는 정도가 활용된다. 이와 관련하여 M시의 경우 회사원들이 사내용 물품을 개인적인 용도로 사용하는 정도가 꽤 높은 것으로 밝혀졌다. 이는 M시의 대표적 회사 A에서 직원 200명을 대상으로 회사 물품을 사적인 용도로 사용한 적이 있는지를 설문 조사해 본 결과에 따른 것이다. 조사 결과 '늘 그랬다'는 직원은 5%, '종종 그랬다'는 직원은 15%, '가끔 그랬다'는 직원은 35%, '어쩌다 한두 번 그랬다'는 직원은 25%, '전혀 그런 적이 없다'는 직원은 10%, 응답을 거부한 직원은 10%였다. 설문 조사에 응한 직원들 중에서 가끔이라도 사용한 적이 있다고 답한 직원의 비율이 절반을 넘었다. 따라서 M시의 회사원들은 낮은 청렴도를 가졌다고 평가할 수 있다.

─── • 보기 • ───

ㄱ. 설문 조사에 응한 회사 A의 직원들 중 회사 물품에 대한 사적 사용 정도를 실제보다 축소하여 답한 직원들이 많다는 사실은 위 논증의 결론을 강화한다.

ㄴ. M시에 있는 또 다른 대표적 회사 B에서 동일한 설문 조사를 했는데 회사 A에서와 거의 비슷한 결과가 나왔다는 사실은 위 논증의 결론을 강화한다.

ㄷ. M시에 있는 대부분의 회사들에 비해 회사 A의 직원들이 회사 물품을 사적으로 사용한 정도가 심했던 것으로 밝혀졌다는 사실은 위 논증의 결론을 약화한다.

① ㄱ
② ㄷ
③ ㄱ, ㄴ
④ ㄴ, ㄷ
⑤ ㄱ, ㄴ, ㄷ

8 다음 글의 실험 결과가 강화하는 것만을 〈보기〉에서 모두 고르면?

한 연구진은 자극 X가 뇌에 미치는 영향을 밝히기 위한 실험을 수행하였다. 그들은 자극 X가 있는 환경에서 성장한 동물과 자극 X가 없는 환경에서 성장한 동물을 비교했을 때 뇌에 차이가 있을 것이라고 추측했다.

실험을 위해 동일한 조건의 연구용 쥐 100마리를 절반씩 나누어 각각 A와 B 그룹으로 배정하였다. A 그룹의 쥐는 자극 X에 노출된 반면, B 그룹의 쥐는 자극 X에 노출되지 않았다. 자극 X를 제외한 다른 조건은 두 그룹에서 동일하였다. 일정 기간이 지나고 두 그룹 쥐의 뇌에 대해서 부위별로 무게 측정과 화학 분석이 이루어졌다. 그 결과 A 그룹의 쥐는 B 그룹의 쥐와 다른 점을 보여 주었다.

두 그룹에서 나타난 가장 두드러진 차이점은 전체 뇌 무게에 대한 대뇌피질의 무게 비율이었다. 대뇌피질은 경험에 반응하고 운동, 기억, 학습, 감각적 입력을 관장하는 뇌의 한 부위이다. A 그룹 쥐의 대뇌피질은 B 그룹 쥐의 대뇌피질보다 더 무겁고 더 치밀했지만, 뇌의 나머지 부위의 무게에는 차이가 없었다.

또한 B 그룹의 쥐의 뇌보다 A 그룹의 쥐의 뇌에서는 크기가 큰 신경세포뿐만 아니라 신경교세포도 더 많이 발견되었다. 신경교세포는 뇌의 신경세포를 성장시켜 크기를 키우는 역할을 하는 세포이다. 세포의 DNA에 대한 RNA의 비율은 세포가 성장하지 않을 때보다 세포가 성장하여 크기가 커질 때 높아진다. 두 그룹의 쥐의 뇌를 분석한 결과, DNA에 대한 RNA의 비율이 높아진 뇌 신경세포가 B 그룹보다 A 그룹에 더 많이 있다는 사실이 확인되었다. A 그룹의 쥐의 뇌에서는 신경전달물질 α가 더 많이 분비되었는데, 신경전달물질 α의 양은 A 그룹 쥐의 뇌보다 B 그룹 쥐의 뇌에서 약 30% 이상 더 적은 것으로 확인되었다.

〈보기〉

ㄱ. 자극 X가 있으면 없을 때보다 신경교세포의 수와 신경 전달물질 α의 분비량이 많아진다.
ㄴ. 자극 X가 있으면 없을 때보다 전체 뇌 무게에 대한 대뇌피질의 무게 비율이 높아지고 대뇌피질이 촘촘해진다.
ㄷ. 자극 X가 없으면 있을 때보다 뇌 신경세포의 크기와 수가 늘어난다.

① ㄱ
② ㄷ
③ ㄱ, ㄴ
④ ㄴ, ㄷ
⑤ ㄱ, ㄴ, ㄷ

9 다음 글의 ㉠을 강화하는 것만을 〈보기〉에서 모두 고르면?

> 1977년 캐나다의 실험에서 연구진은 인공 조미료 사카린이 인간에게 암을 일으킬 수 있는지를 밝히려고 약 200마리의 쥐를 사용해 실험했다. 실험 결과가 발표되자 그 활용의 타당성에 관해 비판이 제기되었다. 투여된 사카린의 양이 쥐가 먹는 음식의 5%로 너무 많다는 것이었다. 인간에게 그 양은 음료수 800병에 함유된 사카린 양인데, 누가 하루에 음료수를 800병이나 마시겠느냐는 비판이었다.
> 일리가 없는 말은 아니지만 ㉠이것은 합당한 비판이 아니다. 물론 인간에게 적용할 실험 결과를 얻으려면 인간이 사카린에 노출되는 상황을 그대로 재현하여 실험하는 것이 바람직하다. 그러나 일상적인 환경에서 대개의 발암물질은 유효성이 아주 낮아서 수천 명 중 한 명 정도의 비율로만 그 효과를 확인할 수 있다. 발암물질의 유효성은 몸에 해당 물질을 받아들인 개체들 가운데 암에 걸리는 개체의 비율에 의존하는데, 이 비율이 낮을수록 발암물질의 유효성이 낮아진다. 물론 발암물질의 유효성이 낮아도 그 피해는 클 수 있다. 예를 들어 유효성이 매우 낮은 경우라도, 관련 모집단이 수천만 명이라면 그로 인해 암에 걸리는 사람은 수만 명에 이를 수 있다. 이런 상황에서 발암물질의 효과를 확인하려는 동물 실험은 최소한 수만 마리의 쥐를 이용한 실험을 해야 유의미한 결과를 얻을 수 있다. 하지만 그렇게 많은 쥐를 이용해서 실험하는 것은 불가능하다.
> 이럴 때 택하는 전형적인 전략은 실험 대상의 수를 줄이고 발암물질의 투여량을 늘리는 것이다. 예를 들어 어떤 발암물질을 통상적인 수준에서 투여한다면 200마리의 쥐 가운데 암이 발생한 것은 거의 없을 것이다. 하지만 그 발암물질을 전체 음식의 5%로 늘리게 되면 200마리의 쥐 가운데에서도 암이 발생한 쥐의 수는 제법 늘어나게 될 것이다. 이렇게 발암물질의 투여량을 늘리면 실험 대상의 수를 줄이더라도 유의미한 실험 결과를 확보할 수 있는 것이다. 결국 사카린과 암 사이의 인과 관계를 밝히려 한 1977년 실험과 그 활용의 타당성에 근본적인 잘못이 있다고 할 수 없다.

─ 보기 ─
ㄱ. 인간이든 쥐든 암이 발생하는 사례의 수는 발암물질의 섭취량에 비례한다.
ㄴ. 쥐에게 다량 투입하였을 때 암을 일으킨 물질 중에는 인간에게 발암물질이 아닌 것이 있다.
ㄷ. 발암물질의 유효성이 클수록 더 많은 수의 실험 대상을 확보해야 유의미한 실험 결과를 얻을 수 있다.

① ㄱ
② ㄷ
③ ㄱ, ㄴ
④ ㄴ, ㄷ
⑤ ㄱ, ㄴ, ㄷ

10 다음 글의 밑줄 친 주장을 강화하는 사례만을 〈보기〉에서 모두 고르면?

> 최근에 트랜스 지방은 그 건강상의 위해 효과 때문에 주목받고 있다. 우리가 즐겨 먹는 많은 식품에는 트랜스 지방이 숨어 있다. 그렇다면 트랜스 지방이란 무엇일까?
>
> 지방에는 불포화 지방과 포화 지방이 있다. 식물성 기름의 주성분인 불포화 지방은 포화 지방에 비하여 수소의 함유 비율이 낮고 녹는점도 낮아 상온에서 액체인 경우가 많다.
>
> 불포화 지방은 그 안에 존재하는 이중 결합에서 수소 원자들의 결합 형태에 따라 시스(cis)형과 트랜스(trans)형으로 나뉘는데 자연계에 존재하는 대부분의 불포화 지방은 시스형이다. 그런데 조리와 보존의 편의를 위해 액체 상태인 식물성 기름에 수소를 첨가하여 고체 혹은 반고체 상태로 만드는 과정에서 트랜스 지방이 만들어진다. 그래서 대두, 땅콩, 면실유를 경화시켜 얻은 마가린이나 쇼트닝은 트랜스 지방의 함량이 높다. 또한 트랜스 지방은 식물성 기름을 고온으로 가열하여 음식을 튀길 때도 발생한다. 따라서 튀긴 음식이나 패스트푸드에는 트랜스 지방이 많이 들어 있다.
>
> <u>트랜스 지방은 포화 지방인 동물성 지방처럼 심혈관계에 해롭다.</u> 트랜스 지방은 혈관에 나쁜 저밀도지방단백질[LDL]의 혈중 농도를 증가시키는 한편 혈관에 좋은 고밀도지방단백질[HDL]의 혈중 농도는 감소시켜 혈관벽을 딱딱하게 만들어 심장병이나 동맥경화를 유발하고 악화시킨다.

─── 보기 ───

ㄱ. 쥐의 먹이에 함유된 트랜스 지방 함량을 2% 증가시키자 쥐의 심장병 발병률이 25% 증가하였다.

ㄴ. 사람들이 마가린을 많이 먹는 지역에서 마가린의 트랜스 지방 함량을 낮추자 동맥경화의 발병률이 1년 사이에 10% 감소하였다.

ㄷ. 성인 1,000명에게 패스트푸드를 일정 기간 지속적으로 섭취하게 한 후 검사해 보니, HDL의 혈중 농도가 섭취 전에 비해 20% 감소하였다.

① ㄱ
② ㄴ
③ ㄱ, ㄷ
④ ㄴ, ㄷ
⑤ ㄱ, ㄴ, ㄷ

11 다음 글의 내용에 대한 평가로 가장 적절한 것은?

> (가) 우울증을 잘 초래하는 성향은 창조성과 결부되어 있기 때문에 생존에 유리한 측면이 있었다. 따라서 우울증과 관련이 있는 유전자는 오랜 역사를 거쳐 오면서도 사멸하지 않고 살아남아 오늘날 현대인에게도 그 유전자가 상당수 존재할 가능성이 있다. 베토벤, 뉴턴, 헤밍웨이 등 위대한 음악가, 과학자, 작가들의 상당수가 우울한 성향을 갖고 있었다. 천재와 우울증은 어찌 보면 동전의 양면으로, 인류 문명의 진보를 이끈 하나의 동력이자 그 부산물이라 할 수 있을지도 모른다.
>
> (나) 우울증은 일반적으로 자기 파괴적인 질환으로 인식되어 왔지만 실은 자신을 보호하고 미래를 준비하기 위한 보호 기제일 수도 있다. 달성할 수 없거나 달성하기 매우 어려운 목표에 도달하기 위해 엄청난 에너지를 소모하는 것은 에너지와 자원을 낭비할 뿐만 아니라, 정신과 신체를 소진시킴으로써 사회적 기능을 수행할 수 없게 하고 주위의 도움이 없으면 생명을 유지하기 어려운 상태에 이르게도 할 수 있다. 이를 막기 위한 기제가 스스로의 자존감을 낮추고 그 목표를 포기하게 만드는 것이다. 이를 통해 고갈된 에너지를 보충하고 다시 도전할 수 있는 기회를 모색할 수 있다.
>
> (다) 오늘날 우울증은 왜 이렇게 급격하게 늘어나는 것일까? 창조성이란 그 사회에 존재하고 있는 기술이나 생각에 대한 도전이자 대안 제시이며, 기존의 기술이나 생각을 엮어서 새로운 조합을 만들어 내는 것이다. 과거에 비해 현대 사회는 경쟁이 심화되고 혁신들이 더 가치를 인정받기 때문에 창조성이 있는 사람은 상당히 큰 선택적 이익을 갖게 된다. 그렇지만 현대 사회처럼 기존에 존재하는 기술이나 생각이 엄청나게 많아 우리의 뇌가 그것을 담기에도 벅찬 경우에는 새로운 조합을 만들어 내는 일은 무척이나 많은 에너지를 요한다. 또한 지금과 같은 경쟁 사회는 새로운 기술이나 생각에 대한 사회적 요구가 커지기 때문에 정신적 소진 상태를 초래하기 쉬운 환경이 되고 있다. 결국 경쟁은 창조성을 발휘하게 하지만 지나친 경쟁은 정신적 소진을 초래하기 때문에 우울증이 많이 발생할 수 있다.

① 창조적인 사람들은 정서적으로 불안정하고 우울증에 걸릴 수 있는 유전자를 가질 확률이 높다는 사실은 (가)를 강화한다.
② 우울증에 걸린 사람 중에 어려운 목표를 포기하지 못하는 사람들이 많다는 사실은 (나)를 강화한다.
③ 정신적 소진은 우울증을 초래할 가능성이 높다는 사실은 (다)를 약화한다.
④ 유전적 요인이 환경에 적응하는 과정에서 정신질환이 생겨난다는 사실은 (가)와 (나) 모두를 약화한다.
⑤ 과거에 비해 현대 사회에서 창조적인 아이디어를 만들어 내기 어렵다는 사실은 (가)를 강화하고 (다)를 약화한다.

MEMO

MEMO

MEMO

이유진 국어
똑똑한 알고리즘으로 승부하자

이유진
국어
똑똑한
알고리즘으로
승부하자

논리 강화약화 딥러닝

정답 및 해설

2025 출제 기조 전환 공무원 시험 대비

논리
강화약화
팁러닝

정답 및 해설

2025 출제 기조 전환 공무원 시험 대비

메가 공무원

정답 및 해설

PART 1   논리적 사고   5

PART 2   논증   9

PART 3   연역 논증과 귀납 논증   13

PART 4   논리적 오류와 강화약화   23

빠른 정답 찾기

PART 1 논리적 사고

① 언어와 사고
01 ④   02 ④   03 ④   04 ③   05 ②
06 ④   07 ④   08 ①   09 ④   10 ①

② 정보와 논리
01 ②   02 ④   03 ①   04 ③   05 ②
06 ④   07 ①   08 ①   09 ①   10 ③

③ 비판적 사고
01 ②   02 ④   03 ⑤   04 ⑤

PART 2 논증

① 논증의 개념
01 ④   02 ④   03 ③   04 ②   05 ②
06 ④   07 ①   08 ①   09 ③   10 ④

② 논증의 유형
01 ①   02 ③

01 ③   02 ②   03 ①   04 ④

PART 3 연역 논증과 귀납 논증

① 연역 논증
01 ④   02 ②   03 ①   04 ②   05 ③
06 ④   07 ①   08 ④

01 ①   02 ④   03 ④   04 ①

01 ④   02 ⑤   03 ④   04 ④   05 ④
06 ③   07 ③   08 ③   09 ④   10 ③
11 ①   12 ③   13 ④   14 ③   15 ①
16 ③

② 귀납 논증
01 ③   02 ②   03 ②   04 ③

PART 4 논리적 오류와 강화약화

① 논점의 이해와 논리적 오류
01 ③   02 ②   03 ②   04 ②   05 ④

② 비판 추론형 강화약화
01 ④   02 ③   03 ④   04 ①

③ 사례 추론형 강화약화
01 ④   02 ③   03 ④   04 ④   05 ③
06 ①   07 ⑤   08 ③   09 ①   10 ⑤
11 ①

Part 1
논리적 사고

본문 P.8

1 언어와 사고

1 ④

정답해설 ㉣에 의하면 한국 유아들은 '넣다'와 '끼다'를 구별할 수 있지만 미국 유아들은 이를 비슷하게 여기는 경향이 있다. 따라서 미국 유아들은 두 장면을 비슷하게 인식했어야 하므로 대상을 꼭 끼는 장면에 집중하였다면 ㉣을 약화한 사례로 보아야 한다.

오답해설
① '청색'과 '녹색'을 구분하지 않았던 우리 선조들의 사고방식도 그 색을 구별한 어휘가 없기 때문이므로 ㉠을 강화한다고 볼 수 있다.
② 언어를 인간이 보편적으로 타고난 능력의 결과로 본다면 미개한 민족도 언어를 가졌을 거라 추론할 수 있다.
③ 12개월 미만의 유아는 국적과 상관없이 'r'과 'l'을 구별한다고 했으니, 이 시기를 지난 7세 아동의 경우 국적에 따라 배운 언어가 달라 둘을 구별하기 어려울 것임을 추론할 수 있다.

2 ④

정답해설 ㉠ (사피어-워프 가설)은 '언어가 의식을, 사고와 세계관을 결정한다'는 견해이다.
ㄱ. '눈'에 대한 단어를 더 많이 가진 이누이트족이 영어 화자들보다 '눈'을 넓고 섬세하게 경험한다는 것은 언어에 얽매인 채 세계를 경험한다는 ㉠을 강화하는 예시이다.
ㄴ. '수를 세는 단어'가 3개뿐인 피라하족의 사람들이 그 이상의 수를 세분화하여 인식하지 못한다는 것은 ㉠을 강화하는 예시이다.
ㄷ. '색채 어휘가 적은 자연언어 화자들'이 그 반대의 경우보다 색채를 구별하는 능력이 뛰어나다는 것은 '언어가 사고를 결정한다'는 견해와 양립할 수 없으므로 ㉠을 약화하는 예시이다.

3 ④

정답해설 〈보기〉를 참고하면 인간의 언어 습득은 경험과 학습에 의해서 그 여부가 결정된다고 할 수 있다. 즉, 그 소년이 야생에서 언어적 경험을 할 수 없었기 때문에 언어를 모른다는 것이다. 따라서 이 이야기는 경험설을 강화하는 근거로 활용할 수 있을 것이다.

오답해설
① 극단적인 경험론 역시 '경험을 통해 언어를 습득한다'는 입장이므로, 〈보기〉는 약화하는 근거가 아니라 강화하는 근거로 쓰일 수 있는 자료이다.
② '촘스키'는 '생득설'을 주장하였지만 '스키너'는 '경험설'을 주장하였으므로, 〈보기〉는 이 둘을 동시에 약화할 수 없다. 〈보기〉는 '촘스키'의 주장만 약화할 수 있다.
③ '피아제'는 최초의 심적 상태에 언어에 관한 정보는 없지만 여러 인지 능력이 있으며, 이 능력이 환경과 상호 작용하면서 언어 습득이 이루어진다고 하였다. 따라서 환경과의 상호 작용이 이루어지지 않았던 '늑대 소년'이 언어를 사용하지 못한다는 〈보기〉의 내용으로 '피아제'의 주장을 약화할 수는 없다.

4 ③

정답해설 촘스키는 LAD가 인간만이 유전적으로 타고나는 것이며, 문법에 맞게 문장을 자유자재로 사용할 수 있는 능력이라고 하였다. 그러므로 동물에게 아무리 인간의 언어를 가르친다고 하여도 배우지 않은 문장을 문법에 맞게 사유자재로 구사할 수는 없다.

오답해설
① LAD는 문법에 맞게 문장을 자유자재로 사용할 수 있는 능력으로, 문장을 따라 읽었다고 해서 LAD가 발현된 것은 아니다.
② LAD는 문법에 맞게 언어를 자유자재로 사용할 수 있는 능력인데 문자 해독 능력이 있다고 해서 LAD가 발현된 것은 아니다.
④ LAD는 모든 동물이 가지고 있는 능력이 아니라 인간만이 가지고 있는 능력이다.

5 ②

정답해설 지문에서 피아제는 자기중심적 언어가 아동의 행위와 사고를 단순히 반복하는 것에 불과하며, 아동의 자기중심적 사고를 반영하는 이상의 역할은 하지 않는다고 보았다. 그리고 〈보기〉에서 비고츠키는 언어가 문제 상황을 이해하고 해결하는 도구로 쓰이는 것으로 보았다.

오답해설
① 첫째 문단에서 객관적 사고는 사회적 사고를 갖추었을 때 가능하다고 본 것은 피아제라고 설명되어 있다.
③ 둘째 문단에서 자기중심적 언어가 아동의 행위와 사고의 단순 반복이라고 본 것은 피아제의 견해라는 것을 확인할 수 있다.
④ 〈보기〉에서 비고츠키가 자기중심적 언어는 문제 해결 과정의 긴장과 표현을 완화시켜 준 것으로 보았다는 견해가 제시되어 있다. 이로 미루어 볼 때, 문제 상황에 대한 다른 관점의 내면화는 자기중심적 언어와 관련된다고 보기 어렵다.

6 ④

정답해설 ㄱ. A는 2~3세경에 자기중심적 언어가 나타나며 그 단계 전에서는 환상적 사고의 단계, 즉 의사소통 행위가 아닌 것에 머물러 있다고 본다. 반면 B는 자기중심적 언어의 전 단계, 즉 출생 이후 약 2세까지의 상호 작용을 의사소통 행위로 판단한다. (참)
ㄴ. 첫째 문단에 따르면, A는 8세경에 학령이 되면서 자기중심적 언어는 소멸한다고 본다. 반면 둘째 문단에 따르면, B는 자기중심적 언어가 학령이 되면서 소멸하는 게 아니라 내면화된다고 본다. (참)
ㄷ. 첫째 문단에 따르면 A는 8세경에 학령이 되면서 사회적 언어의 단계로 진입한다고 본다. 반면 셋째 문단에 따르면, B는 출생 이후 약 2세까지의 상호 작용을 의사소통 행위로 판단하며, 이때의 의사소통 행위가 사회적 언어를 통해 수행된다고 본다. 즉 A는 8세경을, B는 출생 이후부터 약 2세까지를 사회적 언어로 진입하는 시기로 보는 것이므로, 이에 대해 견해를 달리하고 있다. (참)

7 ④

정답해설 영어의 mutton은 프랑스어 mouton에서 온 것이지만, 죽은 양이나 양고기만을 지칭하는데 이는 이미 살아 있는 양을 가리키는 sheep이라는 단어가 영어권에 존재했을 것이기 때문이라고 추정된다. 반대로 이전에는 양고기를 지칭하는 말이 없었기 때문에 mutton이 생명력을 가지고 살아 있었던 것이다.

오답해설
ㄱ. 이미 살아 있는 양을 가리키는 sheep과는 다른 의미를 가졌기

때문에 mutton이 영어권에서 가치가 있는 단어로 받아들여지는 것이다. 따라서 시간이 지나면 mutton이 sheep의 의미까지 포함할 것이라는 설명은 적절하지 않다.
ㄷ. mouton이라는 말이 들어오기 이전에는 양고기가 없었던 것이 아니라 양고기를 지칭하는 말이 없었던 것으로, mouton이라는 말이 들어오기 전 영어권에 양고기가 없었다는 설명은 적절하지 않다.

8 ①

○ 정답해설 〈보기〉에서 훔볼트는 언어는 사유로부터 독립해 있지만, 동시에 사유 없이는 존재할 수 없다고 하였다. 이는 언어의 구조가 인간과 무관하게 존재한다는 소쉬르의 설명과는 상충되는 부분이다. 따라서 '인간이 사고와 판단의 중심이 아니라고 본 소쉬르와 달리 훔볼트는 언어가 인간을 벗어나서는 존재할 수 없다고 생각하고 있군'이라는 설명은 적절하다.

✗ 오답해설
② 〈보기〉의 내용에서 훔볼트가 언어가 보편적이라고 생각한 근거를 찾을 수 없으므로 적절하지 않다.
③ 셋째 문단에 따르면, 소쉬르는 언어의 공시적 측면을 중시하였으므로 소쉬르가 '언어의 통시성을 중시하였다'는 설명은 적절하지 않다.
④ 언어가 사유로부터 독립해 있다는 견해는, 주체 외부의 구조를 이야기한 소쉬르의 입장과 맥을 같이 하고 있으므로 '소쉬르의 견해를 지지하는 사람들에게 비판을 받을 수 있겠다'는 설명은 적절하지 않다.

9 ④

○ 정답해설 첫째 문단에 따르면 머릿속에 내재되어 있는 추상적인 언어의 모습이 랑그이며, 의사소통을 위해 랑그를 사용하는 개인적인 행위가 파롤이다. 따라서 마지막 문단의 '자기 모국어에 대해 사람들이 내재적으로 가지고 있는 지식'인 언어 능력에 대응하는 개념은 랑그이며, '사람들이 실제로 발화하는 행위'인 언어 수행에 대응하는 개념이 파롤이므로 ㉣은 '랑그가 언어 능력에 대응한다면, 파롤은 언어 수행에 대응'으로 수정하는 것이 적절하다.

✗ 오답해설
① 첫째 문단에 따르면 랑그는 '추상적인 언어의 모습으로, 언어 공동체가 공유하고 있는 기호 체계'를 가리키고, 파롤은 '구체적인 언어의 모습으로, 개인적인 행위'를 의미한다. 이를 통해 랑그는 고정되어 있는 악보에, 파롤은 개인에 따라 달라지는 실제 연주에 비유하는 것이 적절하다.
② 둘째 문단에서 랑그는 고정된 악보에 비유되고 있어, 이를 여러 상황에도 불구하고 변하지 않고 기본을 이루는 언어의 본질적인 모습에 해당한다고 표현하는 것이 적절하다.
③ 첫째 문단에 따르면 파롤이 구체적인 언어의 모습이자 개인적인 행위를 의미한다. 따라서 '책상'이라는 단어가 실제로 발음되는 지각각의 소릿값은 파롤이다.

10 ①

○ 정답해설 '로물루스'를 사례로 축약된 기술어를 설명한 것은 을의 입장이다. 갑은 축약된 기술어와 관련하여 의견을 제시하지 않았다.

✗ 오답해설
② 을은 실존하지 않는 대상을 지칭하는 단어가 있다고 보며, 그 사례로 단어 '로물루스'를 제시했다.
③ 갑은 '페가수스'를 이름으로 본다. 반면, 을은 실존하지 않는 대상을 지칭하는 단어를 일종의 '축약된 기술어'라고 보기 때문에 '페가수스'를 축약된 기술어로 볼 것이다.

④ 갑은 '모든 이름은 실존하는 대상을 반드시 지칭'한다고 보며, 을 역시 '어떤 단어가 이름이라면 그것은 실존하는 어떤 대상을 반드시 지칭'한다고 본다.

본문 P.17

2 정보와 논리

1 ②

○ 정답해설 ㉠은 한정된 경험으로 얻은 지식을 전체로 추론해서는 안 된다는 귀납법의 오류를 지적한 것이다. 마찬가지로 ②도 내가 본 까마귀에 대한 경험만으로 까마귀 전체에 대한 결론을 낼 수 없다는 입장을 드러낸 것이다.

2 ④

○ 정답해설 칸트는 감각과 경험을 분리한 후에, 지각 행위 자체로만은 경험이 되지 못한다고 하였다. 그러면서 감각 자료가 경험이 되기 위해서는 인간의 이성에 의해 해석되어야 한다고 주장하였다.

✗ 오답해설
① 로크는 지식을 외부 대상을 경험함으로써 얻는 관념일 뿐이라고 하였다.
② 버클리는 인식 주체와 상관없이 대상만으로 지식이 만들어진다는 극단적인 경험론을 주장하였다.
③ 데카르트는 이성을 지닌 인식 주체가 없으면 경험 자체로는 아무런 지식도 이루지 못한다고 하였다.

3 ①

○ 정답해설 〈보기〉는 개별적 사실로부터 인과 관계를 찾아내어 체계화한 귀납적 추론이다. 흄에 의하면 이때 추론을 위해 필요한 '자연은 한결같다'라는 가정은 우리가 경험할 수 없는 가정이므로 ㉮는 알 수 없는 가정에 의한 결론이 된다.

4 ③

○ 정답해설 〈보기〉는 연장성을 갖고 움직이면서 색깔과 같은 감각적 성질을 전혀 갖지 않는 물체란 상상할 수 없다고 주장하였는데, 이는 로크의 제1성질과 제2성질의 구분을 비판한 것으로 이해할 수 있다. 〈보기〉는 대상의 형태, 크기, 무게, 색깔, 소리, 맛 등은 모두 지각자의 주관성에 의존한다고 보았다. 하지만, 로크는 크기나 형태는 물체 자체가 가진 고유한 성질인 제1성질로, 색깔, 소리, 맛과 같은 감각적인 것들은 물체를 지각하는 주체에 존재하는 성질인 제2성질로 구분하면서 대상의 제1성질은 고정되어 있지만 그것이 생산하는 제2성질은 지각자에 따라 달라질 수 있다고 보았다. 따라서 〈보기〉의 관점에서는 제1성질과 제2성질을 분리해 생각하는 로크의 입장을 비판할 수 있다.

✗ 오답해설
① 〈보기〉는 대상의 형태, 크기, 무게, 색깔, 소리, 맛의 구분이 불필요하다는 것이지, 색깔이 제1성질에 포함되어야 한다고 주장하는 것은 아니다.
② 로크는 물체 자체가 가진 고유한 성질을 제1성질이라고 보았는데, 〈보기〉의 '대상의 형태, 크기, 무게 역시 색깔, 소리, 맛이 존재하는 마음속에 있을 수밖에 없으며, 형태, 크기, 무게, 색깔, 소리, 맛 능는 모두 지각자의 주관성에 의존한다'에 의하면 제1성질과 제2

성질은 모두 지각자의 주관성에 의존한다고 보았음을 알 수 있다. 이로 미루어 보아 〈보기〉는 물질적 실체의 존재를 인정하지 않고 있음을 추론할 수 있으므로 '물체 자체가 가진 고유한 성질은 제1성질'이라는 것은 〈보기〉의 관점이 아니다.
④ 〈보기〉는 '형태, 크기, 무게, 색깔, 소리, 맛 등은 모두 지각자의 주관성에 의존한다고 보았고', '인간이 크기를 지각하는 것은 색깔의 감각과 촉각에 의한 감각들의 결합에 의한 것'이라고 했으므로 '감각 경험에 의해 나타나는 주관적 성질은 존재하지 않는다'는 것은 〈보기〉의 관점이 아니다.

5 ②

정답해설 ㉠은 물질의 성질 변화에 대한 추측으로 하나의 가설로 볼 수 있다. 그리고 ㉡은 ㉠의 가설을 증명하는 데 필요한 구체적인 사실이다. 따라서 구체적인 사실들로부터 일반적인 현상을 입증해 내는 것은 연역 추리가 아니라 귀납 추리에 해당한다. 넷째 문단에서 가설을 제기하는 단계에서는 귀납 추리 중에서도 유비 추리를 사용하는 경우가 많다고 하였다.

오답해설
① ㉠은 ㉡, ㉢과 같은 현상을 바탕으로 이끌어 낼 수 있는 가설이다.
③ ㉢은 나노 재료의 특성으로 구체적인 사실에 해당하며, 이는 ㉣의 이해를 돕는다.
④ ㉣은 가설인 ㉠을 과학적 이론으로 정립하는 데 필요한 전제 조건(대전제)에 해당한다.

6 ④

정답해설 모순이 있다는 것은 동시에 참이 될 수 없고, 동시에 거짓이 될 수 없는 것이므로 'A가 참일 때 B가 반드시 참'으로 정의되는 관계인 '함축'에서는 모순이 존재할 수가 없다. 그러므로 함축 관계에 있는 명제가 '모순 없는 명제들일 수는 없다.'라는 진술은 적절하지 않다.

오답해설
①, ② 첫째 문단에서 정합설에서는 어떤 명제가 참인 것은 다른 명제와 정합적이기 때문이라고 하였으므로, 다른 명제와의 관계가 정합적인지 아닌지에 따라 참과 거짓을 판단할 수 있음을 알 수 있다. 그리고 둘째 문단에 따라 참인 명제와 정합적인 관계에 있는 새로운 명제도 참이라는 것을 알 수 있다.
③ 정합적이라는 것을 '모순 없음'으로 이해했을 때 참이 아닌 명제는 모순이 있는 명제를 말한다. '함축'은 'A가 참일 때 B가 반드시 참'으로 설명되므로 모순이 있는 명제는 함축으로 이해했을 때 거짓이 된다.

7 ①

정답해설 민수가 은주보다 키가 크다는 것이 참이라면 민수가 은주보다 키가 크지 않다는 것이 참이 될 수 없다. 만약 민수가 은주보다 키가 크다는 것이 거짓(민수가 은주보다 키가 작거나 같은 경우)이라면 민수가 은주보다 키가 크지 않다는 것이 거짓이 될 수 없다. 그러므로 이 둘은 모순 관계이다.

오답해설
② 민수가 농구와 축구를 모두 좋아하는데, 축구를 더 좋아하는 경우라면 두 명제는 동시에 참이 될 수 있다.
③ 두 명제는 동시에 참이 될 수는 없지만, 만약 이익도 손해도 아닌 경우라면 동시에 거짓이 될 수 있으므로 모순 관계가 아니다.
④ 두 명제는 동시에 참이 될 수 있고, 동시에 거짓이 될 수도 있으므로 모순 관계가 아니다.

8 ①

정답해설 마지막 문단의 설명에 따르면 함축 관계를 이루는 명제는 필연적으로 설명적 연관이 있기 때문에, 함축 관계를 이루는 명제들은 설명적 연관으로 이해했을 때 역시 참으로 추가할 수 있다. 그러므로 〈보기〉의 명제와 함축 관계에 있는 "우리 집이 정전되었다."라는 명제는 설명적 연관으로 이해했을 때 참인 명제로 추가할 수 있다.

오답해설
② '우리 집'은 '우리 동네'에 포함되어 있으므로 우리 동네가 정전이 되면 우리 집도 반드시 정전이 된다. 그러므로 〈보기〉의 명제가 참일 때, '정합적이다'를 함축으로 이해하면 "우리 집이 정전되었다."라는 명제도 참이 된다.
③ 예비 전력이 부족하여 전력 공급이 중단되었다는 것은 우리 동네 전체가 정전이 된 이유를 그럴듯하게 설명해 주는 것이기 때문에 '정합적이다'를 설명적 연관으로 이해했을 때 참이 된다.
④ 〈보기〉의 명제가 참이라고 해서 "우리 동네에는 솔숲이 있다."라는 명제가 반드시 참이 되는 것은 아니다. 그러므로 '정합적이다'를 함축으로 이해했을 때는 이 명제를 참인 명제로 추가할 수 없다.

9 ①

정답해설 "개혁 의지가 투철한 사람만 시위에 참석했다."는 첫째와 둘째 문단에서 설명한 '전체 긍정 명제', '전체 부정 명제', '부분 긍정 명제', '부분 부정 명제'의 표준 형식에 해당되지 않는다.

오답해설
② 시위에 참석한 사람들은 모두 개혁 의지가 투철한 사람들이었다는 사실만 긍정할 뿐, 개혁 의지가 투철한 사람들이 모두 시위에 참석한 것을 긍정한 적 없으므로, '개혁 의지가 투철한 사람은 누구나 다 시위에 참석했다'라는 의미가 있다고 판단하지 않은 것은 적절하다.
③ 시위에 참석한 사람들은 모두 개혁 의지가 투철한 사람들이었다는 사실만을 긍정하므로, '개혁 의지가 투철한 사람의 일부분이 참석했다.'라는 것을 긍정하지도 않는다고 판단한 것은 타당하다.
④ 시위에 참석한 사람들은 모두 개혁 의지가 투철한 사람들이었다는 사실만 긍정하므로, 그 사람들만이 개혁 의지가 투철한 사람들인지에 대한 긍정은 없다는 판단은 적절하다.

10 ③

정답해설 '게임에 미친 모든 사람은 게임을 좋아한다.'라고 하면 '게임' 외에 다른 것을 좋아할 수도 있으므로, '게임에 미친 사람이 좋아하는 모든 것은 게임이다.'로 고쳐야 한다.

오답해설
① '새도 하늘에서 떨어진다.'에서 '새'는 모든 새가 아니므로, ㉮는 '어떤 새는 하늘에서 떨어지는 새이다.'로 고칠 수 있다.
② '소수의 사람들만이 박람회에 초대를 받았다.'는 모든 사람이 초대를 받은 것이 아니므로, 어떤 사람은 초대를 받은 사람이고 또 어떤 사람은 초대를 받지 못한 사람이다.
④ '비가 오는 날이면 언제나 그는 커피를 마신다.'에서 '날이면'으로 볼 때 '모든 날'이 되므로 ㉰를 '비가 오는 모든 날은 그가 커피를 마시는 날이다'로 고치는 것이 적절하다.

3 비판적 사고

본문 P.26

1 ②

●정답해설● 첫째 문단에 의하면 논리실증주의자와 포퍼는 가설로부터 도출된 예측을 경험을 통해 판단함으로써 가설을 시험한다고 하였으므로, '경험을 통하지 않고 가설을 시험할 수 있는가?'라는 질문에 '아니요'라고 답변할 것이다. 콰인은 둘째 문단에서 가설을 포함한 전체 지식이 경험을 통한 시험의 대상이 된다고 하였으므로, ②와 같은 질문에 '아니요'라고 답변할 것이다.

❌오답해설❌
① 첫째 문단에서 논리실증주의자는 예측이 맞을 경우에, 포퍼는 예측이 틀리지 않는 한, 그 예측을 도출한 가설이 하나씩 새로운 지식으로 추가된다고 주장하고 있다. 따라서 논리실증주의자와 포퍼는 '과학적 지식은 개별적으로 누적되는가?'라는 질문에 '예'라고 답변할 것이다. 반면, 콰인은 넷째 문단에서 지식의 변화가 더 이상 개별적 지식이 단순히 누적되는 과정이 아니라고 주장하고 있으므로 ①과 같은 질문에 '아니요'라고 답변할 것이다.
③ 논리실증주의자와 포퍼는 수학적 지식이나 논리학 지식은 경험과 무관하게 참으로 판별되는 분석 명제라고 보았다. 따라서 '경험과 무관하게 참이 되는 지식은 존재하는가?'라는 질문에 '예'라고 답변할 것이다. 반면, 콰인은 셋째 문단에서 분석 명제가 지니는 순환성을 바탕으로 경험과 무관하게 참이 되는 지식인 분석 명제가 존재한다는 주장은 근거가 없다는 결론에 이르고 있고, 넷째 문단에서 중심부 지식과 주변부 지식이 경험과 무관한 것은 아니라고 하였으므로, ③과 같은 질문에 '아니요'라고 답변할 것이다.
④ 첫째 문단에서 논리실증주의자와 포퍼는 가설로부터 논리적으로 도출된 예측을 경험을 통해 판단하여 가설을 시험하는 방법을 제시하였으므로, '예측은 가설로부터 논리적으로 도출될 수 있는가?'라는 질문에 '예'라고 답변할 것이다. 반면, 콰인은 둘째 문단에서 가설만으로는 예측을 이끌어낼 수 없고 기존의 지식들, 여러 조건 등을 모두 합쳐야 예측이 도출된다고 주장하였으므로 ④와 같은 질문에 '아니요'라고 답변할 것이다.
⑤ 첫째 문단에서 논리실증주의자와 포퍼는 수학적 지식은 경험과 무관한 것, 과학적 지식은 경험에 의존하는 것으로 구분하였다. 또한 셋째 문단에서 논리실증주의자와 포퍼는 수학적 지식은 분석 명제로, 과학적 지식은 종합 명제로 구분하면서 서로 다른 종류로 판단하였으므로, '수학적 지식과 과학적 지식은 종류가 다른 것인가?'라는 질문에 '예'라고 답변할 것이다. 반면, 넷째 문단에서 콰인은 분석 명제와 종합 명제로 지식을 엄격히 구분하는 대신, 수학적 지식이나 논리적 지식과 같은 중심부 지식과 경험에 의해 시험되는 과학적 지식과 같은 주변부 지식을 상정하고 그 경계를 명확히 나눌 수 없기 때문에 이 둘을 다른 종류라고 하지 않는다고 하였으므로, ⑤와 같은 질문에 '아니요'라고 답변할 것이다.

2 ④

●정답해설● 셋째 문단에서 콰인은 '총각은 총각이다'와 '총각은 미혼의 성인 남성이다'라는 명제를 통해서 분석 명제와 종합 명제를 구분하는 것을 부정한다. 이때 두 번째 명제를 분석 명제라고 할 수 있는 까닭은 '총각'과 '미혼의 성인 남성'이 동의적 표현이기 때문이다. 동의적 표현은 둘을 서로 대체하더라도 명제의 참 또는 거짓이 바뀌지 않는 것인데 이것만으로는 두 표현의 의미가 같다는 것을 보장하지 못하므로 '동의적 표현은 언제나 반드시 대체 가능해야 한다'는 필연성 개념에 의존하게 된다. 이러한 필연성 개념은 다시 '경험과 무관하게 참으로 판별되는 명제'라는 분석 명제 개념에 의존하게 되면서 순환론에 빠지게 된다.

❌오답해설❌
① 첫째 문단에 의하면 포퍼는 예측이 맞을 경우보다는 예측이 틀리지 않는 한, 그 예측을 도출한 가설이 지식으로 인정된다고 보았다.
② 셋째 문단에서 논리실증주의자는 경험과 무관하게 참으로 판별되는 명제를 분석 명제로 본다고 하였으므로, 총각을 한 명 한 명 조사하여 미혼임을 확인하는 경험적 방법은 분석 명제임을 판별하는 방법으로 적절하지 않다.
③ 넷째 문단에서 콰인은 경험과 직접 충돌할 수 있는 주변적 지식(관찰과 실험에 의존하는 지식)과 경험과 직접 충돌하지 않는 중심부 지식(관찰과 실험에 의존하지 않는 지식)의 경계를 명확히 나눌 수 없기 때문에 이 둘을 다른 종류라고 하지 않는다고 하였다.
⑤ 셋째 문단에서 동어 반복 명제는 '총각은 총각이다'와 같이 경험과 무관하게 참으로 판별되는 분석 명제라고 하였다. 그러므로 대체 가능하며, 대체했을 때 참, 거짓이 바뀌는 명제는 동어 반복 명제와 관련이 없는 것이다.

3 ⑤

●정답해설● 마지막 문단에서 총체주의는 특정 가설이 실용적으로 필요하다고 인정되면 제기되는 반박을 피하는 방법을 강구하여 가설을 받아들일 수 있다고 하였다. 따라서 총체주의의 입장에서는 ⓑ가 거짓으로 밝혀지더라도 실용적 필요에 따라 전체 지식인 ⓒ의 수정을 통해 가설인 ⓐ를 받아들일 수 있을 것이다.

❌오답해설❌
① 둘째 문단에서 예측은 가설, 기존의 지식들, 여러 조건 등을 모두 합쳐야만 논리적으로 도출될 수 있는 것이기 때문에 예측이 거짓으로 밝혀지더라도 정확히 무엇 때문에 예측에 실패한 것인지 알 수 없다고 하였으므로, 예측인 ⓑ가 거짓으로 밝혀지더라도 그것이 가설인 ⓐ 때문이라고 단정할 수 없다.
② 넷째 문단에서 지식을 수정하는 경우 대부분 주변부 지식을 수정하지만 실용적 필요로 인해 중심부 지식을 수정하는 경우도 있다고 하였다. 따라서 예측인 ⓑ가 거짓으로 밝혀져서 ⓒ의 수정이 이루어져야 하는 경우, 수정 부분은 실용적 필요에 따라 주변부가 될 수도 있고 중심부가 될 수도 있다.
③ 둘째 문단에서 예측은 가설, 기존의 지식들, 여러 조건 등을 모두 합쳐 논리적으로 도출된다고 하였으므로, 가설인 ⓐ와 전체 지식인 ⓒ로부터 예측인 ⓑ가 도출된다고 볼 수 있다.
④ 넷째 문단에서 주변부 지식이 경험과 충돌하여 거짓으로 밝혀지면 전체 지식의 수정을 고민하게 된다고 하였으므로, 예측인 ⓑ가 거짓으로 밝혀지면 이는 전체 지식인 ⓒ의 주변부, 즉 주변부 지식이 경험과 충돌한 것으로 볼 수 있다.

4 ⑤

●정답해설● 마지막 문단에서 총체주의는 논리학의 법칙처럼 아무도 의심하지 않는 지식은 분석 명제로 분류해야 하는 것이 아니냐는 비판에 답해야 하는 어려움이 있다고 하였다. 총체주의는 중심부 지식과 주변부 지식 간의 경계가 불분명하다고 하고 있지만, 중심부 지식 중에는 아무도 의심하지 않는 논리학 법칙과 같이, 경험과 충돌하여 참과 거짓이 쉽게 바뀌는 주변부 지식과는 종류가 다른 지식이 존재한다는 비판에 직면할 수 있다.

오답해설

① 둘째 문단에서 총체주의는 가설만으로는 예측을 논리적으로 도출할 수 없다고 보았으며, 예측과 경험의 충돌로 인해 예측이 거짓으로 밝혀지더라도 가설이 반드시 틀린 것으로 볼 수 없다는 입장은 총체주의의 입장과 동일하므로 적절하지 않은 비판이다.
② 넷째 문단에서 총체주의는 수학적 지식이나 논리학 지식이 중심부 지식의 한가운데에 있어 경험에서 가장 멀리 떨어져 있지만 그렇다고 경험과 무관한 것은 아니라는 입장을 밝히고 있으므로, 이 진술은 총체주의에 대한 비판으로 적절하지 않다.
③ 넷째 문단에서 총체주의는 중심부 지식과 주변부 지식이 모두 수정의 대상이 될 수 있다고 하였으므로, 수정 대상을 주변부 지식으로 한정하는 것이 잘못이라는 비판은 적절하지 않다.
④ 넷째 문단에서 주변부 지식을 수정하면 전체 지식의 변화가 크지 않지만 중심부 지식을 수정하면 관련된 다른 지식이 많기 때문에 전체 지식도 크게 변화한다고 하고 있다. 따라서 이 진술은 총체주의에 대한 비판으로 적절하지 않다.

Part 2
논증

본문 P.28

1 논증의 개념

활동 1

1. 전제: 모든 시인은 가난뱅이다. 모든 소설가는 가난뱅이다.
   결론: 모든 소설가는 시인이다.
2. 전제: 모든 마라톤 선수들은 체력이 좋다.
   결론: 갑은 마라톤 선수임에 틀림없다.
3. 전제: 지영이는 이 반에서 가장 똑똑하다.
   결론: 우리는 지영이를 반장으로 뽑아야 한다.
4. 전제: 나의 고향에 사는 사람들은 모두 착하다. 바닷가 생활은 매우 단순하며 그런 생활은 사람을 착하게 만든다. 내가 어제 만난 소미는 내 고향 사람이다.
   결론: 소미는 착하다.
5. 전제: 모든 토끼는 고양이이다. 모든 강아지는 토끼이다.
   결론: 모든 강아지는 고양이이다.
6. 전제: 그가 준비하는 집회는 언제나 성황을 이룬다.
   결론: 어제 그 집회는 성공적이었을 것이다.
7. 전제: 시베리아에 사는 고니는 우리나라에서 겨울을 지낸다.
   결론: 이번 겨울에도 시베리아에 사는 고니가 우리나라에 날아올 것이다.
8. 전제: 발표를 한 학생은 가산점을 받는다. 유진이는 가장 먼저 발표를 했다.
   결론: 유진이는 20점의 가산점을 받을 것이다.
9. 전제: 범죄는 다른 사람한테 피해를 입혀야 한다. 마약을 복용한다고 해서 다른 사람한테 피해를 입히지 않는다.
   결론: 마약 복용이 범죄는 아니다.

활동 2

1. 숨은 전제: 지금 비가 온다.
2. 숨은 결론: 마약 복용이 범죄는 아니다.
3. 숨은 전제: 교통 체증을 유발하는 행위는 좋은 운전법이 아니다.
4. 숨은 전제: 그는 약속을 지키는 사람이다.
5. 숨은 전제: 친일파는 국가와 국민을 위해 봉사하는 사람이 아니다.
6. 숨은 전제: 대한민국 대통령 후보로 출마하려면 국적이 대한민국이어야 한다.

문제 적용

1 ④

정답해설 지문에서 용이 작은 물고기를 필요로 한다는 것을 알 수 있다. 또 '군주'라는 표현을 통해 작은 물고기가 백성임을 알 수 있다. 백성과 군주 사이에 있는 '큰 물고기'는 관리라고 생각할 수 있다. 용에게 작은 물고기가 필요하다는 정보는 있지만, '④ 용은 큰 물고기가 있어야 살 수 있다.'는 추론할 수 없는 내용이다.

오답해설
① 군주인 용이 사는 곳인 물은 국가라고 짐작할 수 있다.
② 용이 군주이기 때문에 그 중간의 큰 물고기는 관리라고 짐작할 수 있다.
③ 용이 군주이기 때문에 작은 물고기는 백성이라고 짐작할 수 있다.

2 ④
정답해설 지문은 방언이 그것을 사용하는 사회를 반영한다고 하였다. 방언이 언어의 한 종류임을 감안할 때, 지문에 담긴 숨겨진 의미를 추리한 것은 '④ 언어는 그 언어를 사용하는 사회를 반영한다.'이다.
오답해설
① 지문에서 언어라는 용어가 방언과 대등하게 나와 비교되지 않았다.
② 지문에서 방언을 통해 사회를 이해할 수 있다는 것은 알 수 있지만, 그 외에 다른 방법이 없다는 것은 알 수 없다.
③ 시간이라는 단어가 방언의 공간적 특성을 반영하지 못했다.

3 ③
정답해설 사적 측면에서의 부는 수단 방법을 가리지 않고 돈을 벌어, 남이야 어떻든 마음대로 쓰는 것이라고 하였다. 또한 부를 가진 많은 사람들이 이를 사적 측면에서 이해해, 많은 사람들에게 사회적으로 존경받지 못하게 되었다고 하였다.
지문은 '만약 우리나라에서 부가 사회적으로 존경받지 못한다면'이라는 가정의 표현을 사용하고 있다. 가정된 내용의 참은 알 수 없으므로 '③ 우리나라에서는 부가 사회적으로 존경받지 못한다.'는 지문에서 알 수 없는 내용이다.
오답해설
① 부를 가지지 못한 사람이 부를 가진 사람을 존경하지 않는다는 내용이므로, 빈부의 격차가 있다는 것은 지문의 전제이다.
② 부를 사적 측면에서만 본 것이라는 내용이 있으므로, 공적 측면이 있다고 추리할 수 있다.
④ 돈을 남이야 어떻든 내 마음대로 쓰는 경우를 '사적 시각에서의 부'로 설명했다. 만일 우리나라에서 부가 사회적으로 존경받지 못한다면, 부를 가진 이들이 지나치게 부를 사적 측면에서만 이해하려고 했기 때문이라고 하였다. 따라서 사회적으로 존경받기 위해서 필요한 돈의 윤리적 사용법이 있다는 것을 짐작할 수 있다.

4 ②
정답해설 당악이 비록 우리 향악에 큰 영향을 끼쳤지만 지금까지 전해 오지 못한 이유는 우리 민족의 문화가 아니었기 때문이다. 밑줄 친 문장은 이것이 당악이 쇠퇴한 배경이라고 하였다. 따라서 밑줄 친 문장의 전제는 우리 민족의 문화만이 전승될 수 있다는 것이다. 따라서 정답은 '② 우리가 창조한 민족 문화만이 오랫동안 우리의 역사에 살아남을 수 있다.'이다.
오답해설
① 전제가 아니라 밑줄 친 문장에 포함되어 있는 내용이다.
③ 밑줄 친 문장은 당악이 매우 존중되었지만, 현재 전해 내려오는 국악곡들은 대부분 향악에 속한다고 설명하였다. 따라서 향악이 당악을 흡수했다고 볼 수 없다.
④ 밑줄 친 문장은 당악이 그 당시에 존중되었다고 설명하였다. 외래 문화가 독자적인 문화가 될 수 없는지는 알 수 없다.

5 ②
정답해설 지문은 주식 옵션의 수익이 주식의 가격 변화에 의존한다고 설명한다. 회사가 경영자에게 주식 옵션을 지급한다면 경영자의 수익이 주식의 가격 변화에 의존될 것이므로, 경영자는 주식 가격의 상승을 추구할 것이다. 따라서 '② 경영자가 주식 가격의 상승을 추구하도록'이 정답이다.

6 ④
정답해설 지문은 국어의 옛 모습을 알기에는 아직 국어의 계통에 관한 연구가 미흡하므로, 국어의 계통 연구가 필요하다고 제시하고 있다. 따라서 이 글은 언어의 옛 모습은 언어의 계통 연구를 통해 밝힐 수 있다는 생각이 전제된 것으로 볼 수 있다.
오답해설
① 국어가 알타이 어족에 속할 가능성은 높지만, '분명한 비교 언어학적 증거가 확보되지 않아 가설 단계에 머물러 있을 뿐'을 통해 비교 언어학적 증거의 확보가 필요하다고 하고 있다. 하지만 '국어의 계통에 대해서는 그동안 많은 연구가 이루어져 왔음'을 통해 국어 연구는 이미 진행되었음을 알 수 있다. 따라서 비교 언어학이 국어 연구의 기초를 이룬다고 볼 수 없다.
② 지문은 선사 시대에 관한 연구 자료 확보에 대해 제시하지 않았다.
③ '국어의 계통에 대해서는 그동안 많은 연구가 이루어져 왔음'을 통해 국어의 계통 연구는 국어학의 주된 관심사였음을 알 수 있다.

7 ①
정답해설 밑줄 친 문장은 '소형 서점도 분야를 특화하거나 고객에게 밀착하여 충분히 살아남을 수 있다'이다. 즉, 소형 서점이 분야 특화나 고객 밀착을 통해 대형 서점과의 경쟁에서도 살아남을 수 있다는 것이다. 이러한 문장의 전제는 대형 서점이 고객에게 충족시켜 주지 못하는 영역에서 소형 서점이 더 나은 서비스를 제공할 수 있다는 것이 된다. 만일 대형 서점에서도 분야 특화나 고객 밀착이 제공될 수 있다면, 밑줄 친 문장은 성립할 수 없기 때문이다.
오답해설
② 서점 선택에서 가격이 가장 중요한 요소라면, 가격 외의 요소인 분야 특화나 고객 밀착을 통해 소형 서점이 살아남는 것은 어려워진다. 따라서 이는 오히려 밑줄 친 문장에 대한 반론이 된다.
③ 변화하지 않는 서점들이 도태될 수밖에 없다는 것은 지문에 부합하는 내용이지만, 밑줄 친 문장의 전제로 볼 수는 없다. 변화하지 않는 서점들이 도태될 수밖에 없다는 전제에서, 소형 서점이 분야 특화나 고객 밀착을 통해 살아남을 수 있다는 결론을 도출할 수는 없기 때문이다.
④ 특정한 책의 장르를 취급하는 서점이 존재한다는 것은 밑줄 친 문장의 전제가 될 수 없다. 이러한 특화 서점이 존재한다는 사실에서, 특화를 통해 대형 서점과의 경쟁에서 살아남을 수 있다는 결론을 도출할 수는 없기 때문이다.

8 ①
정답해설 수용자의 정신 에너지 투입량을 기준으로 수용이 용이하다는 것을 판단한다면 영상 문화가 수용이 용이하고 자유롭다고 말할 수 있다. 하지만 지문은 에너지 투입의 최소화라는 관점에서만 보는 것은 단편적인 생각일 수 있다고 주장하며, 영상 문화가 수용이 용이하고 자유롭다는 주장을 비판하고 있다. 따라서 결론을 이끌어 내기 위해 필요한 전제는 영상 문화의 수용 용이성을 주장하는 견해는 에너지 투입의 최소화 즉, 실용성의 관점만을 취한다는 것이다.

✖ 오답해설

② 지문에서는 문화적 텍스트가 일정한 정신 근육의 긴장(투입 에너지)이 요구되고 긴장의 끝에 즐거움(그로부터 도출되는 즐거움)이 온다고 설명한다. 지문은 영상 문화가 수용이 용이하고 자유롭다는 주장을 비판할 뿐, 투입 에너지의 양과 그로부터 도출되는 즐거움의 정도의 관계에 대해 설명하지 않았다.
③ 지문에서는 영상 문화가 문자 문화에 비해 수용이 용이하고 자유롭다고 생각하는 주장이 에너지 투입의 최소화 관점만을 고려한 주장이라고 비판할 뿐, 지식과 의미 측면에서 문자 문화와 영상 문화를 비교한 적 없다.
④ 지문에서는 영상 문화와 문자 문화의 질적 수준에 대해 설명한 적이 없다.

9 ③

◯ 정답해설 지문에서는 미디어 렙의 추가 설립에 대하여 반대하는 입장을 갖고 있는 문화 관광부의 주장을 설명하고 있다. 문화 관광부는 한국 방송 광고 공사의 독점적 방송 광고 시장에 미디어 렙이 추가로 설립될 경우, 경쟁 체제로 인한 광고료 급상승, 프로그램의 저질화, 공익성 훼손 등 여러 문제점이 나타날 것이라고 보고 있다. 따라서 '경쟁 체제는 부작용을 일으킬 가능성이 높다'는 것이 문화 관광부의 논리에 대한 전제가 된다.

✖ 오답해설

① 문화 관광부는 한국 방송 광고 공사가 유일한 미디어 렙 역할을 맡고 있는 상황에서 미디어 렙이 추가로 설립되어 완전 경쟁 체제로 전환되는 것을 반대하고 있을 뿐, 방송과 관련된 규제가 강화되어야 한다고 주장하고 있는 것은 아니다.
② 문화 관광부는 완전 경쟁 체제가 도입되면 광고료 급상승, 시청률 경쟁에 따른 프로그램의 저질화 등이 우려된다고 주장한다. 하지만 우려되는 바를 가지고 광고료와 방송 프로그램의 질이 반비례한다고 볼 수는 없다.
④ 지문에서 정부가 주도하는 방송 정책이 시대 흐름에 맞지 않는다는 주장은 제시되지 않았다.

10 ④

◯ 정답해설 지문은 연구 방법의 변화에 따른 천문학 연구 대상의 변천 과정에 대해 설명하고 있다.
광학 망원경, 망원경에 십자 실을 늘어뜨린 것, 수학이나 역학의 발달, 분광 기술, 전자기학, 인공위성 등의 연구 방법이 변화함에 따라 연구 대상이 변화했다. 따라서 연구 방법의 변화가 연구 대상을 바꿔왔다는 것이 지문의 기본 가정이 된다.

✖ 오답해설

① 지문은 연구 방법과 연구 대상 중 무엇이 더 중요하다는 내용을 설명하지 않았다.
② 지문은 천문학 연구 대상의 변천 과정에 대해 설명하고 있다. 이를 통해 학문의 역사가 끊임없이 변화하고 발전한다는 것을 확인할 수 있다. 따라서 이는 가정하고 있는 것이 아닌 지문을 통해 확인할 수 있는 내용이다.
③ 지문은 근대 이후 천문학의 변천 과정에 대해 설명하고 있다. 이를 통해 근대 이후 천문학이 놀랄 만한 발전을 보였다는 것을 확인할 수 있다. 따라서 이는 가정하고 있는 것이 아닌 지문을 통해 확인할 수 있는 내용이다.

본문 P.35

② 논증의 유형

✏ 활동 3

1. ◯
2. ✕
   해설 '예쁘다'라는 것은 사람에 따라 평가가 달라질 수 있는 것이다. 따라서 해당 문장은 자신의 주관에 따라 참·거짓이 달라질 수 있는 문장이다. 즉 객관적으로 참과 거짓을 판명할 수 없으므로 명제가 아니다.
3. ✕
   해설 의문형의 문장은 참 또는 거짓으로 나눌 수 없으므로 명제가 아니다.
4. ◯
5. ✕
   해설 '행운의 숫자'라는 것은 참 또는 거짓으로 명확하게 판명될 수 있는 것이 아니므로 명제라고 할 수 없다.
6. ✕
   해설 약속을 나타내는 문장은 명제에 속하지 않는다.
7. ◯
   해설 2가 가장 작은 자연수라는 것은 거짓이지만, 해당 문장은 참과 거짓을 명확하게 판명할 수 있으므로 명제이다. 즉 해당 문장은 거짓인 명제이다.
8. ✕
   해설 '~바랍니다'라는 종결 표현은 청자나 해당 문장을 보는 이에게 어떠한 행동을 할 것을 권유하는 청유문이므로 명제에 속하지 않는다.
9. ◯
10. ◯

✏ 활동 4

1. 그의 혈액에 알코올이 들어 있다는 전제가 참이라고 하더라도 그가 술을 마셨다는 것이 절대적으로 보증되지 않는다. 따라서 귀납 논증이다.
2. '친구가 8명이 있다'와 '한 주는 7일이다'라는 전제가 참이라면, '내 친구들 중 적어도 두 명은 같은 요일에 태어났다는 것'이 반드시 참이므로 연역 논증이다.
3. '포유동물은 온혈 동물이다'와 '고래는 포유동물이다'라는 전제가 참이라면 '고래는 온혈 동물이다'라는 명제는 반드시 참이므로 연역 논증이다.
4. '지금까지 본 까마귀가 까맸다'라는 전제가 참이라고 하여도 앞으로 볼 까마귀가 검은색일 것이라는 것을 100% 단정할 수 없다. 따라서 귀납 논증이다.
5. '대부분의 사람은 오른손잡이이다'와 '유진이는 사람이다'라는 전제가 참이라고 하여도 유진이가 오른손잡이일 것이라는 것은 100% 참이라고 단정할 수 없다. 따라서 귀납 논증이다.
6. '도시의 인구가 감소하면 주택 수요도 감소한다'와 'A 도시의 인구가 감소하고 있다'라는 전제가 참이라면 A 도시의 주택 수요는 반드시 감소하므로 연역 논증이다.
7. 지난 10년간 A도시의 7월 평균 기온이 30도 이상이었다고 하여 올해의 7월 평균 기온이 30도 이상일 것이라고 단정할 수는 없다. 따라서 귀납 논증이다.

8. '기자는 정치가가 자신의 실제 동기를 인정하도록 할 수가 없다.'라는 전제가 참이라면 '이번 대통령에 관한 기사는 정치가의 진실을 드러낼 수 없다.'라는 결론은 반드시 참이므로 연역 논증이다.

문제 적용

1 ①

⊙ 정답해설 '제비'와 '까치'가 날개가 있다는 구체적인 사실들을 근거로 하여 '모든 새는 날개가 있다'라는 일반적인 결론을 이끌어 냈으므로 귀납 논증의 예시에 해당한다.

✘ 오답해설 나머지 선지는 모두 연역 논증의 예시이다.

2 ③

⊙ 정답해설
> 심한 열이 지속된다면 감기가 아닐 확률이 높다. 아이의 열이 3일째 지속되었다. 아이는 감기가 아닐 것이다.

위의 논증은 구체적, 개별적 사례들을 비교 검토하여 그 속에서 보편적이고 일반적인 원리를 추론해 내는 귀납 추론을 활용하였다. '심한 열이 지속된다면 감기가 아닐 확률이 높다'는 확률적 근거로 '아이는 감기가 아닐 것이다'는 결론을 이끌어 냈다. 이를 연역으로 볼 수 없는 이유는, 전제가 참이어도 결론이 참이 아닐 수 있고, 전제가 거짓이어도 결론이 참일 수 있기 때문이다.

✘ 오답해설 나머지는 일반적인 원리의 전제로부터 그 안에 소속되는 특수한 사실을 결론적으로 밝히는 연역 추론의 방식을 활용하였다.

1 연역 논증의 타당성과 건전성

✏️ 활동 5

▶ 타당하다 / 건전한 / 불건전한

2 귀납 논증의 정당화

✏️ 활동 6

1. 약 2. 약 3. 강 4. 강

문제 적용

1 ③

⊙ 정답해설 (가)와 (나)는 만약 전제가 모두 참이라면, 결론의 참이 절대적으로 보장되므로 타당한 논증이다. 그러나 (다)의 경우에는 전제를 모두 참이라고 가정할 때, 그 결론이 필연적으로 도출되지 않는다. 이 논증은 연역적으로 부당한 논증이다.
(가)는 두 전제 모두 참이고 결론 또한 참이므로 타당하면서 건전한 논증이다.
(나)는 첫째 전제가 거짓이므로 타당하지만 건전하지 않은 논증이다.
(다)는 부당한 논증이므로 건전하지 않은 논증이다.

2 ②

⊙ 정답해설 전제를 모두 참이라고 가정할 때, 그 결론이 필연적으로 도출되지 않는 논증을 연역적으로 부당한 논증이라 하였다. ②의 경우 첫째 전제와 둘째 전제는 참이지만, 결론은 거짓이므로 부당한 논증이다.

✘ 오답해설
① 첫째 전제와 둘째 전제는 거짓, 결론은 참이므로 타당한 논증이다.
③ 첫째 전제도 참, 둘째 전제도 참, 결론도 참이므로 타당한 논증이다.
④ 첫째 전제는 참, 둘째 전제는 거짓, 결론도 거짓이므로 타당한 논증이다.

3 ①

⊙ 정답해설 귀납은 기존의 정보나 관찰 증거 등을 근거로 새로운 사실을 추가하는 지식 확장적 특성을 지니고 있다. 하지만 귀납은 다른 지식을 전제로 하는데 그 지식은 다시 귀납에 의해 정당화되어야 하는 경험적 지식이어서 결국 귀납의 정당화는 순환 논리에 빠져 버린다. 그렇기 때문에 많은 관찰 증거를 확보하더라도 귀납의 정당화에서 나타나는 순환 논리 문제는 해소되기 어렵다.

✘ 오답해설
② 확률 논리로 설명되는 개연성은 직관에도 잘 들어맞지만, 직관에 들어맞는 확률 논리라고 하더라도 귀납의 문제를 근본적으로 해결하지는 못한다. 귀납이 여전히 과학의 방법으로서 그 지위를 지킬 만하다는 사실을 보여 줄 뿐이다.
③ 대부분의 현대 철학자들이 확률을 도입하여 개연성이라는 귀납의 특징을 강조하는 것은 귀납의 문제를 해결하려는 시도에 해당한다. 이로 보아 관찰 증거가 가설을 지지하는 정도를 확률로 표현할 수 있다는 입장은 귀납을 옹호하는 것임을 알 수 있다.
④ "귀납이 정당한 추론이다."라는 주장은 "자연은 일양적이다."라는 다른 지식을 전제로 하는데 그 지식은 다시 귀납에 의해 정당화되어야 하는 경험적 지식이므로 귀납의 정당화는 순환 논리에 빠져 버린다고 하였다. 즉 흄은 귀납의 정당화가 귀납에 의한 정당화를 필요로 하는 지식에 근거해야 가능하다고 보았다.

4 ④

⊙ 정답해설 라이헨바흐는 자연이 일양적일 수도 있고 그렇지 않을 수도 있음을 전제하며, 자연이 일양적인지 그렇지 않은지 알 수 없는 상황에서는 귀납을 사용하는 것이 옳은 선택이라고 하고 있다. 귀납이 현실적으로 옳은 추론 방법임을 밝히기 위해 자연의 일양성이 선험적 지식임을 증명하지는 않았다.

✘ 오답해설
① 라이헨바흐는 어떤 방법도 체계적으로 미래 예측에 계속해서 성공할 수 없다는 논리적 판단을 통해 귀납이 최소한 다른 방법보다 나쁘지 않은 추론이라고 확언한다. 그러나 이는 귀납이 지닌 논리적 허점을 현실적 차원에서 해소해 보려는 것이지, 그것을 완전히 극복한 것은 아니라는 점에서 비판의 여지가 있다.
② 라이헨바흐는 귀납의 정당화 문제로부터 과학의 방법인 귀납을 옹호하기 위해 현실적 구제책을 제시한 바 있다. 이는 귀납을 과학의 방법으로 사용할 수 있음을 지지하려는 목적에서 시도된 것이라 할 수 있다.
③ 자연이 일양적일 경우, 라이헨바흐는 우리의 경험에 따라 귀납이 점성술이나 예언 등의 다른 방법보다 성공적인 방법이라고 판단된다.

또한 자연이 일양적이지 않다면, 어떤 방법도 체계적으로 미래 예측에 계속해서 성공할 수 없다는 논리적 판단을 통해 귀납은 최소한 다른 방법보다 나쁘지 않은 추론이라고 확언한다. 이로 볼 때, 귀납과 다른 방법을 비교하기 위해 경험적 판단과 논리적 판단을 모두 활용하였음을 알 수 있다.

Part 3
연역 논증과 귀납 논증

본문 P.44

① 연역 논증

1 정언 명제

 활동 1

1. ○
2. ×
   해설 객관적으로 참과 거짓을 판단할 수 없으므로 명제가 아니다.
3. ×
   해설 '내가 배가 아픈 것'은 타인은 알 수 없는 주관적인 것이므로 명제가 아니다.
4. ○
   해설 '2 + 3 = 5'이므로 거짓인 명제이지만, 참 또는 거짓으로 판명되는 문장이므로 명제이다.
5. ×
   해설 의문형의 경우, 참 또는 거짓으로 판명할 수 없는 문장이므로 명제가 아니다.
6. ×
   해설 명령문의 경우, 참 또는 거짓으로 판정할 수 있는 문장이 아니므로 명제가 아니다.

 활동 2

1. ⓒ 특칭 긍정
   해설 '어떤' 꽃은 붉은색이라는 문장이므로 특칭 긍정이다.
2. ⓐ 전칭 긍정
   해설 '모든'이라는 말이 제시되지는 않았지만, 제시된 문장에서의 '돌고래'는 주어 집합의 원소 전체를 언급하는 것이다. 따라서 '모든' 돌고래가 포유류라는 문장이므로 전칭 긍정이다.
3. ⓑ 전칭 부정
   해설 제시된 문장은 '모든 사자가 채식을 하지 않는다.'는 의미이므로 전칭 부정 명제이다.
4. ⓑ 전칭 부정
   해설 '어떤 성직자도 거짓말을 하지 않는다'라는 문장이므로 전칭 부정이다.
   결코: 어떤 경우에도 절대로.
5. ⓐ 전칭 긍정
   해설 '모든'이라는 말이 제시되지는 않았지만, 제시된 문장에서의 '사과'는 주어 집합의 원소 전체를 언급하는 것이지, '특정' 사과에만 비타민 C가 들어 있다는 것이 아니다. 따라서 전칭 긍정 명제에 해당한다.
6. ⓐ 전칭 긍정
   해설 제시된 문장은 '그 행사에 참여하는 모든 사람들은 7월에 태어났다.'라는 의미이므로 전칭 긍정 명제이다.

활동 3

1. 반대 관계
   해설 아기들이 '온순한 것'과 '온순하지 않은 것'은 동시에 성립할 수 없으므로(= 동시에 참일 수 없음) 반대 관계이다.
2. 소반대 관계
   해설 사과가 빨간색이면서 빨간색이 아닐 수는 없으므로 동시에 거짓인 경우는 불가능하다. 따라서 소반대 관계이다.
3. 반대 관계
   해설 모든 연필이 길면서 길지 않은 것은 동시에 성립할 수 없으므로 반대 관계이다.
4. 모순 관계
   해설 이 두 문장은 동시에 참일 수도 거짓일 수도 없으므로 모순 관계이다. 모든 사람이 사탕을 싫어하면서(첫 번째 문장 참) 어떤 사람이 사탕을 싫어하지 않는(두 번째 문장 참), 동시에 참인 경우는 성립하지 않는다. 또한 어떤 사람이 사탕을 싫어하지 않으면서(첫 번째 문장 거짓) 모든 사람이 사탕을 싫어하는(두 번째 문장 거짓), 동시에 거짓인 경우도 성립하지 않는다.

활동 4

1. 거짓말을 하는 성직자가 있다. / 어떤 성직자는 거짓말을 한다.
   해설 원 명제는 '어느 성직자도 거짓말을 하지 않는다'라는 뜻의 전칭 부정 명제이다. 이와 모순 대당 관계인 명제는 특칭 긍정 명제이다. 따라서 '거짓말을 하는 성직자가 있다' 또는 '어떤 성직자는 거짓말을 한다'와 같은 특칭 긍정 명제가 원 명제와 모순 대당 관계이다.
2. 어떤 인간은 비관적이지 않다.
   해설 원 명제는 '모든 인간은 본래 비관적이다'라는 뜻의 전칭 긍정 명제이다. 이와 모순 대당 관계인 명제는 특칭 부정 명제이다. 따라서 '어떤 인간은 비관적이지 않다.'와 같은 특칭 부정 명제가 원 명제와 모순 대당 관계이다.
3. 사람들은 정직하지 않다. / 어떤 사람들도 정직하지 않다.
   해설 원 명제는 '어떤 사람들은 정직하다'라는 뜻의 특칭 긍정 명제이다. 이와 모순 대당 관계인 명제는 전칭 부정 명제이다. 따라서 '사람들은 정직하지 않다' 또는 '어떤 사람들도 정직하지 않다'와 같은 전칭 부정 명제가 원 명제와 모순 대당 관계이다.
4. 모든 인간은 사악하다.
   해설 원 명제는 '어떤 사람들은 사악하지 않다'라는 뜻의 특칭 부정 명제이다. 이와 모순 대당 관계인 명제는 전칭 긍정 명제이다. 따라서 '모든 인간은 사악하다'와 같은 전칭 긍정 명제가 원 명제와 모순 대당 관계이다.

활동 5

1. 모순 대당: 어떤 전쟁은 인간을 불행하게 만들지 않는다
   반대 대당: 어떤 전쟁도 인간을 불행하게 만들지 않는다
   해설 원 명제는 '모든 전쟁은 인간을 불행하게 만든다'는 뜻의 전칭 긍정(A) 명제이다. 따라서 이와 모순 대당 관계의 명제는 특칭 부정(O) 명제이며, 반대 대당 관계의 명제는 전칭 부정(E) 명제이다. 이를 문장으로 정리하면 '어떤 전쟁은 인간을 불행하게 만들지 않는다'가 모순 대당 관계, '어떤 전쟁도 인간을 불행하게 만들지 않는다'가 반대 대당 관계이다.
2. 모순 대당: 어떤 동물은 감성을 가지고 있다
   반대 대당: 모든 동물은 감성을 가지고 있다
   해설 원 명제는 '어느 동물도 감성을 가지고 있지 않다.'는 뜻의 전칭 부정(E) 명제이다. 이에 대한 모순 대당 관계인 명제는 특칭 긍정(I) 명제이고 반대 대당 관계인 명제는 전칭 긍정(A) 명제이다. 이를 문장으로 정리하면 '어떤 동물은 감성을 가지고 있다'가 모순 대당 관계, '모든 동물은 감성을 가지고 있다'가 반대 대당 관계이다.

활동 6

1. 전칭 긍정, 전칭 부정, 반대
2. 전칭 긍정, 특칭 긍정, 대소
   해설 '페르시아고양이 중 혀에 가시 돌기가 없는 개체가 발견된 적은 없다.'라는 명제는 '고양이 중 모든 페르시아고양이는 혀에 가시 돌기가 있다.'라는 의미이므로, 특칭 긍정 명제이다.
3. 전칭 긍정, 특칭 부정, 모순
4. 특칭 부정, 특칭 긍정, 소반대
5. 특칭 부정, 특칭 긍정, 소반대

문제 적용

1 ④

정답해설 '어떤 사람은 선하다.'는 특칭 긍정 진술이고, '어떤 사람은 선하지 않다.'는 특칭 부정 진술이다. 둘은 소반대 관계이므로 동시에 거짓일 수 없다.

오답해설
① '모든 사람은 선하다.'는 전칭 긍정 진술이고, '어떤 사람은 선하다.'는 특칭 긍정 진술이다. 따라서 전칭 긍정은 특칭 긍정 진술을 논리적으로 함축하므로 적절하다.
② '모든 사람은 선하지 않다.'는 전칭 부정 진술이고, '어떤 사람은 선하지 않다.'는 특칭 부정 진술이다. 전칭 부정은 특칭 부정 진술을 논리적으로 함축하므로 적절하다.
③ '모든 사람은 선하지 않다.'는 전칭 부정 진술이고, '어떤 사람은 선하다.'는 특칭 긍정 진술이다. 전칭 부정과 특칭 긍정은 모순 관계이므로 항상 다른 진릿값을 가지므로 적절하다.

2 ②

정답해설 〈보기〉와 관련된 진릿값을 따졌을 경우 참과 거짓, 거짓과 참, 거짓과 거짓이 성립될 수 있다. 거짓과 거짓이 동시에 성립할 수 있는 이유는 사장이 오늘 갑과 을을 제외한 다른 직원과 면담했을 수 있기 때문이다. 즉, 둘 다 참일 수는 없지만 둘 다 거짓일 수는 있는 관계이므로 이 두 진술은 반대 관계라고 할 수 있다.

3 ①

정답해설 넷째 문단에 제시된 가능세계의 성질 중 완결성에 대한 설명에 따르면, 어느 세계에서든 임의의 명제 P에 대해 "P이거나 ~P이다."라는 배중률이 성립한다. 그러므로 배중률은 모든 가능세계에서 성립한다는 진술은 적절하다.

오답해설
② 첫째 문단에 따르면, 필연적이지는 않은 명제는 우리의 현실세계를 비롯한 어떤 가능세계에서는 성립하지만 어떤 가능세계에서는 성립하지 않는다. "다보탑은 경주에 있다."라는 명제나 "다보탑은 개성에 있다."라는 명제 모두 필연적이지는 않지만 가능한 명제인데, 전자는 우리 현실세계에서는 성립하는 데 비해, "다보탑은 개성에 있

다."는 우리 현실세계에서는 성립하지 않는다. 따라서 모든 가능한 명제는 현실세계에서 성립한다는 말은 적절하지 않다.
③ 둘째 문단에 따르면, "만약 Q이면 Q이다."를 비롯한 필연적인 명제들은 모든 가능세계에서 성립한다. 그러므로 필연적인 명제가 성립하지 않는 가능세계가 있다는 진술은 적절하지 않다.
④ 첫째 문단에서 P와 ~P가 모두 참인 것은 가능하지 않다는 법칙을 '무모순율'이라고 하였다. 따라서 무모순율에 의하면 P와 ~P가 모두 참인 것은 가능하다는 진술은 적절하지 않다.
⑤ 셋째 문단에서 전통 논리학에서는 "만약 A이면 B이다."라는 형식의 명제는 A가 거짓인 경우에는 B의 참 거짓에 상관없이 참이라고 규정한다고 언급하고 있다. 즉, A의 거짓임이 "만약 A이면 B이다."를 참인 것으로 만든다. 그러므로 "만약 A이면 B이다."의 참 거짓은 A의 참 거짓과 상관없이 결정되는 것이라고 볼 수 없다.

4 ②

○ 정답해설 둘째 문단에 따르면 "만약 Q이면 Q이다."를 비롯한 필연적인 명제들은 모든 가능세계에서 성립한다. "만약 다보탑이 개성에 있다면, 다보탑은 개성에 있다."라는 명제도 "만약 Q이면 Q이다." 형식의 필연적인 명제이므로 모든 가능세계에서 성립한다. 따라서 이 명제가 "성립하는 가능세계"란 모든 가능세계를 말한다. 그런데 둘째 문단을 통해서 가능하지만 필연적이지는 않은 명제는 어떤 가능세계에서는 성립하지만 어떤 가능세계에서는 성립하지 않음을 알 수 있다. ㉠은 필연적이지 않은 명제이므로 어떤 가능세계에서는 성립하지 않을 것이다. 따라서 ㉠이 거짓인 가능세계는 없다는 진술은 적절하지 않다.

✕ 오답해설
① 둘째 문단에서 "다보탑은 경주에 있다."는 가능하지만 필연적이지는 않은 명제라고 언급하고 있다. 따라서 이 명제는 어떤 가능세계에서는 성립하고 또 어떤 가능세계에서는 성립하지 않는다.
③ 첫째 문단에 따르면, ㉠과 ㉡은 모순관계가 아니다. 즉, 둘 다 참인 것이 가능하다. 그런데 ㉡이 참인 경우에는, "다보탑은 개성에 있지 않다."도 반드시 참이 된다. 그러므로 "다보탑은 개성에 있지 않다."와 ㉡이 둘 다 참인 것이 가능하다. 따라서 이 둘은 모순 관계가 아니다.
④ 첫째 문단과 둘째 문단의 내용에 의하면, ㉡은 다보탑이 개성에 있는 가능세계가 존재한다는 뜻이다. 그러므로 ㉡이 거짓이라는 것은, 다보탑이 개성에 있는 가능세계가 존재하지 않는다는 뜻이 된다.
⑤ ㉠ "다보탑은 경주에 있다."라는 명제와 ㉡ "다보탑은 개성에 있을 수도 있었다."라는 명제가 모순 관계가 아니기 때문에 첫째 문단의 정의에 따르면 모두 참이거나 모두 거짓인 것이 가능하다. 따라서 다보탑이 경주에 있는 우리 현실세계에서는 모두 참일 수 있다.

5 ③

○ 정답해설 기차를 탄 가능세계들 중에는 기차가 제시간에 목적지에 도착하지 못해 여전히 지각을 하는 세계와, 기차가 제시간에 목적지에 도착해 지각을 하지 않는 세계가 모두 가능하다. 그러나 셋째 문단에 따르면, 이러한 가능세계 중 후자가 전자보다 우리 현실세계와의 유사성이 높다고 했으므로 ③의 진술이 ⓐ에 대한 답으로 적절하다.

✕ 오답해설
①, ② 셋째 문단의 내용을 고려할 때, ⓐ의 답을 찾기 위해서는 내가 그 기차를 타지 않은 가능세계들끼리 비교하는 것이 아니라, 내가 그 기차를 탄 가능세계들끼리 비교하여야 한다.
④ 셋째 문단은 현실세계와 가능세계 사이의 유사성의 정도를 비교해서 ⓐ에 대한 적절한 대답을 찾아야 함을 말해 준다. 그런데 내가 기차를 타고 지각을 하지 않는 가능세계의 개수가 많다는 것은 유사성의 정도와는 상관없는 문제이다. 그러므로 ⓐ에 대한 적절한 대답이 될 수 없다.
⑤ ⓐ에 대한 답변은 가능세계의 개념을 통해 제시되어야 한다. 내가 그 기차를 탄 것이 현실세계에서 거짓이라는 것은 ⓐ와 같은 질문을 왜 하는지 이유에는 해당할 수 있지만 ⓐ에 대한 답변은 아니다.

6 ④

○ 정답해설 "모든 학생은 연필을 쓴다."라는 명제와 "어떤 학생도 연필을 쓰지 않는다."라는 명제는 반대 관계이므로 〈보기〉에 따르면 둘 중 하나만 참이거나 둘 다 거짓인 것이 가능하다. 즉 "모든 학생은 연필을 쓴다."가 참이거나 "어떤 학생도 연필을 쓰지 않는다."가 참'인 것이 가능하다. 이 말은 "모든 학생은 연필을 쓴다."와 "어떤 학생도 연필을 쓰지 않는다." 중 어느 하나만 참인 경우에도 성립하기 때문이다. 그런데 넷째 문단의 가능세계의 포괄성에 대한 설명에 따르면, 어떤 것이 가능하다면 그것이 성립하는 가능세계가 존재하므로 위 주장이 성립하는 가능세계들이 존재할 수 있다.

✕ 오답해설
① 〈보기〉에 따르면 "모든 학생은 연필을 쓴다."와 "어떤 학생도 연필을 쓰지 않는다."는 모순 관계가 아니라 반대 관계이므로 **어느 임의의 명제 P에 대해 "P이거나 ~P이다"라는** 배중률을 이야기할 수 없고, 따라서 완결성도 말할 수 없다. 더구나 완결성은 **어느 세계에서든 P나 ~P 중 하나는 반드시 참임을 의미하는 것이지, P인 가능세계가 있거나 ~P인 가능세계가 있다는 원리가 아니다.**
② 넷째 문단에 따르면, 가능세계의 포괄성은 어떤 것이 가능하다면 그것이 성립하는 가능세계가 존재한다는 것이다. 그런데 "어떤 학생도 연필을 쓰지 않는다."라는 명제가 성립할 때, 한 명의 학생이 연필을 쓰는 것은 가능하지 않다. 따라서 그런 가능세계는 존재할 수 없다.
③ 배중률이 성립하려면 두 명제가 P와 ~P의 관계에 있어야 한다. 그런데 "어떤 학생은 연필을 쓴다."와 "어떤 학생은 연필을 쓰지 않는다."라는 두 명제는 둘 다 참일 수 있기 때문에 모순 관계, 즉 P와 ~P의 관계에 있지 않다. 따라서 완결성을 논할 수 없다.
⑤ 학생들 중 절반은 연필을 쓰고 절반은 연필을 쓰지 않는 것은 가능하다. 그런데 그런 가능세계가 존재한다는 것은 일관성이 아니라 포괄성에 따라 나오는 것이다. 일관성은 어떤 것이 가능하지 않다면 그것이 성립하는 가능세계는 존재하지 않는다는 성질이므로, 달리 말하면, 어떤 가능세계가 존재한다면 그 세계에서 일어나는 모든 일은 가능한 일이라는 뜻이다. 이 말은 어떤 가능세계가 존재한다는 주장을 하지 않는다.

7 ①

○ 정답해설 (가)의 전제에 따라 축구를 잘하는 모든 사람은 머리가 좋다. 그리고 (나)의 전제에 따라 축구를 잘하는 사람 중 키가 작은 사람이 있다. 따라서 키가 작은 어떤 사람은 머리가 좋음을 알 수 있다.

(가) 축구 → 머리 좋음
(나) 축구n ∧ 키 작음n
―――――――――――――
축구n∧키 작음n → 머리 좋음

✗ 오답해설

② (나)의 전제에 따르면, 키가 작은 모든 사람이 축구를 잘하는 것은 아니므로 키가 작은 사람은 모두 머리가 좋다는 결론은 성립되지 않는다.

③ (가)의 전제에 따르면, 축구를 잘하는 사람이 모두 머리가 좋은 것이므로 머리가 좋은 사람이 모두 축구를 잘한다는 결론은 성립되지 않는다. 머리가 좋더라도 축구를 잘하지 못하는 경우는 여전히 존재할 수 있다.

④ (가)의 전제에 따라 머리가 좋다는 정보만으로는 축구를 잘하는지 여부를 판단할 수 없다. 또한 (나)의 전제에 따라 키가 작지 않은 사람의 축구 실력의 여부 역시도 판단할 수 없다. 따라서 머리가 좋은 어떤 사람은 키가 작지 않다는 결론은 이끌어 낼 수 없다.

8 ④

○ 정답해설

ㄴ. '모든 적색 블록은 구멍이 난 블록이다', '모든 적색 블록은 삼각 블록이다'. 두 전제 각각의 강한 의미는 '적색 블록과 구멍이 난 블록은 동일하다', '적색 블록과 삼각 블록은 동일하다'이다. 이를 통해 '모든 구멍이 난 블록은 삼각 블록이다' 즉, '모든 구멍이 난 블록과 삼각 블록은 동일하다'를 도출했다면 을의 입장으로 설명될 수 있다. 따라서 〈보기〉의 내용은 옳다.

ㄷ. '모든 물리학자는 과학자이다', '어떤 컴퓨터 프로그래머는 과학자이다'라는 두 전제 중 하나는 '모든~', 또 다른 하나는 '어떤~'이고, 결론 역시 '어떤 컴퓨터 프로그래머는 물리학자이다'와 같은 형태라면, 사람들이 이 결론을 타당하게 도출할 수 있는 결론이라고 응답했다는 심리 실험 결과는 병의 입장으로 설명될 수 있다. 따라서 〈보기〉의 내용은 옳다.

✗ 오답해설

ㄱ. '어떤 과학자는 운동선수이다', '어떤 철학자도 과학자가 아니다' ⇒ 각각의 전제에서 (과학자, 운동선수), (철학자, 과학자)의 자리를 바꾸더라도 문제는 없다.

하지만 '어떤 철학자도 운동선수가 아니다'라는 결론은 각각의 전제에서 자리만 바꾼 것이 아니라 새로운 명제를 만든 것이기 때문에 이는 갑의 입장으로 설명될 수 없다. 따라서 〈보기〉의 내용은 옳지 않다.

2 가언 명제

📝 활동 7

1. 원 명제 기호화: A → ~B
   대우 명제 기호화: B → ~A
2. 원 명제 기호화: 성공 → 도전
   대우 명제 기호화: ~도전 → ~성공
3. 원 명제 기호화: ~안경 → ~키 큼
   대우 명제 기호화: 키 큼 → 안경
4. 원 명제 기호화: 영어 시험 무료 → 신입생
   대우 명제 기호화: ~신입생 → ~영어 시험 무료

📝 활동 8

1. 충분, 필요
2. 필요, 충분
3. 필요충분

📝 활동 9

1. ~A → B
2. 윤리 → 보편

   해설 '보편적으로 판단될 수 있는 판단'이 '윤리적 판단'의 필요조건이라는 것이므로, 화살표의 방향이 '보편'을 향해야 한다. 만일 이렇게 함축 관계를 파악하는 것이 어렵다면, '만'이 들어간 방향으로 화살표가 가야 한다고 기억하면 쉽다.

3. ~지혜 → 사랑 원함∧고통 피하고자 함
4. 공무원 → 공시합격
5. ~(A∧B) → (C∧F)
6. A사탕 → B초콜릿
7. 학생 ⇔ 공부
8. ~(환율 ⇔ 물가)
9. 학생n∧국어 수업n
10. (일자리∧~노인 복지) → ~공직

📝 활동 10

1. 원 명제: A → B   역: B → A
   이: ~A → ~B   대우: ~B → ~A
2. 원 명제: 비 → ~학교   역: ~학교 → 비
   이: ~비 → 학교   대우: 학교 → ~비
3. 원 명제: 열쇠 → ~순금   역: ~순금 → 열쇠
   이: ~열쇠 → 순금   대우: 순금 → ~열쇠

   해설 '어떤'이라는 지시어 때문에 '특칭 부정문'이라고 생각할 수 있지만 '어떤 ~도 ~아니다'라고 하였으므로 해당 문장은 '전칭 부정문'이다.

4. 원 명제: A → (B∨C)   역: (B∨C) → A
   이: ~A → ~(B∨C)   대우: ~(B∨C) → ~A
5. ④

   해설 원 명제와 논리적으로 동치인 것은 '대우'이다. 원 명제의 대우 명제는 '윤리학을 수강하는 경우, 법학을 수강한다'이므로 ④가 원 명제와 논리적으로 동치인 문장이다.

📝 활동 11

1. A∧~B
2. 수험생n∧운동n

   해설 모든 수험생이 아닌 '일부분'의 수험생이 저녁에 운동한다는 것이므로 '특칭' 기호를 사용해야 한다. 제시된 문장은 '저녁에 운동하는 수험생이 있다'라는 문장과 동치이다. '어떤 수험생이 있다' 그리고 '그 수험생은 저녁에 운동한다'를 기호화하면 된다.

3. ~금요일 → ~화요일∧~수요일
4. A∧B
5. 사람n∧산책n

   해설 '산책을 하는 사람이 있다.'라는 문장은 '어떤 사람이 있다. 그리고 그 사람은 산책을 한다.'와 같은 의미이다. 따라서 '사람n∧산책n'이라고 기호화하여야 한다.

6. 월밥∧~화밥 / (월→밥)∧(화→~밥)

📝 활동 12

1. 비 → 영화∨음악

2. AB[(A∨B)∧~(A∧B)]
   해설 제시된 문장의 경우, 회의에 A 또는 B 중 '한 명만' 참석한다고 하였으므로 일반적인 선언과는 다른 '배타적 선언'이다. 따라서 AB로 기호화하여야 한다.
3. ~(재미∨흥미)
4. 쇼핑몰∨영화관
5. 휴대폰옷 / (휴대폰∨옷)∧~(휴대폰∧옷)
6. 비 → 날짜변경∨장소변경
7. A회사의 직원 → 내근외근 / A회사의 직원 → (내근∨외근)∧~(내근∧외근)

💡 문제 적용

1 ①

정답해설 지문에 제시된 '논리실증주의자들'의 입장과 그들이 기준으로 삼은 '검증 원리'를 정리하면 다음과 같다.

(1) 과학에서 사용되는 문장은 유의미하다.
(2) 경험을 통해 참이나 거짓을 검증할 수 있는 문장은 유의미하다.
(3) 진위를 확정(참거짓을 검증)하려면 무엇을 경험해야 하는지 알고 있어야 한다.
(4) 진위를 확정(참거짓을 검증)하기 위해 무엇을 경험해야 하는지 알 수 없다면 과학에서 사용될 수 없는 무의미한 문장이다.

(1)에 의하면 무의미한 문장은 과학에 사용될 수 없다.

오답해설
② (1)에 의하면 과학에서 사용되는 문장이 유의미한 것은 맞지만, '과학의 문장들만'이 유의미한지는 알 수 없다.
③ (2)~(4)에 의하면 경험을 통해 참이나 거짓을 검증할 수 있어야 유의미한 문장인 것은 맞지만, 이는 검증의 가능성이 기준이므로 '아직까지 검증되지 않은 것'이라 하여 무의미하다고 할 수는 없다. 아직까지 검증되지 않았지만 검증을 위해 무엇을 경험해야 하는지 알고 있다면 유의미한 문장이다.
④ (2)에 의하면 경험을 통해 거짓을 확정할 수 있는 문장은 유의미하다.

2 ④

정답해설 지문에 제시된 내용을 정리하면 다음과 같다.

(1) 컴퓨터는 결정론적 법칙의 지배를 받는 시스템이다.
(2) 결정론적 법칙의 지배를 받는 시스템은 결과가 하나로 고정된다.
(3) 어떤 선택을 할 때 그것과 다른 선택을 할 수도 있다는 것은 자유의지의 필요조건이다.
(2)와 (3)에 의하면 (4)가 도출된다.
(4) 결정론적 법칙의 지배를 받는 시스템은 자유의지를 가지지 않는다.(양립 불가)
(5) 자유의지를 가지지 않는 시스템에 도덕적 의무를 귀속시킬 수 없다.

ㄱ. (1), (4), (5)에 의하면 컴퓨터는 자유의지를 가지지 않으며 이로 인해 도덕적 의무의 귀속 대상일 수도 없다.

ㄴ. (5)에 의하면 도덕적 의무를 귀속시킬 수 있는 시스템은 자유의지를 가져야 하며, (4)에 의하면 자유의지를 가진다는 것은 결정론적 법칙의 지배를 받지 않는다.
ㄷ. (3)에 의하면 어떤 선택을 할 때 다른 선택의 여지가 없다면 자유의지를 가지지 않는다.

3 ④

정답해설 (가) A가 진행한 실험에서, 실험 참가자들이 패스 횟수를 세는 데 집중하는 가운데 고릴라 복장의 사람은 보지 못했음을 알 수 있다. 이로써 도출할 수 있는 결론은 '인간은 중요하다고 생각하는 것 위주로 주의를 기울인다'는 것이다. 주어진 실험에서는, 실험 참가자들이 중요하다고 생각하는 '패스 횟수' 위주로 주의를 기울였기 때문에 상대적으로 중요하다고 생각되지 않는 '고릴라 복장의 사람'을 놓친 것이다. → 선지 ①, ② 탈락
(나) 밝은색 옷의 오토바이 운전자가 시각적으로 더 잘 보이지만, 모든 자동차 운전자가 밝은색 옷을 입은 오토바이 운전자를 다 알아보는 것은 아니다. 다시 말해, 밝은색 옷의 운전자를 인지하는 데 도움이 되지만, 100% 확실하게 운전자를 인지할 수 있게 하는 것은 아니다. 따라서 바라보는 행위는 인지의 '필요조건'일 수는 있어도, '충분조건'일 수는 없다는 것을 알 수 있다. (만일 바라보는 행위가 인지의 충분조건이라면, 바라보는 행위만으로 100% 확실하게 인지할 수 있어야 한다. 하지만 실제로는 그렇지 않기 때문에, 바라보는 행위는 인지의 충분조건이 될 수 없다.) → 선지 ①, ③ 탈락

4 ①

정답해설 ㉠은 유행지각, 깊은 사고 그리고 협업 모두에서 목표를 달성하는 것이 마케팅 프로젝트가 성공적이기 위해 필수적이라 여긴다. 따라서 지금까지 성공한 프로젝트가 유행지각, 깊은 사고 그리고 협업 모두에서 목표를 달성했다면, ㉠은 강화된다.

오답해설
② 성공하지 못한 프로젝트 중 유행지각, 깊은 사고 그리고 협업 중 하나 이상에서 목표를 달성하는 데 실패한 사례가 있다면, 세 요소 모두에서 목표를 달성하는 것이 마케팅 프로젝트가 성공적이기 위해 필수적이라고 여기는 ㉠을 강화한다.
③ ㉡은 세 요소 모두에서 목표를 달성했다고 하더라도 마케팅 프로젝트가 성공한 것은 아니라고 여긴다. 따라서 유행지각, 깊은 사고 그리고 협업 중 하나 이상에서 목표를 달성하는 데 실패했지만 성공한 프로젝트가 있다는 것은 ㉡을 강화하지도 약화하지도 않는다.
④ ㉡은 세 요소 모두에서 목표를 달성했다고 하더라도 마케팅 프로젝트가 성공한 것은 아니라고 여긴다. 따라서 유행지각, 깊은 사고 그리고 협업 모두에서 목표를 달성했지만 성공하지 못한 프로젝트가 있다면, ㉡은 강화된다.

3 추론 규칙

✏️ 활동 13

1. 부당한 논증, 전건 부정의 오류
   해설 비가 오면(A) 땅이 젖는다.(B) 비가 오지 않았다.(~A) 땅이 젖지 않았다.(~B)
2. 타당한 논증, 후건 부정
   해설 네가 나를 사랑한다면(A) 내가 원하는 것을 마땅히 해 주었을 것이다.(B) 내가 원하는 것을 해 주지 않았으니(~B) 너는 나를 사랑하지 않는다.(~A)

3. 타당한 논증, 전건 긍정
   해설 민주주의 국가들의 주권은(A) 국민에게 있다.(B) 대한민국은 민주주의 국가이다.(A) 따라서 대한민국의 주권은 국민에게 있다.(B)
4. 부당한 논증, 후건 긍정의 오류
   해설 뉴턴이 수학자라면(A), 음악가는 아니다.(B) 뉴턴은 음악가가 아니다.(B) 그러므로 뉴턴은 수학자이다.(A)

활동 14

1. 운동→체중 감소, ~운동, ~체중 감소
   전건 부정, 타당하지 않은
2. ~후각∨청각→~어둠, 어둠, 청각
   후건 부정, 타당한
3. 이론∧조건→정확한 설명, 정확한 설명, 이론
   후건 긍정, 타당하지 않은
4. 계산 기능주의자→기계적, 인공지능, 현실
   타당하지 않은

활동 15

1. 제1격, 상어, 포유동물, 고래
   해설 결론의 주어가 소명사, 술어가 대명사이므로 지문에서는 상어가 소명사(S), 포유동물이 대명사(P)이다. 그러므로 남은 고래가 매개 명사(M)임을 알 수 있다. 또한 제시된 삼단 논법은 'M-P S-M S-P'의 형태이므로 제1격 삼단 논법임을 알 수 있다.
2. 부당한
   해설 삼단 논법이 타당하려면 삼단 논법에서의 매개 명사가 적어도 한 번은 주연되어야 한다. 또한 전제에서 주연되지 않은 명사라면 결론에서도 주연될 수 없다. 그리고 이 중 하나라도 위반한 삼단 논법은 부당한 논증이다.
   제시된 논증에서 매개 명사인 '음악가'는 첫째 명제에서 '어떤 음악가'라는 특칭 명제로 사용되었다. 또한 두 번째 명제의 '음악가' 또한 학생들 중에서의 '음악가'를 의미하므로 '음악가'의 일부만을 지칭하는 특칭 명제이다. 첫째 규칙과는 달리 매개 명사가 두 전제에서 모두 주연되지 않았다. 따라서 제시된 논증은 부당한 삼단 논법이다.

활동 16

1. ○
   해설

A→C	철수가 국어를 공부하면 부모님의 칭찬을 받는다.
B→D	철수가 영어를 공부하면 선생님의 칭찬을 받는다.
A∨B	철수는 국어를 공부하거나 영어를 공부할 것이다.
C∨D	철수는 부모님의 칭찬을 받거나 선생님의 칭찬을 받을 것이다.

2. ×
   해설 제시된 예시는 두 개의 가언 명제의 전건이 같으므로 단순 파괴적 양도 논법이다.

A→B	그가 모범적인 학생이라면 숙제를 할 것이다.
A→C	모범적인 학생이라면 제시간에 학원에 올 것이다.
~B∨~C	숙제도 하지 않았거나 제시간에 학원에 오지도 않았다.
~A	그는 모범적인 학생이 아니다.

3. 복합 구성적
   해설

A→C	비→박물관
B→D	날씨→소풍
A∨B	비∨날씨
C∨D	박물관∨소풍

활동 17

1. ○
   해설 앞의 명제는 '우유∨빵'으로, 뒤의 명제는 '빵∨우유'로 기호화할 수 있다. 선언지의 위치를 바꿔도 각 논증의 의미는 교환 법칙에 의해 같으므로 두 명제는 논리적으로 동치이다.
2. ○
   해설 앞의 명제는 '우유→빵'으로, 뒤의 명제는 '~빵→~우유'로 기호화할 수 있다. 조건 명제에 관해 교환 법칙이 성립하려면 전건과 후건을 모두 부정해야 한다. 따라서 두 명제는 논리적으로 동치이다.
3. ○
   해설 앞의 명제는 '~(우유∧빵)'으로, 뒤의 명제는 '~우유∨~빵'으로 기호화할 수 있다. 이 두 명제는 연언 명제를 선언 명제로 바꿀 수 있는 드모르간의 법칙에 의해 논리적으로 동치이다.
4. ×
   해설 앞의 명제는 '우유∨빵'으로, 뒤의 명제는 '빵→우유'로 기호화할 수 있다. 하지만 조건 명제 'A→B'와 논리적으로 동치인 명제는 '~A∨B'이다. 따라서 '우유∨빵'과 논리적으로 동치인 명제는 '~우유→빵'이고, '빵→우유'와 논리적으로 동치인 명제는 '~빵∨우유'이다.

문제 적용

1 ④

정답해설 (1) A→~B
(2) ~B→~C
(3) ~D→C
(4) ~A→~E
(5) ~E→~C
1. A→~B, ~B→~C, A→~C
2. ~A→~E, ~E→~C, ~A→~C
3. A, C
4. ~C→D, ~C→D, D, D

2 ⑤

정답해설 갑돌∧정순→커피∧흡연
을순∧병돌→치석제거
㉠ ~치석제거∧커피→노랑 60 이상
㉡ ~치석제거∧흡연→노랑 80 이상
㉢ ~치석제거∧커피∧흡연→노랑 90 이상
㉣ 치석제거→노랑 20 미만
1. 갑돌→커피∧흡연, ㉢
2. 을순→치석제거, ㉣, 20% 미만, 80% 이상
3. 병돌→치석제거∧흡연, ㉣, 20% 미만

4. 병돌 → 치석제거∧커피, ⓔ, 20% 미만
5. 정순 → 커피∧흡연∧~치석제거, ⓒ, 90% 이상

3 ④

정답해설 ㉠: C∧~E, ~A→~E, ~D→C
㉡: ~B→~D
㉢: ~D→~C
㉣: B→E
㉤: ~A∨~B∨~C∨~D∨~E
1. C→D, D
2. D, D→B, B
3. B→E, E
4. E→A, A
5. A, B, D, E / C

4 ②

정답해설 정언 삼단 논증에서 중명사(M)는 전제들 사이에서 소명사(S)와 대명사(P)를 연결해 주는 역할을 하므로, 〈전제1〉과 〈전제2〉에 모두 나타나야 한다. 그런데 선지 ②는 〈전제1〉에만 중명사(M)가 있고, 〈전제2〉에 중명사(M)가 없으므로 아리스토텔레스가 명명한 정언 삼단 논증 유형에 해당하지 않는다.

5 ③

정답해설 전건 긍정이란 〈전제1〉이 p→q일 때, 〈전제2〉에서 〈전제1〉의 선행 조건인 p를 긍정함으로써 〈결론〉에서 q가 성립된다고 주장하는 논증이다. 〈전제2〉 '집 청소가 끝났다.'는 〈전제1〉의 '집 청소가 끝나면 여행을 갈 수 있다.'의 선행 조건을 긍정하고 있고, 이를 통해 〈결론〉인 '그러므로 여행을 갈 수 있다.'를 도출하고 있으므로 이는 전건 긍정의 사례에 해당한다.

오답해설
① 〈전제2〉의 '자전거가 달린다.'는 〈전제1〉의 선행 조건을 부정하고 있다.
② 〈전제2〉의 '그것이 죽는다.'는 〈전제1〉의 후행 조건을 긍정하고 있다.
④ 〈전제2〉의 '민규는 공부를 하지 않았다.'는 〈전제1〉의 선행 조건을 부정하고 있다.

6 ③

정답해설 '말을 잘 들었으니 사탕 사 줄게.'는 두 가지 명제로 이루어져 있다. 하나는 '(너는) 말을 잘 들었다.'는 것이고, 다른 하나는 '(너에게) 사탕을 사 주겠다.'는 명제이다. 여기서 전자는 두 번째 전제(소전제)에 해당되고, 후자는 결론에 해당된다. 따라서 생략된 것은 첫 번째 전제(대전제)인데, 그것은 '말을 잘 들으면 보상을 해 준다.'라는 명제이다.

7 ③

정답해설 할머니의 말씀에서 둘째 전제는 '영수가 할머니께 절을 했다.'라는 것이다. 이 전제가 생략된다고 해서 결론(영수는 예의가 바르다)이 달라지는 것은 아니다. 오히려 전제를 생략할 경우 더 자연스럽고 간명한 표현이 된다.

오답해설
① 둘째 전제에서 '어른께 절을 한다.'라는 요소를 뽑고, 결론에서 '예의가 바르다'라는 요소를 뽑아서 둘을 연결하면 첫째 전제(대전제)가 만들어진다.
② 둘째 전제는 첫째 전제보다 구체적이며 실증적이다. 따라서 할머니의 말에서 '영수가 절을 했다'는 명제가 둘째 전제로 적절하다.
④ 지문에 의하면 생략된 전제는 대체로 모든 사람들이 잘 알고 있다고 여겨지는 생각, 즉 통념이다.
⑤ 전제를 생략하는 이유는 사람들이 잘 알고 있다고 여기기 때문인데, 다른 문화권에서 사는 사람들은 그 상황을 잘 이해하지 못할 수도 있다.

8 ③

정답해설 지문에서는 법이 없는 자유는 주인의 집을 도망쳐 나온 노예와 같고, 자유는 정의를 실현하는 올바른 사회질서에 의해서만 보장될 수 있다고 하였다. 이를 바탕으로 '법이 없다면 자유도 없다'는 결론을 도출하려면 '법'과 '정의를 실현하는 올바른 사회질서'의 관계가 추가 전제로 제시되어야 한다. 따라서 빈칸에는 '정의를 실현하는 올바른 사회질서는 법에 의해서만 확립될 수 있다'는 내용이 들어가야 한다.

연역 추론 법칙을 활용한 정리

지문에 제시된 전제〉 자유 → 정의를 실현하는 올바른 사회질서
생략된 전제(빈칸)〉 정의를 실현하는 올바른 사회질서 → 법
지문에 제시된 결론〉 자유 → 법

오답해설
① 법이 정당한 행위를 할 수 있는 상태의 실현 가능성을 높인다는 모호한 내용이다. 지문에서 법이 없으면 자유도 없다는 명확한 결론을 제시하였으므로 법과 올바른 사회질서의 관계에 대한 확실한 근거가 필요하다.
② 지문에서는 '자유는 정의를 실현하는 올바른 사회질서에 의해서만 보장될 수 있다(자유 → 정의를 실현하는 올바른 사회질서)'고 하였다. '자유가 없다면 정의를 실현하는 올바른 사회질서도 확립될 수 없다'는 말에 대한 '이'일 뿐 빈칸에 들어가야 하는 내용은 아니다.
* 기준 명제가 참일 경우 대우는 참이지만, 역이나 이의 참은 보장되지 않는다.
④ 지문에서는 '정의를 실현하는 올바른 사회질서가 확립되어야 자유를 보장할 수 있다'고 하였으므로, '법과 자유'가 '올바른 사회질서'의 전제가 아니라 '법'이 '올바른 사회질서'의 전제이며, '올바른 사회질서'가 자유의 전제인 것이다.

9 ④

정답해설 지문에 제시된 전제를 정리하면 다음과 같다.

(가) 오 주무관 → 박 주무관
(나) 박 주무관 → 홍 주무관
(다) ~홍 주무관 → ~공 주무관

'박 주무관'을 매개항으로 하여 (가)와 (나)를 결합하면 '오 주무관 → 홍 주무관'을 도출할 수 있다.

• 대우 활용 〉 '오 주무관 → 홍 주무관'의 대우는 '~홍 주무관 → ~오 주무관'이다.
따라서 '홍 주무관이 회의에 참석하지 않으면, 오 주무관도 참석하지 않는다.'는 명제가 참임을 알 수 있다.

10 ③

정답해설 1. 논리적 사고를 통한 풀이

첫째 문장에 의해 '지혜로운 사람은 정열을 갖지 않음'을 알 수 있으며, 이를 둘째 문장의 대우 '정열을 갖지 않은 사람은 사랑을 원하는 사람이 아니다'와 결합하면 '지혜로운 사람은 사랑을 원하는 사람이 아니다'를 도출할 수 있다.

2. 기호화를 통한 풀이

주어진 명제를 정리하면 다음과 같다.

ⓐ 지혜 → ~정열
ⓑ 사랑 원 → 정열
ⓒ 정열 → ~행복
ⓓ ~지혜 → 고통 피 원
ⓔ ~고통 피 원 → 지혜

ⓐ에 의해 '지혜 → ~정열'임을 알 수 있으며, 이를 ⓑ의 대우 '~정열 → ~사랑 원'과 결합하면 '지혜 → ~사랑 원'이 도출된다.

오답해설
① ⓐ의 대우에 의해 '정열 → ~지혜'임을 알 수 있다.
② ⓑ에 의해 '사랑 원 → 정열'임을 알 수 있고, 이를 ⓒ와 결합하면 '사랑 원 → ~행복'이 도출된다.
④ ⓓ에 의해 '~지혜 → 고통 피 원'임은 알 수 있으나, 그 '이'인 '지혜 → ~고통 피 원'인지는 알 수 없다.

11 ①

정답해설 지문에 제시된 전제를 정리하면 다음과 같다.

(가) 노인복지 문제n ∧ ~일자리 문제n
(나) 공직 → 일자리 문제

(나)의 대우는 '~일자리 문제 → ~공직'이다. 따라서 '~일자리 문제'를 매개항으로 (가)에 (나)의 대우문을 결합하면, '노인복지 문제n ∧ ~공직n(① 노인복지 문제에 관심이 있는 사람 중 일부는 공직에 관심이 있는 사람이 아니다)'이라는 결론이 도출된다.

12 ③

정답해설 1. 논리적 사고를 통한 풀이

선언 명제(∨)인 셋째 명제로부터 경우의 수를 나누어 본다.
(1) B와 D가 모두 선정되는 경우
넷째 명제의 대우에 따라 C도 선정되는데, 이 경우 B와 C가 모두 선정되어 둘째 명제와 모순되므로 경우의 수에서 제외한다.
(2) B는 선정되지 않고 D는 선정되는 경우
첫째 명제의 대우에 따라 A도 선정되지 않는다. 그리고 C에 대해서는 알 수 있는 정보가 없다.
(3) B는 선정되고 D는 선정되지 않는 경우
넷째 명제의 대우에 따라 C도 선정되는데, 이 경우 B와 C가 모두 선정되어 둘째 명제와 모순되므로 경우의 수에서 제외한다.
정리하면, (2)에 따라 A와 B는 선정되지 않고 D는 선정된다. 그리고 C는 선정될 수도, 선정되지 않을 수도 있다. 따라서 반드시 참인 것은 'D는 선정된다'는 사실뿐이다.

2. 기호화를 통한 풀이

주어진 명제를 정리하면 다음과 같다.

ⓐ A → B ≡ ~B → ~A
ⓑ ~(B∧C) ≡ ~B∨~C
ⓒ B∨D
ⓓ ~C → ~B ≡ B → C

선언 명제(∨)인 ⓒ로부터 경우의 수를 나누어 본다.
(1) B∧D인 경우
ⓓ의 대우에 따라 C인데, 이 경우 B∧C가 되어 ⓑ와 모순되므로 경우의 수에서 제외한다.
(2) ~B∧D인 경우
ⓐ의 대우에 따라 ~A이며, C에 대해서는 알 수 있는 정보가 없다.
→ ~A∧~B∧D
(3) B∧~D인 경우
ⓓ의 대우에 따라 C인데, 이 경우 B∧C가 되어 ⓑ와 모순되므로 경우의 수에서 제외한다.
정리하면, 경우의 수 중에서 (2)만이 가능하므로 '~A∧~B∧D'임은 확실하며 C에 대해서는 'C'와 '~C'인 경우가 모두 가능하다. 따라서 반드시 참인 것은 'D는 선정된다'는 사실뿐이다.

13 ④

정답해설

ⓐ 갑 글쓰기∨을 글쓰기
ⓑ 을 글쓰기→(병 말하기∧병 듣기)
ⓒ (병 말하기∧병 듣기)→정 읽기
[대우] ~정 읽기→~(병 말하기∧병 듣기)
≡ ~정 읽기→~병 말하기∨~병 듣기
ⓓ ~정 읽기

ⓒ에 따르면, 병이 〈말하기〉와 〈듣기〉를 신청하면 정은 〈읽기〉를 신청한다. 하지만 ⓓ에 따라, 정은 〈읽기〉를 신청하지 않았고 ⓒ의 대우에 의거하여 병은 〈말하기〉를 신청하지 않았거나 〈듣기〉를 신청하지 않았음을 알 수 있다. 그리고 ⓑ의 대우에 따라 병이 〈말하기〉를 신청하지 않거나 〈듣기〉를 신청하지 않으면 을은 〈글쓰기〉를 신청하지 않는다.
하지만 ⓐ에서 갑과 을 중 적어도 한 명은 〈글쓰기〉를 신청한다고 하였으므로 갑은 〈글쓰기〉를 신청한다는 것을 알 수 있다.

14 ③

정답해설 1. 논리적 사고를 통한 풀이

전제 1은 '피자를 좋아하는 어떤 사람은 햄버거를 좋아한다'이며, 전제 2의 대우는 '피자를 좋아하는 모든 사람은 떡볶이를 좋아한다'이다. 이 두 명제로부터 '피자, 떡볶이, 햄버거를 모두 좋아하는 사람'이 한 명 이상 존재함을 알 수 있다. 만일 '떡볶이를 좋아하는 모든 사람은 치킨을 좋아하지 않는다'라는 전제가 추가로 주어진다면, '피자, 떡볶이, 햄버거를 좋아하며 치킨을 좋아하지 않는 사람'이 한 명 이상 존재함을 알 수 있으며, 이로부터 '햄버거를 좋아하는 어떤 사람은 치킨을 좋아하지 않는다'는 결론이 참이 된다.

2. 기호화를 통한 풀이
주어진 명제를 정리하면 다음과 같다.

(전제 1) 피자n∧햄버거n
(전제 2) ~떡볶이 → ~피자 ≡ 피자 → 떡볶이
(결론) 햄버거n∧~치킨n

전제 1과 전제 2의 대우를 통해, '피자∧햄버거∧떡볶이'인 사람이 한 명 이상 존재함을 알 수 있다. 이로부터 '햄버거∧~치킨'인 사람이 한 명 이상 존재한다는 결론을 도출하기 위해서는, '떡볶이→~치킨'이라는 전제가 추가로 필요하다. 이로부터 '피자∧햄버거∧떡볶이∧~치킨'인 사람이 한 명 이상 존재함을 도출할 수 있기 때문이다.

15 ①

정답해설 지문에 제시된 전제와 결론을 정리하면 다음과 같다.

문학을 좋아하는 사람은 모두 자연의 아름다움을 좋아하는 사람이다. ▶ 문학 → 자연의 아름다움
자연의 아름다움을 좋아하는 어떤 사람은 예술을 좋아하는 사람이다. ▶ 자연의 아름다움n∧예술n
따라서 예술을 좋아하는 어떤 사람은 문학을 좋아하는 사람이다. ▶ ∴ 예술n∧문학n

특칭인 결론의 참이 보장되려면 전칭의 참이 전제로 필요하므로, 추가해야 할 전제는 '자연의 아름다움 → 문학(자연의 아름다움을 좋아하는 사람은 모두 문학을 좋아하는 사람이다.)'이다.

16 ③

정답해설 지문에 제시된 전제를 정리하면 다음과 같다.

(가) 가은 → 나은∧다은
   [대우] ~(나은∧다은) → ~가은
      ≡ ~나은∨~다은 → ~가은
(나) ~나은 → 라은
   [대우] ~라은 → 나은
(다) 가은∨마은

(가)의 대우를 통하여, 다은이가 프로젝트에 참여하지 않으면 가은이도 참여하지 않는다는 것을 알 수 있다. 또한 (다)로 보았을 때 가은이가 참여하지 않으면 마은이가 참여한다는 것을 알 수 있다. 그리고 (다)에 따라, 마은이 프로젝트에 참여하지 않으면 가은이 프로젝트에 참여한다. 이 경우 (가)에 따라, 나은과 다은도 프로젝트에 참여한다는 것을 알 수 있다. 따라서 '다은이 프로젝트에 참여하거나 마은이 프로젝트에 참여한다.'는 것은 참임을 알 수 있다.

오답해설
① (다)로 보았을 때 가은이 프로젝트에 참여하지 않으면 마은이 참여할 것임을 알 수 있다. 하지만 마은이 프로젝트에 참여했을 때 다른 주무관들의 참여 여부는 알 수 없다.
② (다)로 보았을 때, '마은이 프로젝트에 참여하는 것'이 확실한 참이 되기 위해서는 가은이 참여하지 않아야 함을 알 수 있다. (가)의 대우를 통하여, 다은이가 프로젝트에 참여하지 않으면 가은이도 참여하지 않는다는 것을 알 수 있다. 따라서 (가)와 (다)로 보았을 때, '다은이 프로젝트에 참여했을 때'가 아니라 '다은이 프로젝트에 참여하지 않았을 때' 마은이가 참여한다는 것을 알 수 있다.
④⑤ (다)로 보았을 때, '마은이 프로젝트에 참여하는 것'이 확실한 참이 되기 위해서는 가은이 참여하지 않아야만 한다는 것을 알 수 있다. 그리고 (가)의 대우를 통하여, 나은이나 다은이가 프로젝트에 참여하지 않으면 가은이 참여하지 않는다는 것을 알 수 있다. (나)에서는 나은이가 프로젝트에 참여하지 않으면 라은이 참여한다고 하였다. 하지만 라은이 참여할 때 나은이의 참여 여부는 알 수 없다.(원명제가 참일 때 대우도 참이지만, 역은 그 참거짓을 알 수 없다) 따라서 라은이의 프로젝트 참여 여부로 가은이의 참여 여부를 알 수 없으며 나아가 마은이의 프로젝트 참여 여부도 알 수 없다.

본문 P.92

② 귀납 논증

1 귀납적 일반화

 활동 1

ㄱ.
해설 ㄱ. 앞서 제시된 세 개의 표본(나비, 벌, 거미)을 통해 전체(모든 곤충)에 대한 결론을 이끌어 냈으므로 귀납적 일반화 중 보편적 일반화의 예시로 적절하다.
ㄴ. 나비와 벌의 특징(곤충)을 거미도 가지고 있다는 점에서 거미도 '사회적 동물'일 것이라 추론하였으므로, 이는 'A의 몇 가지가 B와 유사하기 때문에 다른 점에서도 유사할 것이라고 논증'이라는 유비논증의 예시이다.

3 유비 논증

 활동 2

ㄱ.
해설 ㄱ. B, C, D의 특성(A가 에이전트)을 E도 가지고 있다는 점에서 같은 결론이 나올 것이라 추론하였으므로, 이는 'A의 몇 가지가 B와 유사하기 때문에 다른 점에서도 유사할 것이라고 논증'이라는 유비 논증의 예시로 적절하다.
ㄴ. 어떤 유형에 속하는 개체 일부(1/10)에서 발견된 속성(두 개의 결함)을, 해당 유형 전체로 일반화(전체의 2%가 결함일 것)하는 통계적 일반화(귀납적 일반화)이다.

문제 적용

1 ③

○정답해설 동물 실험을 반대하는 쪽이 동물 실험의 유효성을 주장하는 쪽의 논거를 비판할 때 인간과 실험동물의 기능적 차원에서의 유사성에만 주목하고 그 기능을 구현하는 인과적 메커니즘이 동물마다 차이가 있다는 것을 간과하고 있음을 지적하고 있다.

✗오답해설
① 동물 실험을 반대하는 쪽은 기능적 유사성이 있어도 인과적 메커니즘은 동물마다 다르다고 생각하고 있음을 알 수 있다.
② 동물 실험의 유효성을 주장하는 쪽의 논거는 인간과 동물의 기능적 유사성에 바탕을 두고 있다.
④ 동물 실험을 반대하는 쪽은 인간과 동물 간에 유사성이 존재하더라도 윤리적 문제 등으로 동물 실험에 반대할 것이다.

2 ②

○정답해설 ⓐ는 인간을 대신하는 '실험 대상', ⓑ는 인간과 실험 대상의 '유사성', ⓒ는 실험 대상에서 얻은 '반응 결과'라 할 수 있다. 이를 <보기>에 적용해 보면 ⓐ는 실험 대상으로서 '어떤 7살 아이(㉮)'에, ⓑ는 유사성으로서 '7살(㉰)'에, ⓒ는 실험 대상에서 얻은 반응 결과로서 '몹시 변덕스럽고 난폭한 성향(㉯)'에 대응된다고 할 수 있다.

3 ②

○정답해설 귀납 논증은 전제를 통해 결론을 개연적으로 뒷받침하려는 논증이므로 결론의 참이 100%의 수준으로 보장될 수 없다. 공무원이라는 유형(유형 I)에 속하는 100명의 개체를 조사하니, 이들 모두에서 '업무의 70% 이상을 효과적으로 수행하고 있다'는 속성(속성 P)이 발견되었다. 이를 공무원 집단 전체로 확장하는 것이므로, 보편적 일반화에 해당한다.

✗오답해설
① 여행과 음악을 모두(AND) 좋아하는 사람의 수는 여행을 좋아하는 사람의 수보다 많을 수 없다. 따라서 공무원 중 여행과 음악을 모두 좋아하는 이들의 비율이 전체의 80%를 넘지 않는다고 해도, 여행을 좋아하는 이들의 비율이 80%를 넘을 가능성이 있다. 즉, 이는 결론을 100% 보장하지 못하는 귀납 논증으로서 타당한 논증이 아니다.
③ 통계적 일반화는 어떤 유형에 속하는 n개의 개체 일부에서 발견된 속성을, 해당 유형 전체로 일반화하는 과정이다. 반면 선지는 해당 유형 전체(공무원집단)의 속성을 유형 중 일부 집단(20대 공무원)으로 특정하고 있으므로 통계적 일반화와는 반대되는 개념이므로 옳지 않은 설명이다.
④ 공무원 갑이 정부 정책을 지지한다고 해서, 해외연수를 다녀온 공무원일 것이라는 통계적 결론을 도출할 수는 없다. 만일 주어진 논증이 통계적 삼단 논법이 되려면, '정부 정책을 지지하는 공무원의 95%가 해외연수를 다녀왔다. 공무원 갑은 정부 정책을 지지하고 있다. 따라서 갑은 해외연수를 다녀왔을 것이다.'가 되어야 한다.
⑤ 유비 추론은 서로 비슷한 속성을 지닌 두 개체를 비교하여, 한 개체의 속성이 다른 한 개체에도 나타날 것임을 추론하는 것이다. 선지에서 '80세 이상 살 것'이라는 속성은 을과 병 중 어느 누구의 속성도 아닌데, 둘 모두에게 이 속성이 나타날 것이라고 추론하는 것은 유비 추론이 아니므로 옳지 않은 설명이다.

4 ③

○정답해설

• 실험 집단: 실험적 연구에서 일정한 자극에 노출되는 집단
• 통제 집단: 일정한 자극에 노출되는 '실험 집단'과 비교하기 위해 아무런 자극을 주지 않는 집단('실험 대조군'이라고도 한다)
→ A라는 요인이 미치는 영향을 알아보고자 할 때, A라는 요인의 영향을 받은 실험 집단과 그렇지 않은 통제 집단은 A요인 외의 다른 모든 면에서 동일해야 한다.

ㄱ. 할인 기회의 효과를 판단하려면 할인 기회 제공 여부 외의 모든 면이 동일해야 한다. C와 D에게는 구매 전 광고만 했고, G와 H에게는 광고와 할인 기회를 함께 제공하였으므로 둘의 차이는 할인 기회 제공뿐이다. 또한 A와 B에게는 구매 전 활동을 실시하지 않았고 E와 F에게는 할인 기회만 제공했으므로 이 집단의 차이도 할인 기회 제공이다. G와 H의 구매율(b)은 C와 D의 구매율(c)보다 높고, E와 F의 구매율(b)은 A와 B의 구매율(d)보다 높다. 따라서 할인 기회 제공이 구매율을 높였다고 볼 수 있다.
ㄴ. 사후 서비스의 효과를 판단하려면 사후 서비스 여부 외의 모든 면이 동일해야 한다. 먼저 A와 B에 대해서는 사후 서비스를 제공한 A의 마케팅 만족도가 더 높았다. C와 D에 대해서는, 사후 서비스를 제공한 C의 마케팅 만족도가 더 높았다. G와 H 역시 마찬가지였다. 다만, E와 F에 대해서는 사후 서비스 여부와 관계없이 마케팅 만족도가 b로 동일했다. 그럼에도 사후 서비스를 한 경우가 하지 않은 경우보다 마케팅 만족도가 '낮지 않다'는 결론은 여전히 타당하다.

✘ 오답해설

ㄷ. 사후 서비스를 하지 않은 집단의 광고 효과를 판단하려면 F와 H를 비교하고 B와 D를 비교해야 한다. 이때 B보다는 D의 마케팅 만족도가 높지만, F와 H의 만족도는 동일하다. 따라서 사후 서비스를 하지 않을 때, 광고를 한 경우가 하지 않은 경우보다 마케팅 만족도가 높다고 단정할 수 없다. 적절하지 않은 분석이다.

Part 4
논리적 오류와 강화약화

본문 P.100

1 논점의 이해와 논리적 오류

✎ 활동 1

1. 무지에의 호소
   해설 '천당이나 지옥'의 존재를 증명할 수 없으므로 인정해야 한다는 것은 어떤 논제의 반증 예가 제기되지 못하기 때문에 그 논제가 참이라고 단정해야 하는 경우이므로 무지에의 호소의 오류이다.

2. 성급한 일반화의 오류
   해설 한 행동만 가지고 성급하게 형편없는 애라 단정하는 것은 부적합하고 대표성이 결여된 근거, 제한된 정보 등을 이용하여 특수한 사례들을 성급하게 일반화함으로써 빚어지는 오류이므로 성급한 일반화의 오류이다.

3. 무지에의 호소
   해설 '귀신이 없다고 증명한 사람이 이제까지 없었다'라는 것을 근거로 귀신이 있다고 단정하고 있는 것은 어떤 논제의 반증 예가 제기되지 못하기 때문에 그 논제가 참이라고 단정하는 경우이므로 무지에의 호소이다.

4. 우연과 원칙 혼동의 오류
   해설 보관소가 물건을 맡아 두는 곳이라는 일반적 규칙을 도둑질한 물건이라는 특수한 경우까지 적용하는 것은 일반적 규칙을 특수한 경우에 적용할 때, 어떤 우연한 상황이 발생하여 일반적 규칙을 적용할 수 없는데도 불구하고 그대로 적용함으로써 발생하는 오류이므로 우연과 원칙 혼동의 오류이다. 세분화하면 원칙 혼동의 오류이다.

5. 복합 질문의 오류
   해설 '그 돈을 훔쳤지요?'와 '그 돈을 모두 유흥비로 탕진했지요?'라는 두 가지의 질문을 한 번에 질문하였다. 이는 단순하게 '예'나 '아니오'라고 대답할 수 없는 몇 개의 요소 질문으로 구성된 질문을 하여 발생하는 오류이므로 복합 질문의 오류이다.

6. 의도 확대의 오류
   해설 '담배를 피우는 행위'와 '죽고 싶다'라는 행위는 인과 관계가 전혀 없는 행위이다. 따라서 의도한 행위가 인과 관계가 없는 전혀 엉뚱한 결과를 낳았을 때 그 결과의 원인만을 추구하는 오류이므로 의도 확대의 오류이다.

7. 논점 일탈의 오류
   해설 '먹을 것을 가지고 싸우는 것'과 관계없이 '빨리 방에 들어가서 공부나 하라'는 결론을 제시하였으므로 '논점 일탈의 오류'이다.

8. 결합과 분해의 오류(결합)
   해설 '나트륨'이나 '염소'는 '염화나트륨'의 부분으로, 예시는 나트륨이나 염소가 유독성 물질이니 그 전체인 염화나트륨도 그럴 것이라고 생각하는 것이므로 결합과 분해의 오류이다. 세분화하면 결합의 오류에 해당한다.

9. 순환 논증의 오류
   해설 '신은 존재한다'는 주장에 대한 근거를 '성경에 그렇게 쓰여 있기 때문'이라고 하였다. 또한 이에 대한 근거를 '성경에 쓰여 있는 것은 진리'라고 들었으며 이에 대한 근거를 다시 '신의 계시로 쓰였기 때문'이라고 들었다. 이는 '신'을 증명하기 위해 '신'을 근거로 제시한 것이므로 순환 논증의 오류이다.

10. 잘못된 유추의 오류

    해설 다음이가 누리처럼 대공원에 혼자 놀러 갔다고 하여 불량배에게 돈을 빼앗기는 것은 아니다. 하지만 이렇게 추측하는 것은 우연적 비본질적인 속성을 비교하여 결론을 이끌어 내는 것이므로 잘못된 유추의 오류이다.

11. 결합과 분해의 오류(분해)

    해설 미국(전체)이 돈이 많다고 하여 미국인(부분)도 돈이 많을 것이라고 추론하는 것은 결합과 분해의 오류이다. 세분화하면 분해의 오류에 해당한다.

12. 피장파장의 오류

    해설 무단 횡단을 한 것을 비난하는 상대에게 당신도 무단 횡단을 하지 않았냐고 하고 있다. 이는 다른 사람의 비판을 같은 방식으로 비난하여 그 논증을 거부하는 것이다. 따라서 피장파장의 오류이다.

13. 주의 돌리기 오류

    해설 시작은 '농약 제거의 필요성'이었지만 끝은 '과일과 채소에 들어 있는 영양소'에 대해 이야기하였다. 이는 주제를 미묘하게 바꾸어 상대방의 주의를 돌리는 것이므로 주의 돌리기 오류이다.

14. 미끄럼 논증의 오류

    해설 요구 사항이 '커피 방'에서 '체력 단련실' 그다음에는 '샤워실'로 점점 늘어날 것이라고 하였다. 하지만 이는 말하는 사람의 추측일 뿐, '그들'이 요구한 것은 커피 방뿐이다. 이는 사태를 바람직하지 않은 상황으로 만드는 것이므로 미끄럼 논증이다.

15. 도박사의 오류

    해설 동전을 던지는 것은 몇 번을 던지든 서로 독립적으로 일어나는 확률적 사건이다. 하지만 동전이 계속해서 앞면이 네 번 나왔으니, 다음번에는 뒷면이 나올 것이라고 생각하는 것은 서로 독립적으로 일어나는 확률적 사건이 서로의 확률에 영향을 미친다는 착각에서 기인한 논리적 오류이므로 도박사의 오류이다.

16. 허수아비 공격의 오류

    해설 '총기류 사용 금지 반대'를 주장하는 사람들이 '많은 범죄가 총기류와 연관되어 있다고 생각하지 않는다'며 상대가 주장하는 것과는 다른 '범죄와 총기류의 연관성'을 허수아비로 세운 뒤 통계는 그와 반대되는 것을 증명하고 있다며 그 허수아비를 공격하였다. 따라서 허수아비 공격의 오류이다.

문제 적용

1 ③

정답해설 벤야민은 영화가 카메라로 인해 아우라를 잃어 예술성을 잃었다고 비판한다. 영화가 카메라 없이 만들어질 수도 없고, 카메라가 있는 한 아우라를 회복할 수도 없으므로, 영화를 비판하는 기준(아우라)에 대한 비판이 필요하다.
따라서 '③ 영화를 두고 예술인지 아닌지를 가르는 기준이 하나만 있는 것은 아니지. 사람에 따라 여러 가지가 있을 수 있어. 그리고 시대가 변하면 기준도 변하잖아.'가 정답이다.

오답해설
①②④ 아우라를 반박한 것이 아니므로 벤야민의 주장에 대한 비판이 될 수 없다.

2 ②

정답해설 지문에서 어떠한 한 부분에만 관심을 갖고 무용을 감상하는 것은 무용을 온전하게 보는 방법이 아니라고 하였다. 그리고 올바른 무용 감상법을 위해선 자신이 무용수가 되어, 종합적으로 바라봐야 한다고 하였다. '② 작품은 여러 가지 요소가 유기적으로 결합되어 있다. 그러므로 특정한 부분에 주목하기보다는 총체적으로 접근하는 태도가 필요하지 않을까?'는 글쓴이가 제시한 무용 감상법과 같은 내용이다. 비판적 의문으로 적절하지 않다.

오답해설
①③ 배경지식을 활용하는 것과 감상자가 작품에 대한 기대를 가지고 접근하는 것은 과거의 미적 경험이나 지식, 작가와 작품에 대한 정보 등을 통해 그 작품은 어떠할 것이라는 예상을 하는 것이다. 경험이나 지식을 활용하는 것은 옳지 않다는 내용에 대한 비판이다.
④ 무용수가 되어 종합적으로 감상하는 것이 예술로서 바르게 지각할 수 있는 방법이라는 내용에 대한 비판이다.

3 ②

정답해설 * 사물놀이 옹호자들의 의견
(1) 전통 음악의 어법을 창조적으로 계승
(2) 춤과 발림, 소리가 한데 어우러지는 열린 마당에서 벗어나 무대에서의 '앉은 공연'을 선택한 결단 또한 성공적
* 사물놀이에 대한 비판적 관점
(1) 풍물놀이의 굿 정신을 잃었거나 또는 잃어 가고 있다.
(2) 창조적 발전을 거듭하지 못한 채 타성에 젖어 들고 있다.
'앉은 공연'을 선택한 사물놀이는 종합 예술과는 거리가 멀다. 따라서 정답은 '② 현대는 종합 예술의 시대다.'이다.

오답해설
① 우리 민족 예술의 정체성 위기로 이어질 수 있다는 관점의 반박이다.
③ 기존의 풍물놀이의 수요가 적다는 점을 '사물놀이에 대한 비판적 관점'의 반박 논거로 사용하고 있다.
④ 사물놀이가 리듬악이라는 좁은 세계에 안착함으로써 풍물놀이의 예술적 다양성과 생동성을 약화시켰다는 내용에 대한 반박이다.

4 ③

정답해설 지문에는 '증거의 없음'을 '없음의 증거'로 오인하는 논리적 오류가 제시되었다. 이는 무지에 호소하는 오류이다. '어떤 논제의 반증이 제기되지 못함을 이유로 그 논제가 참이라고 단정하는 오류'를 범하고 있기 때문이다.
③은 피의자에게 확실한 알리바이가 있기 때문에, 그 피의자가 해당 범죄 현장에 있지 않았다는 결론을 내렸다. 이는 존재하는 확실한 증거에 따른 타당한 추론이므로 논리적 오류가 없다. ③을 제외한 다른 선지들은 반증이 제기되지 못함을 이유로 그 논제가 참이라고 단정하는 오류를 범하고 있다.

5 ④

정답해설 홍길순 씨가 고소득자의 세금 부담을 경감하자는 취지의 법안을 제출한 것과 그가 최근 일어난 뇌물 사건에 연루된 인물이라는 점은 전혀 관계가 없기 때문에, 이러한 비난은 타당하지 않으며, 이렇게 상대방의 과거를 비난하여 주장을 부정하는 오류를 '인신공격의 오류'라 한다.
박길수 씨의 주장에 대해서 그의 최근 음주 운전 사고 경력을 언급하며 비판하는 것은 논리적으로 적절하지 않다. 박길수 씨 주장의 논거가 부당하다는 것을 주장하는 게 아니라 그의 과거를 비난하고 있으

므로 '인신공격의 오류'를 범하고 있는 것이다.

✗ 오답해설

① 김갑수 씨를 회사의 경영자로 초빙하는 데 있어서 사업 실패 전적을 논거로 하여 반대하는 것은 논리적으로 적절하다. 사업의 성패 여부는 경영자의 능력을 측정하는 데 있어서 주요한 논거로 작용하기 때문이다.
② 버스가 전복되고 교량이 붕괴되고 화재가 발생하는 사건사고는 새 시장이 선출된 것과는 전혀 인과 관계가 성립하지 않는다. 이를 '거짓 원인의 오류'라고 한다.
③ 러시아의 사업가 세르게이가 한국 관료 조직의 부정부패에 대해 비판한 것에 대해 러시아의 부정부패를 언급한 것은 논리적으로 적절하지 않다. 상대방의 비판이 상대방 자신에게도 적용됨을 근거로 비판에서 벗어나려는 오류로서 '피장파장의 오류'이다.
⑤ 권력을 이용하여 상대방을 협박하는 것으로서, 논증이라 보기 어렵다.

본문 P.108

2 비판 추론형 강화약화

💡 문제 적용

1 ④

○ 정답해설 A는 현세대가 미래세대를 고려하여 (지구 환경을 개선하는 방향으로) 기존과 다른 삶의 방식을 취하게 되면, 현세대가 기존 방식을 고수했을 때와는 다른 구성원으로 이루어진 미래세대가 생겨나기 때문에 현세대가 미래세대가 겪는 고통에 대해 도덕적 책임이 없다고 주장한다. 즉, 현세대가 삶의 방식을 변화시킬 경우 기존에는 존재하지 않았던 새로운 구성원이 생겨날 것이기에, 미래세대의 고통을 감소시키는 것을 도덕적 판단의 근거로 삼을 수 없다는 것이다. 그런데 만일 현실에 존재하지 않는다는 이유로 그 대상을 도덕적 고려에서 배제하는 것이 불합리하다면, A의 이러한 논증은 설득력을 잃게 되고, ㉠은 약화된다.

✗ 오답해설

① 만일 현재 존재하는 대상 사이에서만 행복을 비교하는 것이 가능하다면, 미래세대의 행복을 고려하는 것이 의미가 없게 되므로, ㉠은 강화된다.
② 미래세대 구성원이 달라질 경우 미래세대가 누릴 행복의 총량이 변한다고 해도, A의 논증에는 영향이 없다. A는 미래세대 구성원이 달라질 경우 그 고통과 쾌락을 비교하는 것이 의미가 없다고 주장하고 있을 뿐이다.
③ 현세대가 기존 삶의 방식을 고수할 경우 미래세대의 고통이 증가한다는 것은 이미 A의 논증에서 드러나 있는 부분이므로, ㉠에 영향을 미치지 않는다.

2 ③

○ 정답해설 제시된 논증에서는 침팬지 이와 사람 머릿니의 염기서열 차이를 550만년간 누적된 변화로 가정하고, 이를 머릿니와 몸니의 염기서열 차이에 적용하여 머릿니와 몸니가 분기된 이후 흐른 시간을 도출하고 있다. 이에 따라 도출된, 머릿니와 몸니가 분기된 이후 흐른 시간은 12만년이다. 즉, 이를 식으로 나타내면 다음과 같다.

> 침팬지 이와 머릿니 염기서열 차이 : 머릿니와 몸니 염기서열 차이
> = 550만년 : 12만년

그런데 침팬지 이와 사람 머릿니의 염기서열 차이가 사람 몸니와 사람 머릿니의 염기서열의 차이보다 작다면, 이러한 비례 관계가 성립하지 않게 된다. 즉 이 경우 염기서열 차이를 통해 실제로 흐른 시간을 구하기 불가능해지며, 논증은 약화된다.

✗ 오답해설

① 제시된 논증은 염기서열의 변화가 일정한 속도로 축적된다는 가정 하에 염기서열 차이를 비례적으로 비교하고 있다. 그런데 염기서열의 변화가 일정한 속도로 축적되는 것이 아니라면, 논증은 약화된다.
② 제시된 논증은 사람이 옷을 입기 시작한 무렵 몸니가 머릿니로부터 분기되었다고 가정한다. 이러한 가정이 틀렸음이 밝혀진다면 논증은 약화된다.
④ 제시된 논증은 침팬지와 사람이 공통 조상에서 분기되면서 침팬지 이와 사람 머릿니도 분기되었다고 가정한다. 이러한 가정이 틀렸음이 밝혀진다면 논증은 약화된다.

3 ④

정답해설 첫째 문단의 마지막 문장에서 글쓴이는 질문을 던지고 있다. 이 경우 질문에 대한 답이 글쓴이의 주장이 될 가능성이 높다. 따라서 둘째 문단에 집중해야 한다.

근거	현재 유망한 연구 프로그램이 쇠락의 길을 걷게 될 수도 있고 반대로 현재 성과가 미미한 연구 프로그램이 얼마 뒤 눈부신 성공을 거둘 가능성이 있다.
주장	과학 연구에 자원을 배분할 때 '나누어 걸기' 전략이 바람직하다. 즉, 자원을 현재 시점에서 평가된 각 연구 프로그램의 성공 확률에 비례하도록 배분하는 것이 바람직하다.

글의 논지를 약화하기 위해서 근거, 주장, 근거와 주장 간의 관련성 중 하나를 공격하면 된다. 선지 ④는 글의 주장인 '나누어 걸기' 전략이 실제로 실현되지 못할 가능성을 제시하면서 논지를 약화한다. 따라서 정답은 선지 ④이다.

4 ①

정답해설

근거 1	스마트폰의 메커니즘이 K의 두뇌 속에서 작동하고 있다고 가정할 때, 그것을 K 자신의 기억이나 판단이라고 인정할 수 있다면, 그런 과정은 K 자신의 인지 능력이라고 평가해야 한다.
근거 2	스마트폰의 메커니즘이 K의 두뇌 속에서 작동하고 있다고 가정한다면 우리는 그것을 K 자신의 기억이나 판단이라고 평가할 것이다.
주장	스마트폰 덕분에 보강된 인지 능력은 K 자신의 것으로 볼 수 있다.

K가 메모를 참조해서 시험 문제에 답할 경우 누구도 K가 그 문제의 답을 기억한다고 인정하지 않는다고 하였다. 이는 근거 2를 공격하는 것이므로 논지를 약화하는 진술로 적절하다.

오답해설
② K가 종이와 연필의 도움을 받은 연산 능력을 K 자신의 인지 능력으로 인정해야 한다는 것은 글의 주장과 부합한다.
③④⑤ 글의 주장 및 근거와 아무런 관련이 없는 진술이므로 글의 논지를 약화하지 않는다.

본문 P.113

3 사례 추론형 강화약화

1 ④

정답해설 '비동시적인 것들의 동시성'이란 사회가 단계적으로 변화하였음에도 그 이전 시기의 문화가 지속적으로 이어짐으로써 과거와 현재의 문화가 혼재하는 양상을 말한다고 할 수 있다. 예식장에서 웨딩드레스를 입고 결혼식을 올리는 것이 보편화되어 있음에도, 폐백이라는 전통적 혼례의 한 과정이 함께 이루어지고 있는 것은 과거의 문화가 현재의 문화와 혼재하고 있는 양상으로 볼 수 있다.

오답해설
① 전통차와 커피를 선택하는 개인적 취향의 문제이다.
② 유리온실과 비닐하우스는 비용의 차이로 빚어지는 것이다.
③ 시대의 변화에 따라 각광받는 학문 분야가 달라졌음을 말하고 있다.

2 ③

정답해설 ㉠은 퍼킨의 실험과 같이 기대했던 실험의 결과를 얻는 데 실패하였거나 예상 외의 결과를 얻은 경우가 뜻밖의 발명으로 이어지는 것을 말한다. ③은 실험상의 실수로 생겨난 푸른곰팡이를 최초의 항생제인 '페니실린'의 탄생으로 연결 지은 사례이므로 ㉠을 강화하는 사례로 적절하다.

오답해설
① 패러데이가 전기를 만드는 새로운 방법을 발명한 과정은 뜻밖의 결과나 부작용이 발명으로 연결되는 경우가 아니다.
② 찰스 다윈이 진화론을 확립하게 된 사례에서는 뜻밖의 결과나 부작용이 발명으로 연결되는 경우가 없었다.
④ 베셀이 별들의 거리를 계산한 것에는 뜻밖의 결과나 부작용이 발명으로 연결되는 경우가 없었다.

3 ④

정답해설 첫째 문단에 제시된 관용의 정의를 그대로 받아들였을 때, 보편적 도덕 원칙에 어긋나는 것까지 용인해야 한다는 역설적 상황이 생길 수 있다. ④는 이러한 역설적 상황을 제시하고 있다.

오답해설
① 모든 종교적 믿음을 배척하는 것은 관용의 정의와 어긋난다.
② 이는 관용의 정의에는 부합하는 상황이지만, 정의로 인해 빚어지는 역설에 해당하는 내용은 아니다.
③ 특정 주제에 대해 자신의 특별한 의견이 없으면, 자신의 의견과 반대되는 의견이나 생각이 없으므로, 이를 관용적이라고 평가하기는 어렵다.

4 ③

정답해설 피아제의 주장은 '도덕은 하나의 사실이며 사회의 구조와 기능의 발달에 관련되어 있다.', '협조와 상호 존중에 근거한 자율적 의사 결정과 그 추론 과정을 강조한다.', '도덕 교육은 아동들의 도덕성이 불완전함에서 완전함을 향해 자율적으로 개발되도록 도와주는 발달을 뜻한다.'이다.
이를 통해 피아제는 도덕성이 협동과 상호 존중에 의해 불완전함에서 완전함이 방향으로 자율적으로 개발된다고 보고 있음을 알 수 있다. 이러한 피아제의 주장을 강화하는 진술은 ③이다.

오답해설

① 피아제의 도덕론에서 인간의 도덕적 의식이 궁극적으로 정서에 근거해 있다는 사실은 알 수 없다.
② 피아제는 도덕이 하나의 사실이라고 보았다. 또한 피아제는 도덕을 사회의 구조와 기능의 발달과 관련 있는 것으로 보았지, 사회적 규약의 산물로 보지 않았다.
④ 피아제는 도덕이 하나의 사실이며, 사회의 구조와 기능의 발달에 관련되어 있다고 보았다.

5 ③

정답해설 지문에는 기업의 고용과 생산이 증대해도 제품 가격을 올리지 않는 이유가 설명되어 있다. 구체적으로 '상품 가격 조정 비용의 부담, 추가 생산 비용이 상승하지 않음, 소비자들의 기대 물가 상승률' 등이 그 이유로 제시되고 있다. 그런데 판매 중인 운동복이 유행할 것을 기대하지만 시장 내 경쟁이 치열하여 기존과 같은 가격으로 출시하는 경우는 이러한 세 가지 이유로 설명되지 않는다. 따라서 지문을 강화하는 사례로 볼 수 없다.

오답해설

① 작년 가격이 표시된 포장 용기를 바꾸는 것이 부담되는 것은 상품 가격을 조정하는 비용이 부담으로 작용하는 경우에 해당한다.
② 고객들의 예상 가격 수준에 맞게 가격을 유지한 것은 소비자들이 기대 물가 상승률을 당시 물가 상승률과 유사할 것으로 판단하는 경향이 있기 때문이다.
④ 타이어의 가격을 유지한 이유는 기업의 실제 생산량이 잠재 생산 능력을 밑돌기 때문에 제품 한 단위를 더 생산해도 추가 생산 비용이 상승하지 않기 때문이다.

6 ①

정답해설 ⓐ는 유물론에 대한 입장이다. 유물론을 약화하는 사례는 의식에 의해 물질이 결정된다는 관념론에 대한 사례일 것이다. 따라서 '해태'라는 동물이 실재하지 않고, 상상 속, 인간의 인식 속에만 존재함에도 이를 위한 단어(물질)가 존재한다는 것은 ⓐ를 약화하는 사례로 적절하다.

오답해설

②③④ 언어(물질)가 인간의 사고(관념, 인식, 의식)에 영향을 미치는 사례에 해당하기 때문에 ⓐ를 강화하는 사례에 해당한다.

7 ⑤

정답해설

전제 1	집단의 청렴도를 평가하는 잣대로 공공 물품을 사적으로 사용하는 정도가 활용된다(공공 물품을 사적으로 사용하는 집단은 청렴도가 낮을 것이다).
전제 2	M시의 회사 A에서 가끔이라도 회사 물품을 사용한 적이 있다고 답한 직원은 절반이 넘는다.
결론	M시의 회사원들은 낮은 청렴도를 가지고 있다.

위와 같은 삼단 논법은 얼핏 보면 연역논증이라고 착각할 수 있다. 그러나 지문에 주어진 논증은 전제가 모두 참이라고 해도 결론이 반드시 참이라고 말할 수는 없다. '절반이 넘는다'는 사실에서 '낮은 청렴도'라는 가치 평가를 전제한 결론을 이끌어 내는 데에는 반드시 논리적 비약이 존재할 수밖에 없기 때문이다.
또한, M시 전체의 청렴도를 평가하고자 하는데 회사 A의 일부 직원들만을 대상으로 한 설문 조사를 활용했다는 점도 논증이 100% 참일 수 없음을 보여 준다. 따라서 지문에 주어진 논증은 귀납 논증이며, 적절한 근거를 통해 이를 강화 또는 약화하는 것이 우리의 목표가 된다. 특히 이런 유형의 귀납 논증은 전제로 제시된 설문 조사 결과의 신뢰성을 공격함으로써 논증을 약화할 수 있다.

ㄱ. 설문 조사 결과에 따르면 공공 물품의 사적 사용 경험이 있는 직원의 비율이 절반 이상인데, 그 정도를 실제보다 축소한 직원이 많다면 실제로 사적 사용 정도는 더욱 높을 것이다. 따라서 논증의 결론은 강화된다.
ㄴ. M시에는 회사 A 외에도 여러 회사가 있을 것이기 때문에, M시의 다른 회사에서도 설문 조사를 진행해서 비슷한 결과가 나올 경우 논증의 대표성이 강화된다. 따라서 논증의 결론을 보다 강화한다.
ㄷ. M시에 있는 대부분의 회사들에 비해 회사 A의 직원들이 회사 물품을 사적으로 사용한 정도가 심하다는 것은 회사 A가 M시를 대표할 수 없다는 것을 의미한다. 또한 이는 M시 전체의 실제 공공 물품 사적 사용 정도가 조사 결과보다 낮다는 것을 의미하므로 논증의 결론에 부합하지 않는다는 것을 입증하는 사례이다. 따라서 논증의 결론을 약화한다.

따라서 정답은 선지 ⑤이다.

8 ③

정답해설 첫째 문단에 따르면, 연구진의 가설은 '자극 X가 있는 환경에서 성장한 동물과 자극 X가 없는 환경에서 성장한 동물을 비교했을 때 뇌에 차이가 있을 것'이다. 이를 뒷받침하기 위한 근거를 정리하면 다음과 같다. 이때 A 그룹 쥐는 자극 X에 노출된 반면, B 그룹 쥐는 자극 X에 노출되지 않았다.

> ㉠ A 그룹 쥐의 대뇌피질이 B 그룹 쥐의 대뇌피질보다 더 무겁고 치밀하다.
> ㉡ A 그룹의 쥐의 뇌에서 크기가 큰 신경세포와 신경교세포가 더 많이 발견되었으며, DNA에 대한 RNA의 비율이 높아진 뇌 신경세포가 더 많다.
> ㉢ A 그룹 쥐의 뇌에서 신경전달물질 α가 더 많이 분비된다.

여기서 A 그룹과 B 그룹의 조건상 차이는 자극 X뿐이므로, 이 세 가지 차이점은 자극 X의 영향이라고 생각해도 무방하다. 이에 따라 〈보기〉를 검토해 보자.

ㄱ. ㉡, ㉢에 따르면 자극 X에 노출된 A 그룹 쥐가 B 그룹 쥐보다 신경교세포의 수와 신경전달물질 α분비량이 더 많다. 실험 결과에 부합하므로 실험 결과가 강화된다.
ㄴ. ㉠에 따르면 자극 X에 노출된 A 그룹 쥐의 대뇌피질이 B 그룹 쥐보다 더 무겁고 치밀하다. 이는 실험 결과에 부합하므로 실험 결과가 강화된다.

실험 결과를 강화하는 것은 보기 ㄱ, ㄴ이므로, 정답은 선지 ③이다.

오답해설

ㄷ. ㉡에 따르면 자극 X에 노출된 A 그룹 쥐가 B 그룹 쥐보다 크기가 큰 신경세포의 수가 많은 것이지 신경세포 자체의 수에 대해서는 알 수 없다. 따라서 자극 X가 없으면 있을 때보다 신경세포의 수가 늘어난다는 설명은 실험 결과에 부합하지 않으므로 실험 결과를 강화하지 못한다.

9 ①

정답해설 ㉠을 강화하기 위해서는 그 근거들에 부합하는 진술을 찾으면 된다.

'비판'	1977년 캐나다의 실험에서 쥐에게 투여된 사카린의 양이 쥐가 먹는 음식에 비해 많다.
㉠	1977년 실험과 그 활용성의 타당성에 대한 비판은 합당하지 않다.
㉠의 근거	몸에 해당 물질을 받아들인 개체들 가운데 암에 걸리는 개체의 비율이 낮을수록 발암물질의 유효성이 낮아진다.
	이런 상황에서 발암물질의 효과를 확인하려면 최소한 수만 마리의 쥐를 이용한 실험이 필요하다. 그러나 이는 불가능하다.
	이럴 때 발암물질의 투여량을 늘리면 실험 대상의 수를 줄이더라도 유의미한 실험 결과를 확보할 수 있다.

ㄱ. 실험에서 발암물질의 투여량을 늘린 것은 한정된 숫자의 쥐 가운데서 암이 발생한 쥐의 수를 늘리기 위함이었다. 이는 쥐에게서 암이 발생하는 사례의 수는 발암물질의 섭취량에 비례한다는 가정을 내포하고 있다. 따라서 보기 ㄱ은 ㉠의 세 번째 근거를 강화하므로 ㉠ 역시 강화한다.

ㄴ. 실험은 인공 조미료 사카린이 인간에게 암을 일으킬 수 있는지 밝히기 위해 200마리의 쥐를 사용했다. 이때 쥐에게 다량 투입하였을 때 암을 일으킨 물질 중에는 인간에게 발암물질이 아닌 것이 밝혀진다면, 실험 자체의 신뢰도가 하락한다. ㉠은 1977년 실험에 대한 비판은 합당하지 않다는 것이므로 보기 ㄴ은 ㉠을 약화한다.

ㄷ. ㉠의 둘째 근거에 따르면, 발암물질의 유효성이 낮을 때 유의미한 실험 결과를 얻기 위해서는 더 많은 수의 실험 대상을 확보해야 한다. 이는 발암물질의 유효성이 높은 경우에는 많은 수의 실험 대상을 확보할 필요가 없다는 전제를 내포한다. 따라서 보기 ㄷ의 진술처럼 발암물질의 유효성이 클수록 더 많은 수의 실험 대상을 확보해야 한다면, ㉠의 둘째 근거가 약화된다. 결국 보기 ㄷ은 ㉠을 약화한다.

따라서 ㉠을 강화하는 〈보기〉는 'ㄱ'뿐이므로 정답은 선지 ①이다.

10 ⑤

정답해설 밑줄 친 주장을 강화하기 위해서는 트랜스 지방의 양과 심혈관계에 해로운 정도 사이의 비례 관계를 입증하는 사례를 찾으면 된다.

ㄱ. 트랜스 지방의 증가가 심장병 발병률을 높였다고 하였다. 따라서 이는 트랜스 지방의 양과 심혈관계에 해로운 정도 사이의 비례 관계를 입증하므로 밑줄 친 주장을 강화하는 사례에 해당한다.

ㄴ. 트랜스 지방의 감소가 동맥경화 발병률을 감소시켰다고 하였다. 이 역시도 트랜스 지방의 양과 심혈관계에 해로운 정도 사이의 비례 관계를 입증하므로 밑줄 친 주장을 강화하는 사례에 해당한다.

ㄷ. 둘째 문단에서는 '패스트푸드에는 트랜스 지방이 많이 들어 있다'고 했고, 셋째 문단에서는 HDL의 혈중 농도가 감소하면 심장병이나 동맥경화를 유발하고 악화시킨다고 하였다. 패스트푸드를 지속적으로 섭취한 경우 HDL의 혈중 농도가 감소했다는 것은 트랜스 지방이 많아졌을 때 심장병이나 동맥경화를 유발하고 악화시킨다는 것과 같은 의미이다. 따라서 트랜스 지방의 양과 심혈관계에 해로운 정도 사이의 비례 관계를 입증하므로 밑줄 친 주장을 강화하는 사례에 해당한다.

보기 ㄱ, ㄴ, ㄷ 모두 밑줄 친 주장을 강화하는 사례이므로 정답은 선지 ⑤이다.

11 ①

정답해설

(가)
근거: 우울증을 초래하는 성향은 창조성과 결부되어 생존에 유리
주장: 우울증과 관련한 유전자는 살아남아 현대인에게도 유전자가 상당수 존재할 가능성

(나)
근거: 스스로 자존감을 낮추고 목표를 포기함으로써 에너지를 보충하고 재도전의 기회를 모색할 수 있음
주장: 우울증은 자신을 보호하고 미래를 준비하는 보호 기제

(다)
근거: 현대 사회는 창조성을 발휘하기 어려움 & 정신적 소진 상태를 초래하기 쉬움
주장: 지나친 경쟁은 정신적 소진을 초래하기 때문에 우울증이 많이 발생

(가) 논증의 근거는 우울증은 창조성과 관련 있다는 것이다. 따라서 창조적인 사람들이 우울증에 걸릴 유전자를 가질 확률이 높다는 사실은 (가)의 근거와 부합하는 내용이므로 (가)를 강화한다.

오답해설

② (나) 논증의 근거는 우울증이 자존감을 낮추고 목표를 포기하게 만든다는 것이다. 따라서 우울증에 걸린 사람 중에 어려운 목표를 포기하지 못하는 사람이 많다는 사실은 (나)의 근거와 부합하지 않는 내용이므로 (나)를 약화한다.

③ 정신적 소진이 우울증을 초래할 가능성이 높다는 사실은 논증 (다)의 주장에 부합하는 것이므로, (다)를 강화한다.

④ 논증 (가), (나)의 근거와 주장 모두에서 유전적 요인이 환경 적응 과정에서 생겨났다는 의견을 펼치지 않았다. 따라서 논증을 강화하지도 약화하지도 않는다.

⑤ 과거에 비해 현대 사회에서 창조적 아이디어를 만들기 어렵다는 사실은 논증 (다)의 근거에 해당하므로, (다)를 강화한다. 반면 (가)의 근거와 주장과는 관련이 없다. 따라서 (가)는 강화하지도 약화하지도 않는다.

논리 강화약화 딥러닝

정답 및 해설

메가공무원에서 저자 직강
www.megagong.net

이유진 국어
똑똑한 알고리즘으로 승부하자